上海大学创意写作丛书(第三辑)
许道军　主编

美国创意写作史

D.G.迈尔斯　著
高尔雅　译
葛红兵　校译

上海大学出版社
·上海·

图书在版编目(CIP)数据

美国创意写作史/(美)D. G. 迈尔斯(D. G. Myers)著;高尔雅译. —上海:上海大学出版社,2022.7
ISBN 978-7-5671-4503-0

Ⅰ.①美… Ⅱ.①D…②高… Ⅲ.①写作-历史-美国 Ⅳ.①H05-097.12

中国版本图书馆CIP数据核字(2022)第147046号

上海市版权局著作权合同登记号图字:09-2022-0434号
THE ELEPHANTS TEACH: Creative Writing Since 1880
Licensed by The University of Chicago Press, Chicago, Illinois, U.S.A.
© 1996 by David Gershom Myers.
Afterword © 2006 by David Gershom Myers. All rights reserved.

策划编辑　江振新　徐雁华
责任编辑　徐雁华　江振新
封面设计　缪炎栩
技术编辑　金　鑫　钱宇坤

美国创意写作史

D. G. 迈尔斯　著
高尔雅　译
葛红兵　校译

上海大学出版社出版发行
(上海市上大路99号　邮政编码200444)
(https://www.shupress.cn　发行热线021-66135112)
出版人　戴骏豪

＊

南京展望文化发展有限公司排版
上海普顺印刷包装有限公司印刷　各地新华书店经销
开本890mm×1240mm　1/32　印张11.5　字数268千
2022年7月第1版　2022年7月第1次印刷
ISBN 978-7-5671-4503-0/H·405　定价　65.00元

版权所有　侵权必究
如发现本书有印装质量问题请与印刷厂质量科联系
联系电话: 021-36522998

当弗拉基米尔·纳博科夫①申请哈佛文学院的教师职位时,被语言学家罗曼·雅各布森②驳回。后者说:"接下来要怎样?我们是不是该请大象来教动物学?"

---

① 弗拉基米尔·纳博科夫(1899—1977),俄裔美籍小说家、文学评论家、翻译家,也是20世纪世界文学史上最有影响力的文学家之一。代表作有《洛丽塔》《庶出的标志》《普宁》等。
② 罗曼·雅各布森(1896—1982),俄国语言学家、诗学家,形式主义代表人物。第二次世界大战时期定居美国,先后任教于哥伦比亚大学和哈佛大学。

总序（一）

葛红兵

2009年，我们在上海大学创建中国第一个创意写作研究中心，我们想把创意写作学科引进中国。引进，就要翻译；那时，我们除了翻译英美国家的教材，还特地翻译了美国创意写作史研究的专著，包括斯坦福大学英语系教授马克·麦克格尔的《创意写作的兴起：战后美国文学的"系统时代"》，D. G. 迈尔斯的《美国创意写作史》及其他理论专著等。

我们在引进《创意写作的兴起：战后美国文学的"系统时代"》的时候，申请马克·麦克格尔教授的授权非常顺利，2012年就出版了，收录在广西师范大学出版社出版的"上海大学创意写作丛书"里。这套丛书包括马克·麦克格尔教授的《创意写作的兴起：战后美国文学的"系统时代"》、我和许道军的《创意写作基础理论与训练》、陈鸣老师的《小说写作：虚构与叙事》等，这些成了中国创意写作学肇始期第一批著作，是中国第一套创意写作丛书，也是后来我们在上海大学出版社继续出版"上海大学创意写作丛书"的缘起。当年，还有另一个好消息，我们在上海大学创建了中国第一个创意写作学术硕士点和学术博士点、博士后工作站，中国第一批创意写作学术硕士和博士入校学习。

可惜，那时翻译的著作，许多都未能出版，有的因为著作者授权问题，有的因为双方出版机构的经费分歧，但我们一直没有放弃出版的希望：高尔雅不仅为翻译做了巨大的付出，还在联系版权等事宜上坚持不懈、孜孜不倦。迈尔斯身体一直不好，联系他和他著作权所在的出版社都非常困难（可惜的是，迈尔斯一生没有得到过美国高校的正教授任职，他也没能活着看到这部著作的中文版出版）；刘卫东（周语）也一直在收集、更新和整理《创意写作基础研究》这本书的相关内容和文书，争取原作者授权支持。

可喜的是，有志者事竟成。现在，我们终于可以出版它们了。刘卫东给我留言，邀我给"上海大学创意写作丛书"写序，他说："我记得在2012年的时候，就收到了您发给大家的迈尔斯的《美国创意写作史》的译稿，另一部正在定稿的《创意写作基础研究》也是您确定的译本名称。"时间过得真快，现在已是2021年了。"上海大学创意写作丛书（第三辑）"的出版，让人十分欣慰，它让我们完成了各自的心愿，补上了学科起步期基础资料上很重要的一环。

"上海大学创意写作丛书"一直致力于创意写作学科理论建设,致力于理论原创著作和理论翻译著作建设,它见证了中国创意写作学科十余年来筚路蓝缕的历程,是足迹,也是见证。

在这里再次感谢阅文集团,感谢林庭锋、侯庆辰、杨晨、杨沾等,他们的支持让我们这套丛书有了不懈的坚守。

学科的引进是起步,学科的中国化创生是起步后的长跑。

无论如何,"上海大学创意写作丛书"都会坚守下去,助力学科长跑。

2021 年 10 月 12 日

于上海大学

总序(二)

许道军

  "上海大学创意写作丛书(第三辑)"的出版在时序上迟于第一辑、第二辑,但这并不意味着它的内容晚近或者其重要性处于非"优先"位置,实际上,第三辑的两部译著《美国创意写作史》《创意写作基础研究》所触及的问题、所讨论的知识和内容,几乎都是创意写作研究最前沿和最基础的部分。

  创意写作兴起于美国,后在全世界推广开来,因此,美国创意写作无疑是世界创意写作的源头和开端。从学科角度说,美国创意写作史也应该是世界创意写作史的源头和开端,讨论世界创意写作必须从美国创意写作说起,这应是常识。D.G.迈尔斯的《美国创意写作史》正是这样的一本书,它从创意写作最基础的概念"creative"溯源说起,引出"创意写作"产生的语境,然后从历时(历史)与共时(专题)的交错角度,勾勒出美国,或者说世界创意写作学兴起的背景、历程与未来发展态势,尤其是关于美国写作课程的设置、作家教学的缘起、创意写作工作坊的形成、学科与流派的创建、师资的流动、写作与时代的互动诸方面,提供了丰富的历史信息、学科知识和未来发展的启示。这本书中有一个被戏称为"大象教学"的真实故事,来源于一则有关弗拉基米尔·纳博科夫找工作却碰了一鼻子灰的真实故事,可作为作家轶事趣谈,更可以作为一个隐喻反复琢磨,因为它几乎聚集着创意写作学科的所有问题、疑惑,同时,直到今天,它还是一个可以用于质疑或"攻击"创意写作的有效工具,当然,从这个"典故"入手,耐心、系统地解释创意写作这个学科,也是非常好的选择。大象教学动物学,作家教学写作,合理性在哪里,只能如此吗?这部著作的开端很有趣,但这个话题只是一个引子,如同"创意写作"这个概念一样,只是用于引出创意写作的历史语境,真正的用意不是概念推演,而是从这几个点入手,进行系统的历史回溯。

《美国创意写作史》是美国乃至世界创意写作研究的权威之作,也是权威的创意写作史读本。在中国,其一直备受关注,然而使它"出名"的方式却颇具戏剧性。2009年以后,中国创意写作的发展已经进入快车道,但无论是课程建设、学科建设还是理论研究方面,我们都需要知道创意写作在美国、在爱荷华是如何发展起来的,它的初心是什么,最初的"敌人"是谁,它的学科领域包括哪些,边界在哪里,等等。从学术研究的角度讲,我们迫切需要这本著作提供线索。但很不幸的是,这本书的翻译出版极其波折,因为著作授权的问题,这本书迟迟不能出版,虽然它已经早早翻译、校对完毕。在2010年和2012年,上海大学分别开设了"创意写作基础理论与训练""创意写作经典文献研读"两门本科生和研究生课程,这两门课程都涉及美国创意写作史,尤其是研究生课程。那个时候,我们对英美国家创意写作的了解局限于对这些国家相关大学官网的调研、相关访美作家、学者的自述,而更系统、更集中的信息却无从获知。那个时候,我们有关美国创意写作的判断,大多来自《创意写作的兴起:战后美国文学的"系统时代"》这本书,然而这本书着眼点不在"史"而在"是",即创意写作"是"什么,虽然它也大量涉及美国创意写作的发展,尤其是爱荷华大学师生在创作、教学以及师门传承上的渊源,为我们勾画了一幅有趣的"超级机器"的图画,但这仍旧是不够的。需要这本书的不仅是上海大学,那些想了解创意写作的学者、想报考创意写作的研究生、想开课的老师,纷纷从上海大学"取经"。我们一再强调,因为这本书的译稿涉及版权、涉及翻译者的大量劳动,我们希望它留在学校,留在教学、研究领域。但"不幸"的是,这本书的译稿电子版还是一度被泄露,在坊间广为流传,并作为注释和参考文献频繁出现在相关研究论文中。如果没有猜错的话,在相当长的时间内,这本书唯一的纸质版在上海大学,唯一的"通用"文字翻译来自高尔雅和葛红兵两位老师,有趣的是,大多数注释引用的是翻译文稿,标注却来自英文原著。这对作者和翻译者显然不公平,所以我们强烈要求我们的研究生在使用有关这本书的译稿注释的时候,一定要附加说明,翻译文字来自高尔雅、葛红兵,以示学术诚信和对他人劳动的尊重。当然,通过这本书的译稿复印本,大家找到了翻译文字的"源头",使用时直接用原著也无可厚非。但可恶的是,一些违规者找到了翻译文稿,进行影印后在网络出售,事态有些严重了。我们立即联系相关网站,勒令其立即下架,并让其承诺不再以任何方式兜售。在这里我们不是要"秋后算账",而是要欣喜地告诉大家:以后这样的事不会也不用再发生啦。

《创意写作基础研究》由创意写作研究专家、中国创意写作研究界的"老朋友"黛安娜·唐纳利和格雷姆·哈珀两位学者主编,共十一章,着眼"创意写作与学术、学院之间的关系",即"创意写作给学院带来了什么重要性和价值,大学环境的性质如何影响这门学科"新课题,以英国、美国、澳大利亚三个国家为主要考察对象,着重探讨了包括"我们如何在现代经济和批判性和学院中推动学科向前发展?我们可以通过哪些方式为创意写作在高等教育机构中的地位增加权重,并作为该学科的拥护者、主动而非被动的变革推动者，对此做出回应？""了解创意写作的历史对其实践和发展有多重要？""什么是创意作家的'创意写作栖息地'？""创意素养对创意作家和学术科目意味着什么？""在当今的创意写作学科中，我们如何定义类型？""'创意写作研究'以及'创意写作作为研究'，这是两个不同的概念，它们各自的基本问题是什么？批判性理解在创意写作中以哪些方式发挥作用？""创意写作在哪些方面是一门基于知识的学科？""创意写作知识是否有更多机会传达我们对世界的看法和想法？"等在内的10个问题，其中部分问题还自带追问，实际上远不止10个问题。细究下来，与其说这些问题是创意写作"基础问题"，不如说是创意写作发展全球化、数字化、学院化、制度化、学术科目化同时又与全民化、个人化并行不悖的今天所要面对和解决的"新问题""前沿问题"，或者说是基于当代条件下的"基础问题"。就问题的提出时效性和问题本身的及物性来说，这本书远不止一部简单的有关"创意写作是什么""作家可不可以培养/创意写作可不可以教"这些真正"基础"问题的入门读物，而是一部关于"今天的创意写作是指什么""如何建立与创意写作相匹配的学术研究范式、深刻认识今天的创意写作实践""未来的创意写作如何基于今天的条件和认知方式向着新的可能性发展"等具有探索性的学术论著。就其先锋性和深刻性来说,《创意写作基础研究》可谓颠覆了我们诸如"创意写作没有学术""创意写作无须研究"等在内的传统观念,尤其对那些刚刚入门的教师、学者或者慕名而来的"观光者"以及兴冲冲来"砸场子"的质疑者来说,肯定会目瞪口呆:这完全不是我们想象中的创意写作!我们试举一例:关于创意写作研究,格雷姆·哈珀提出"创意写作作为研究"和"创意写作研究"两个概念,他认为:"创意写作为什么不能被视为一种研究形式呢?毕竟,创意写作的过程难道不是也包含了询问、某种形式的调查、检视等活动吗?"因为"创意作品为自己发声,它们本身就应该足以证明(或不证明)授予学位和/或认可作为研究的作品",同时,"创意写作作为研究和研究创意写作都将实践导向研究作为一种探究模式,或者一系列的探究模式"。这个问题的提出以及关于这个问题的回答极大地考验我们的脑回路!在这部著作中,这样的问题与回答还有许多。我们不能简单认为,《创意写作基础研究》提升了创意写作研究的格调,而是,创意写作实践与创意写作研究真的可能有这么复杂,这么前沿,我们以前有可能真的是视而不见、见而不闻、闻而不审。

我们研究创意写作,努力将其知识化、学术化、学科化,并非出自一个学者的职业本能和作为创意写作研究与实践推动者的本位思考,比如"创意写作研究总要有一点深刻的内容""创意写作学术也有系统性知识"等,而是真诚地认为,这是创意写作学科发展的需要,是新文科建设的需要。往小处说,是培养作家的需要;往大处说,是整体提升我们国家全民创意能力的需要。这个事业始终有相关工作者在做,但创意写作是要将这个工作专业化、科学化、知识化,也要全民化、通俗化、个人化,而这个工作很艰巨,路也很漫长。

"上海大学创意写作丛书(第一辑)"出版的时候,中国只有两家单位在做创意写作;第二辑出版的时候,就有五百多家在跟进了;第三辑出版过程中,有更多的同人在汇聚。我们并不是说,可能是创意写作丛书引领了这个变化,我们真正想说的是,创意写作研究正在与创意写作事业同步发展,共同成长。

"上海大学创意写作丛书(第二辑)"出版后,反响非常热烈,它们入选"上海市重点图书",其中,《创意写作十五堂课》《创意写作的创意理论研究》出版不到一年就需要加印,许多高校将其作为教材使用,或者以此为范式编写中小学创意写作或创意作文图书。在新近当当网图书综合排序创意写作类图书,这几本书排名都非常靠前。当然,这要感谢上海大学出版社江振新、徐雁华和袁苇鸣等编辑老师的精心设计和用心编校,他们永远在幕后付出努力。

最初，我们播下种子，静待花开；后来，创意写作的春天来了，大地万紫千红；但更值得期待的是秋天，让我们再次静待收获。

2021 年 10 月 18 日

于上海

序

这是一部令人耳目一新的著作。以"我们如何将'创意写作'引入基础教育、高校以及一般讲话的过程"为主题,前景似乎并不明朗,但作者引人入胜地为我们讲述了20世纪以来文化之重要一脉的发展历程。

本书将一系列作家的生活及其不凡之处展现在读者面前,同时还有艾米丽·迪金森、罗伯特·弗罗斯特、E.A.罗宾逊、哈特·克兰等人的诗歌作品和创作初衷,以及像巴雷特·温德尔、布兰德·马修斯、欧文·白璧德、克林斯·布鲁克斯、莱昂内尔·特里林等评论家晦涩而广泛的论点。书中还包括关于文学内涵与功用的论争,诗歌与散文的定义及两者的界限(假如这种界限的确存在),"艺术家"的含义、特点、自我实现的方式及实现这一目标的"圣地",如波西米亚、雅斗艺术社区、麦克道威尔艺术社区和诸多高校;此后,写作的激情日渐平民化,继而产生了一系列写作学校和写作工坊,如瑞德·罗芙会议、爱荷华作家工坊、贝克的47戏剧工坊及其他商业写作工坊。

从19世纪早期语言学产生到其内部领域分化,以及科学成功地进驻生活、教育领域所导致的语言学功用的终止,通过对这一时期语言文学教学的详尽研究,我们进入了广阔的领域,最终形成了对一个长期存在并延续至今的论争的基本看法——这一论争围绕教育的合理目标和途径而展开：保守还是激进，以学生为中心还是以内容为中心，教师"教授"还是仅仅"助推"。最近的情形显示，高雅喜剧的创作已经超越了先前课题所能提供的水准。

简言之，我们现在已经形成了一种美国式"艺术愿望"的景象（更确切地说，是盛会）。每个曾致力于这种尝试或对此发表过评论的人，都能拥有一席之地及发言权：从威廉·狄恩·豪威尔斯到索尔·贝娄，从亨利·华兹华斯·朗费罗到约翰·贝里曼，从威廉·里昂·菲尔普斯到范·威科·布鲁克斯，从刚愎自用的埃兹拉·庞德和冷静博学的路易斯到罗伯特·洛威尔，从查尔斯·W.艾略特到亨利·塞德尔·坎比，从约翰·杜威到休斯·默恩斯，从安布鲁斯·比尔斯到珍·斯塔夫等众多的相对例证。我很难一时间想出漏掉了《名人录》完全名单中的哪一个。

在这个表述中绝无派系偏见，既不针对任何时代的先锋派，也不针对中庸阶层或保守派；但也并非仅限于列举、引用或假装"不置可否"。在令人愉悦且颇具可读性的散文中，个体公正得到适当的界定。研究的广泛性和深刻性无须多言，都可以通过图表和数据说明问题，也没有冗长庞杂的例证。所有的论题、名词、观念构建成一个连贯的体系。这本书留给我们的是"创造性"一词背后隐含的新意。

雅克·巴尔赞

前　言

艾伦·泰特①曾说："找出小说、诗歌写作被认为是'创造性的'原因，以及明确'创造性的'一词何时初次使用，将在历史性研究中发挥启迪作用。"我写作此书的目的正是提供这一启迪。对泰特问题的回答是直截了当的：创意写作教学出现最早，先于如今被称为"创造性"的小说和诗歌，并且致力于这种写作的特征、定义的界定。因此，这个词首先是学术的而非字面的用法。例如"英语"一词，它也许得不到广泛赞誉，却为人熟知。理查德·雨果②不耐烦地说："绝大多数地方都把这称为'创意写作'，你懂我的意思。"

但事实的确如此吗？创意写作有两个含义：① 一项在全国高校内开设的小说、诗歌写作课程的校园计划；② 一个招募小说家、诗人教授该学科的国家体系。基于这两个含义，创意写作成为当代社会、学术和文学最复杂的特点之一；本书正是追溯它的这段发展历程。创意写作是如何产生的？其背后又隐藏些什么？曾几何时，对严肃作家而言，在高校任教看起来并不是一份前途明朗的工作。一个处于世纪之交的小说家说道："现在，我很难想象一个文科教师可以创作出伟大的文学作品。"那么，人们的观念因何而变？

---

① 艾伦·泰特(1899—1979)，美国评论家、诗人，南方作家团体"重农派"（又称"逃亡者派"）成员。
② 理查德·雨果(1923—1982)，美国诗人。

最早发生了什么？如果不是严肃作家将教学当作事业,那么还会不会有创意写作的出现？或者相反,如果没有创意写作这样一个教学科目,有能力的作家就不会有教学的愿望了吗？更重要的是,两者联系在一起,背后的原因何在？这类问题,正是我为了阐释当下一系列事件而始终关注的。但我必须提请读者注意：近来,许多英语方面的学术研究已经表现出对苍白的"理论"体系的厌倦；也就是说,现实和计划都与当下主流的思想体系相联系。本书中,尽管用理论来阐释该术语的既定含义会被认为是我个人的理论,但我并没这样做,因为门肯①曾说过："教授一定要有理论,正如狗一定要有跳蚤。"

  在《知识考古学》中,福柯写道："确切意义上所说的历史,就其传统形式而言,旨在确定事实之间或者过去的事件之间的关系：序列已经建立,就得确定各个因素之间的临界。"后福柯式历史学家越来越少关注单纯的序列问题。福柯表示："现在的问题是如何确定关系模型以合理区分不同类别,以及他们有能力建立什么样的垂直体系。"然而,我在讲述创意写作的发展历程中遇到的问题,是如何确立各种事件类型。这是不可预知的,所以我只能将其简化为"确切意义上所说的历史",即传统形式的历史,结果却使我无法建构起一个"垂直体系"。为了弥补这种缺失,我替换上了某些史实论证。尽管本书致力于详尽阐释这些论证,但我还要再次声明：创意写作作为一种将英语教学两大主要功能——写作教学和文学教学合而为一的手段,出现于19世纪后期及20世纪上半叶。当今的英语教学表现出的是两大主要功能间愈演愈烈的不可调和与相

---

① H. L. 门肯(1880—1956),美国记者、散文家、语言学家、社会文化批评家。

互否定，而非一种健康的联合统一状态。总而言之，创意写作没能达到既定目标。原因之一是，第二次世界大战之后，它被强加上完全不同于以往的功能——成为美国高校扩张文化功用的手段，并借机抛弃了最初的教育目标。

1993年4月，《思想史日报》以"创意写作的兴起"（*The Rise of Creative Writing*）为题，发表了本书第二、五、六章的压缩版本。来自阿拉巴马大学、加州大学欧文分校、爱荷华大学、北卡罗来纳大学格林斯博罗分校、南阿拉巴马大学、弗吉尼亚大学、伯米吉州立大学、博林格林州立大学、中央密歇根大学、康奈尔大学、乔治梅森大学、西密歇根大学、威奇塔州立大学、布鲁克林学院以及沃伦威尔逊学院的官员回复了我的咨询，并提供了不可或缺的资源。如果没有史蒂芬·威尔伯斯《爱荷华作家工坊：起源、出现及发展》（*The Iowa Writers' Workshop: Origins, Emergence, and Growth*, 1980）的先导性工作，我或许就不会尝试写这本书。我要向我的创意写作老师——安妮·斯坦哈特以及雷蒙德·卡弗、斯坦利·埃尔金致谢，尽管我可能没有以他们所期待（或赞成）的方式从他们的课堂上获益。

我曾就自己的工作和观点与许多朋友、同事讨论过，以至于现在很难说清哪些是他们的，哪些是我自己的。如果我遗漏了谁的名字，希望可以得到他的谅解。其中，卡伦·贝尔特、威尔·塞杰、保罗·布莱斯林、威廉·贝德福德·克拉克夫妇、弗雷德里克·克鲁斯、达纳·乔伊亚、安妮·D.霍尔、约翰·赫曼、马克·贾曼夫妇、道格拉斯·B.乔丹、克雷格·B.凯伦道夫、布林克·科尔夫妇、斯科特·拉姆、杰罗姆·M.拉文、珍妮特·麦肯、芭芭拉·纽曼、帕特里夏·费里皮、詹姆斯·西顿和布莱恩·H.斯塔格纳的关注和批评使我的理论更加完善。需要特别感谢的是得州农工大学英语系系主任 J.劳伦斯·米切尔，他为我安排了一学期的休假，使这本书得以完成；还有在阅读过大量手稿后将其推荐给普林蒂斯·霍尔出版社的 M.吉米·科林沃斯；普林蒂斯·霍尔出版社写作与文化研究中心的编辑——南希·索莫斯充满信心地给予本书（及我本人）最后的一臂之力，还有慷慨地愿意为我作序的雅克·巴尔赞，他的研究使我充分意识到历时性思考的必要性和重要性。向他们致谢！

然而，最深挚的谢意献给与我密切相关的人们：Chavurah 研究基金会的谢莉尔·艾克曼、塞斯·阿德尔森、威廉·贝斯切斯夫妇、希瑟·格特、杰克·米勒夫妇、贝丝·史奎尔哈夫特、弗雷德·西尔斯、恩瑞克·瑟内克，感谢他们通过《爱的以色列》(*Ahavat Israel*)给予我极大启发。对本书产生深远影响的，是我的导师约瑟夫·艾普斯坦和杰拉尔德·格拉夫。尽管他们在许多方面有所不同，却在学术的完备性、独立性、挑战性和发展性上惊人相似。写作本书，是为了努力不辜负两位导师创下的先例；尽管，它的作者只是个名不见经传的人。

D.G.迈尔斯
于得克萨斯州布莱恩市

目　录

导论 1

第一章　语文学的繁盛期 21

第二章　文学写作的创立 51

第三章　写作机制的实践阶段 81

第四章　柔缓节奏 110

第五章　创意活动的迅速接受 147

第六章　批评的时代 177

第七章　超级机器 213

再版后记 248

注释 262

参考文献 314

导　论

　　像大多数即将大学毕业的青年男女一样,当年的亨利·华兹华斯·朗费罗①也没有做出事业的抉择。在向父亲寻求建议的信中,他写道:"我最迫切的愿望,是未来能在文学上有所建树,我的整个灵魂都为之狂热,全部生活也以此为中心。当然,在我们国家,从没有比现在更好的机会可以使我发挥文学上的天赋。"他承认:"的确,目前为止,大多数从事文学的人并不承认这一点,除非他们已经研究并参与了神学、法律和医学领域的实践。"但是,朗费罗担心,为了一份工作而去钻研,只会浪费时间。他的父亲却不这样认为,并在回信中写道:"对一个可以维持生计的人来说,与文学结伴的一生,一定非常惬意。但国家没有足够的财富去鼓励和资助搞文学的人。"[1]

　　于是,1829年朗费罗当上教授。尽管在教书的头十年没有出版过一本诗集,但他的确是最值得一提的一位把学术事业当作谋生手段而醉心于文学的美国作家。1854年,他刚刚能够以写作为生,就借机辞去了教授职位。能够在那样的经济困境下做出如此事业抉择,朗费罗堪称20世纪作家的重要先驱。但是,不像后来的作家,朗费罗并不靠教所谓"创意写作"为生,而是教授语言学。

---

① 亨利·华兹华斯·朗费罗(1807—1882),美国诗人、教育家。

他在日记中涂鸦道:"我的诗人梦只能活在不规则的法语动词的阴影下!真该死!我想当个自由人!"[2]

这本书讲述的是美国作家为"既拥有学术事业,又享有个人自由"的理想而奋斗的故事——所谓"自由",指的就是教授"创意写作"。二战以来,大概多数美国作家的诗人梦都活在高校教学的阴影下。近来,有批评家表示:"作家已经依附于高校,为的是自己追求艺术所需的宁静与基金。"[3]一旦进入高校,他们在得到基金后就要有所回报,即建设创意写作学科。目前为止,已经有超过300个这样的学科,每年授出1 000多个学位。约翰·巴思①说:"他们大概总计输出了75 000个专业'作家'。"[4]

创意写作专业毕业生的事业成功率估计仅为1%(相比之下,医学院毕业生则是90%),但这差不多是真实的,因为通向当代文学事业成功的道路,正随着创意写作学科的建设而曲折展开。粗略浏览一下文学杂志上的作者注释和"新派""青年"作家的文集,不难发现,这一代美国作家有一个共同的特点,即研究生写作工坊的事务及此后长达一生的创意写作教学,作为一套流程,已经成为这段时期的标准训练和共同体验。正如华莱士·斯特格纳②说:"几乎所有你能叫出名字的美国作家,都有一定的高校教育或学术讲座的背景。"[5]例如,1990、1991年《美国最佳诗选》(*The Best American Poetry*)所选的134位诗人中,除了约20人外,其余85%的诗人都是某个创意写作机构的成员,有的是研究生,有的是教授,

---

① 约翰·巴思(1930—),美国小说家,其小说被认为具有后现代主义和超小说性质。
② 华莱士·斯特格纳(1909—1993),美国历史学家、小说家、环保主义者。于1972年获普利策奖,1977年获美国国家图书奖。

或者是管理人员,甚至有人这三种身份兼具。

"想要对美国作家与美国学术机构之间的密切合作做出历史解释,是非常困难的。"一个现代创作史研究学者如是说[6]。本书即试图回应关于这一合作的问题。作家教写作的历史可以上溯至1880年,即哈佛首次提供高级写作的选修课程;下沿至今,即"使每个美国人都能够在以家为中心的安全驾驶距离内参与"[7]创意写作工坊成为可能(或许这可以在不久的将来得以实现)。以历史的眼光看,这段历程还很短,因为它肇始于19世纪末;但它具有重要的历史意义,因为这是一个从未被提及的概念。几年前,一个历史学家哀叹道:"我们拥有大学历史博物馆,却鲜有对现代学术的社会、知识结构的历史性研究。"[8]此后,大量关于英语教学的书籍开始出版,其中最负盛名的是杰拉尔德·格拉夫的《自称文学》(*Professing Literature*,1987)。已有多卷著作对16世纪英语教学、美国文学研究、修辞学与基础写作指导、英语系的经济学、专业写作训练、文学写作政治学、创作小组及跨学科写作进行探讨。但目前为止,还没有一部著作是关于创意作家教授创意写作的完整历史的[9]。

原因之一在于创意写作一直以来与其说是历史话题,不如说是争论主题。这种争论一直伴随着派别冲突——不同人群在讨论"创意写作"时,似乎谈的完全不是一回事。一派人指责它一连串骇人的弊病(如文学标准崩塌、雷同劣作泛滥、时代的堕落等),对他们而言,(借用一个批评家的说法)创意写作已经成为一场"灾难";另一派人则为创意写作的文化民主性和对文学兴趣的激发作用辩护,认为这是时代活力的标志,创意写作已经成为一种"辅助"。同一事物自身显然不可能演变为上述两类情况。我们尚未弄清的问题是：答案为何必居其一？[10]

我们必须从多方面寻找原因，而在本书中，我着重从历史方面加以解释。关于创意写作的争论中，未经核实的问题是：创意写作何以取得巨大成功？在许多人看来，该论点曾一度是合理甚至是有说服力的，原因何在？现时的争论着眼于这样的目标，即解释创意写作是怎样运作的，而非为什么存在。或许通过回顾历史的方式回到原点，问题可以得到更好的解决。聘请作家教写作的计划始终饱受质疑；创意写作作为高校的一门课程，在发展过程中也同样没有逃过不断为自身辩护的命运。正如金斯利·艾米斯①在回忆录中提及："（它）总是被一些对它一无所知的人嘲笑。"[11]这种情况甚至在创意写作快速发展传播的时期同样存在。除却那些嘲笑的干扰，作家们在高校体系中遇到的阻力极其微弱；创意写作作为高校教学科目，一旦做出计划，就会被相当迅速地采纳。本书写作的目的，既非为工作于高校的作家正名，亦非向他们加诸更多嘲讽，而是仅仅讲述历史，尽力说明作家们在大学校园中向数量庞大且不断增加的学生教授写作的实现过程。我为解决争论所做的任何努力，对历史认知都不会有太大的贡献。我并非假扮中立，而是很同意露茜·S.大卫德维茨②的观点："只要历史学家忠实于已有资料的完整性，并与合理的学术原则严谨地联系来"，他们的同情与付出"不仅不会扭曲历史书写，反而会增进其价值"[12]。的确，我承认自己认可创意写作背后的原初理念，文学与文学研究的前景

---

① 金斯利·艾米斯（1922—1995），英国小说家、诗人、批评家、教师。代表作有《幸运的吉姆》。
② 露茜·S.大卫德维茨（1915—1990），美国历史学家。主要研究领域为现代犹太历史与大屠杀史。

鼓舞了从事创作的人们。

尽管我对此持认同态度,却并不认同创意写作的当下状况,也不打算对其作修补。我的观念不同于争辩者强调的"必须修改或保持'原状'",而趋同于历史学家,后者被现状唤起了对"事情为何会如此"的好奇心。会有人要求我表明态度,承认有偏见,所有人文学科是从同一角度展开研究的——这是近来的一般看法;也就是说,那些要求我表明态度的都是与创意写作未来发展前景利害攸关的人。如果我抗议,认为对偏见或态度的质疑完全是无谓的,那我就是不可信的,因为在这本书中,我做的事情与"选边站"完全不同。所以,我庆幸自己摆脱了那些认为"知识以自身为目的,与实际效果无关"的虚假的自由主义教条,写出了这本书。我并没从与创意写作相关的事情中得到或失去些什么——我对这段历史叙述所产生的实际影响并不担忧,重要的是我为传播创意写作奠基者的观点做出了自己的贡献。旧观点认为,文学以自身为目的;而创意写作创立之初,正是为了改进这一观点。

起初,(创意)写作教学只是美国高校教育试验。创意写作伴随着这项试验的展开而出现,并在1880年至二战初的60年内逐渐成形。一开始,这项计划并不旨在推出专业作家或为他们追求艺术提供环境与资金。教育的目标在于重新建构并界定文学的学术研究,"创造性地"创建一套实现目标的方法;也就是说,在此之前,已经尝试过历史学或语言学的方法。在接下来的五十年里,创意写作逐渐偏离了其最初目的,但即便如此,它仍然清楚自身对文学的责任以及文学在教育中的地位。创意写作从最开始就是一项教学安排,将文学看作是一个不断发展的经历,而不仅仅是知识的集合——仿佛它是有生命的,而人们也愿意进一步创作。尽管课程要求(有时甚至是具体课程名称)在不同地方有所区别,创意写作并没有太多变化。在多种多样的形式间,存在着唯一的界定标准。在"创意写作"标题之下,用迈克尔·奥克肖特①的话说,文学被认为既是成就,也是希望;既有文本的继承,也有一套灵活的方法与标准,以产生新的文本。写作教学无论在哪里出现,对其他文学观念而言都是一次挑战。任何致力于重新确立文学作为思想与行动相统一、文本研究与创作技巧相结合的综合学科的努力,都被当成"创意写作",这都是出于文学(或写作)研究与实践本身的目的。

为什么当今的创意写作单单被认作与"综合"无关呢?正如杰拉尔德·格拉夫在认真研究过一所著名大学的创意写作系后所说:"作家几乎都是以实践为导向,对(文学)批评漠不关心甚至持敌对态度,更别说理论了;同时,英语系的批评家和理论家也傲慢地瞧不起区区当代创作。英语系的每个人都漂亮而彻底地与来自他人的批评绝缘,这当然就是问题所在,难道不是吗?"[13]在英语教学领域中,诗人和学者间的交流被打上了相互敌对的标签。诗人抱怨文学研究"已经没有必要去考虑大多数进行创作的诗人的想法";而学者认为创意写作是"伪文学",不把它放在眼里[14]。创意写作体制的现状与其奠基者的构想,有着天壤之别。到底发生了什么?主要是:二战结束后的几十年里,美国高校在诸多方面的压力之下不断扩招,这些压力包括战后深化民主进程的需要、苏联成功发射人造卫星后引发的太空竞赛对教育的需求、60年代中期凸显的婴儿潮问题对更多教育资源的迫切要求,创意写作就

---

① 迈克尔·奥克肖特(1901—1990),英国哲学家、政治理论家。

成了解决这些问题的首要驱动力。这是扩大高校在美国社会影响力的手段。无须任何理由：如果它不再致力于统一文学研究与创作实践，那么就可以寻求自身的发展，摆脱其他一切规定的责任。

现在，"创意写作"通常被认为已经不包括以上含义了，而仅仅与文学和文学研究保持经济的或专制的联系——首先是学徒制度，然后是为了生计。尽管如此，其中并不存在集中控制，创意写作更像是将每一种现象纳入连锁的横贯全美的保障体系，一个可以为新出道作家提供现金补贴和时间安排的组织，一份对上年纪的有所成就的作家的挂名闲职。英国小说家帕梅拉·汉斯福德·约翰逊叹息说：

> 美国能拥有覆盖高校的保障体系真的是太幸运了，太幸运了。我自己在美国做过这种工作。美国对本土作家的关照实在是慷慨。[15]

写作本身可能不足以成为一种职业——它既不是一份全职工作，也并非大多数作家的主要经济来源，但是写作教学对那些业已成名的作家来说，几乎是再好不过的事情了。约翰逊博士的辛劳、羡慕、渴求、资助和限制，被两年的研究生院工作经历替代了，这份高校工作有不错的收入，而且是终身制的。唯一值得其嫉妒的，就是当代大量的作家了。

但这些描述是带来问题的。教学是如何偶然成为一种保障形式的呢？至少，这是个不同寻常的选择。艺术家总是应其受众的要求进行创作；而有时，校园作家在高校中遇到的处境，是作品被谴责为"无血无肉",只是(所谓)类型化的创意写作,让人想起的只有课堂,而没有体验。然而马克·哈里斯①指出了显而易见的事实:创意写作教学创造的是学生,而不是指定完成的艺术作品[16]。创意写作激起了对德国研究范例的反对之声,就其本身而言,最初并不被认为是"科学",即一种产生并传播知识的媒介,而是"教化",即一种陶冶学生文学艺术情操的途径[17]。最初是以教学为目标,而非创造和扩张。今天的作家以他们的创作为基础,受雇于高校并得以升职——这已然成为他们进行原创性研究应得的;但与其他领域的学者相比,他们在建立规范的业内审查机制以确认自己工作成果并与他人相区别方面,一直处于劣势。任何想教授创意写作的人必须作为作家通过考核许可,即发表作品或获得艺术硕士学位,但没有人需要通过教授创意写作来出版这类作品。"作家"与"创意写作教师"是有区别的——这不同于和文学学者、历史学家、社会学家、考古学家、物理学家或海洋学家的区别,因为对这些学者而言,教师与创造者两种角色可以通过课程手段合而为一。尽管那时候,对作家的经济支持是首要手段,但教学依旧是继续前进的唯一可能的途径。严格来讲,这完全不是文学资助的形式。确实,与保险公司或银行里朝九晚五的职员相比,一边写作一边教学的作家大概会拥有更多的愉快、更少的倦怠,而且他们会有更充裕的时间去写出更多的作品。但若如此,他们的学术环境就更大程度上取决于自己的选择和事业规划,而较少出于对资金支持和宽松条件的考虑。谋生的方式还有很多,而他们中的大多数人还是想要写作。以谋生为目的的从事教师职业的作家没有选择做报

---

① 马克·哈里斯(1922—2007),美国小说家、文学传记作家、教育家。

道新闻,或从事公共关系,甚至替别人当枪手,而是坚持教学。那么,创意写作教学可能被描述得太过精确,作为一种谋生手段,一份(如朗费罗的父亲所说)在国家没有足够的财富来承担对从事文学的人们的资金支持的情况下自觉选择的职业。

那么为什么选择教学呢?原因是这样的:创意写作最初是作为教学科目建立的,而不是为创意写作者提供生计。现在任何的解释都与诸多出众的历史学家先前的假设相异。自从汉森的《发现的模式》(Patterns of Discovery,1958)和孔恩的《科学革命的结构》(Structure of Scientific Revolutions,1960)颠覆了科学理解的实证主义理论,许多历史学家接受了知识社会学中的老生常谈的类似观点,即高校研究领域的基础,正如我们所知,不仅是学术发现,还有学术权威;从历史角度看,它们成形于19世纪的"专业化"进程中[18]。史蒂文·特纳对研究领域专业化的最终实现过程有一个精彩而简短的描述:

那些负责写作、阅读和评价严肃学术成果的学术团体与学校的联系愈加密切。这种团体的会员资格(发表作品及获得读者的权利)更大程度上依赖于学术认证流程……无论手稿系统、档案检索或者化学定量分析,"纯研究"越来越以专业评定的情况为中心;"纯学术"在论述时逐渐收缩问题的范围以使其更容易被鉴定专家理解,并倾向于认为其他研究是不合理、不实用或大众化的而予以排斥。

特纳还补充道:"可能除了神职人员,所有行业都受到觊觎其地位和特权的竞争对手的挑战(可能最终不能成功)。"[19]创意写作是罕有的成功挑战。它的形成,至少在一开始,并非通过职业化的方式,而是反对职业化的。一方面,它与文学研究职业化保持距离,这种职业化是以"纯研究"和"纯学术"的名义向前推进的,而创意写作新课程主张的是教学;另一方面,它寻求写作的某种目的,而不是新兴的新闻行业中工作性、实用性的写作。相比之下,高校教育赞成培育年轻人"创造性"(而不仅仅是"获得性")的成果。

创意写作最初兴起时,是作为一种保守的改革。但尽管它对职业化发起挑战,却并非出于对行业方面的憎恨。虽然它通过其他方式批判人道主义,但它是建立在人道主义争论基础上的,这种争论即文学不是一种知识类型,而是一种精神审美培养模式。不同于其他高校学科的共同组织,如美国语文协会、现代语言协会、美国历史学会或美国政治学会,写作教师直到1967年才为了共同的事业建立起自己的专业团体——全美作家写作协会。虽然职业作家早在1912年就建立了美国作家联盟,但其自身定位却一直在行业工会与商业组织之间摇摆不定[20]。对作家教师来说,并不存在任何形式的行业或学术组织;这个新领域并不由其参与者的专业评估而规定。20世纪70年代,创意写作在确保有挽回、调解余地之后,就实现了专业化。但在这时,它的专业化仍旧是不彻底的。尽管学生作家工坊有时候被认为是专业学校,但创意写作的建立(如果存在的话)并未通过创建这种学校而取得成功[21]。创意写作从聘用作家教授写作开端,但并非建立在寻求专业特权的基础之上,而是以理念为基础。简单地说,这个理念即写作应当追求自身价值,为教化而写作,而不是以谋生或获得专业知识为目的。如果约翰逊博士认为"除了傻瓜,没有人不是为了钱写作"的观点在18世纪依然正确,那么,在接下来的100多年时间里(从创意写作兴起并受其基本理念支配开始),人们执着地为了写作而写作,凭本事赚钱,或者说,靠教写作赚钱。

这是一个值得为之奋斗的理念,而且值得大多数人这样做。在创意写作出现之前,实际上在整个创意写作的萌芽期,美国高校中的文学研究是一种达到其他目的的手段。相比之下,创意写作则致力于以写作本身为目标。就这一点而论,它表现出对文学与写作两种不同观念的敌对性,方便起见,我们将这两种观念分别称为"学者型"和"社会实践型"。一派的人认为文学首先是一种知识类型——正如一位学者说的"一门扎根于知识的学科";还有些人相应地认为,学文学就是"一个在特定语言文本与广义的文化文本之间建立联系的问题",这里的"文化文本"被认为是种族、环境、时代、语言系统、政治意识形态、理论命题主体或其他[22]。另一派则是那些认为文学或者写作是表现为主宰力或反对力的社会实践的人;还有的人认为文学训练传授的是"完成学习或工作中基本文件所需的有限的、实用的写作技巧"或"颠覆现状可能用到的技巧"[23]。一派的人愿意去理解文学,而另一派的人仅仅是应用文学。实际上,学者型和社会实践型都已经倾向于彻底拒绝"文学"的头衔,而乐于接受的一方面是"语言学""文学史""批评理论"或"文化研究",另一方面是"修辞学""商务英语""科技写作"或"作文"。

从历史观点来说,创意写作引出了第三条路。尽管它是由作家创建的,但并非用来为他们提供安逸的生活和理想的赚钱途径(霍华德·奈莫洛夫①语)。相反,创意写作对他们而言是努力拉近

---

① 霍华德·奈莫洛夫(1920—1991),美国诗人。曾获普利策奖和国家图书奖。

文学教学与（他们认为的）文学产生的本质之间的距离的。从同时代或历史的角度来看，创意写作奠基人自身并非盛名在外的作家。而此后，当更多的著名作家开始教授创意写作，他们的当务之急仍然是纠正在他们看来错误的"文学在高校传播"的观点。他们希望（用其中一个成员的话说）用一种以实际写作经验为基础的方式加以替代。他们力图通过文学的功用来传授对文学的理解。他们要求传授文学，用艾伦·泰特的话说，就像人们想要有更多的创作一样。他们想"从作者的视角出发，教授作者过去的事情"，1942—1966年担任爱荷华作家工坊主管的保罗·恩格尔①解释说："用富有想象力的方式表达自己的痛苦与欢乐，而非通过历史史实。"创意写作最初被认为是一种从内部开展文学教学的手段（比如调动既有体验），而不是作为一种新奇的方式从外部进行。它要成为"大象眼中的动物学"[24]。

无论如何，那是我在本书中将要讨论的问题，尽管那不是目前悬而未决的问题。我想要说明的是，从历史角度来看，英语文学已经分化出三个方向：整个领域被瓜分成几个部分，分别代表"学术""社会实践"以及我所认为的"结构主义"，因为，如泰特所说，其他像"艺术""文学""虚构表达"等词语已经遭到打压了[25]。通常认为只分化出了两个方向。显然，对每个人而言，这种瓜分有多种表述方式，但最明确的（同样是最具影响力的）大概是詹姆斯·A.柏

---

① 保罗·恩格尔（1908—1991），美国小说家、诗人、编辑、教师、文学批评家、剧作家。曾长期担任爱荷华作家工坊主管，是国际写作计划的创始人。

林①的说法。在《修辞与现实》(*Rhetoric and Reality*)开篇关于20世纪美国写作教学历史的部分中，柏林做出了如下区分："'修辞'是写作或言语文本的产物；'诗意'是对文本的解读……"[26]尽管这种说法很明晰，经进一步推敲，证明这不过是美化后的二分法。如果没有解读，就没有办法弄清文本是如何生成的；而换个角度来看，文本的生成只是对文本的书面或口头表达方式的一种解读版本。生成与解读只能从语境中通过解析抽象而出，而这种语境必须是作为一个整体已经被理解的（我必须补充一句：总是"已经"的）。在这样的事实基础上，生成与解读可能被视作截然不同的心理活动，而作为具体经验，文本处理（无论应该怎样称呼它）都是两者的综合体。它们至多是同一行为连续循环中的不同定格瞬间。"修辞"与"诗意"间的传统划分沿用至今，但在这里是找不到的。

回到原题，英语文学的分化，有时被等同于创作与文学研究的分化。但这看上去只不过是把"修辞"和"诗意"两个词翻译成拉丁语，无论如何也消除不了概念上的混淆。虽然假定很多，埃文·沃特金斯②仍然提出：应在经济功能上对两个概念加以区分。他关于"英语文学是一种劳动形式"的文章在《工作时报》上发表，文中提出，创作与文学研究之间的长期纠缠，是出于掀起"文化选择"新进程的目的，是一种将年轻人分化为不同行业阶层的手段[27]。文学研究对饱学之士而言已经足够了，但技术进步和职业的兴起使综合技能型工人的产生变得必要——这种技能包括知识分子缓和社会矛盾的能力及管理者的实践能力。虽然可能在概念上有所区

---

① 詹姆斯·A.柏林（1942—1994），美国创作理论研究专家。其理论主要从历史学、修辞学视角出发。

② 埃文·沃特金斯（1882—1956），美国加州大学戴维斯分校英语学教授。

分,但写作与文学研究的确在经济结构中共同发挥作用。这很容易分析,但留下了一些无法回答的问题:① 推动这一具体进程前进的动力是什么? ② 如果这种动力是经济方面的,那么历史分析本身是否也是该动力的产物? ③ 如果不是,即如果沃特金斯为了描述经济影响而置身其外,为什么那些最初协调英语文学创作与文学研究关系的人却没有与经济影响划清界限呢?英语文学研究领域的划分不公,必然是出于另外的原因。

本书中,我的历史分析将建立于如下前提:英语文学的学术研究、实际创作教学以及对文学的结构主义处理作为研究的三大组成部分;英语文学思考与实践以目标和方法、材料的应用为标准进行区分,甚至有时彼此无关。在我看来,这些科学分类或其他类似做法是英语文学研究史的全部内容,所以,只要我们不了解英语文学是如何划分的,就无法理解它。创作作为一种文学的建构艺术,与学术已经成了为英语文学领域界定意义的相分离的(如果不说"对立"的话)两种尝试:归纳出一套连贯的思想,排好优先顺序,形成相互联系、协调一致的整体。英语文学本身并无一定之规,它的存在是法定的(如果愿意的话,也可以说是"实用的"),而不是逻辑的;套用加西亚·马尔克斯的观点,在美国,文学与其说是多重利益的代名词,不如说是这些利益选择的结果。出于历史原因,英语文学已经成为许多可进行逻辑区分的,甚至可能互不相容的行为模式的所在。用埃文·沃特金斯的话说,这是一个"矛盾交叉纵横的领域"[28]。但这些矛盾是有逻辑的,学术成果、创作以及建设性文学从不同的假设发展出不同的结论,而对这些区别的具体解释,也要从逐个区分的思考中寻找答案。

这就是我们在英语文学研究历史中真正遇到的"排他性冲

突"。专注于英语领域文学研究的历史学家们对创作与文学研究之间存在的对抗性的忽略,是错误的;而那些主要研究英语创作教学的历史学家也犯下了类似的错误。例如在《文字嘉年华》(*Textual Carnival*)中,苏珊·米勒就将文学与创作摆在了一起。她认为,两者最初都是19世纪高校取代传统课程的"实用手段"。但米勒随后对两者重新做出区分,因为她发现:"在双方联合体中,'创作'是基础,而眼下,它往往被当成新手的'工作',并不是高校范围内的写作研究。"[29]她大概没有注意到的是,写作已经以"创意写作"的名义在大学(以及研究生院)范围内得到研究。这表明,米勒已经不知不觉地从"文学"的一个概念滑向了截然不同的另一个概念。在米勒的表述中,明显包含三个部分。首先,是"写作"与"文学"(暂称为"A文学")联合抗争现行课程制度;其次,是未经联合的"写作"与"文学"(暂称为"B文学");再次,"B文学"被认为是更高级的课程分类。这就表明,(不包含写作研究的)"B文学"或者(不做深入研究的)写作都与创意写作相去甚远。那就只剩下"A文学"。我认为,米勒将其表述为"实用手段"基本上是正确的,它是涵盖高校写作研究的具有实践性、体制性的计划,以对抗将写作排除在外的占主导地位的课程为目的。然而,这里没有将写作高等研究由"A文学"到"B文学"发展过程中所发生的变化纳入考虑范围。

我必须指出,问题在于当下对文学研究的流行观点——这在米勒早年的著作中被表述为"阅读文本,只有如此,才能建构起关于原文的理想范式"[30]。这种观点遮盖了两个事实:其一,文学研究不仅仅是"阅读",还由作为结果尚未经证实的生成性要素构成,此要素是一种写作的特殊形式;其二,创意写作与英语文学其他部门的关系。实话说,在高校英语教学部门中,建构起了两种不同的对文学的运用:涵盖写作高等研究的"A 文学"与生成一种写作并消解另一种写作的"B 文学"。

现在被当作文学研究的活动,通常与文本无关,除非是为了谋求科研经费。正如杰里·赫伦①在《高校与文化式微的秘密》(*Universities and the Myth of Cultural Decline*)中指出的,大多数英语学教授真正的工作是写学术图书和论文,而不是文学作品。除此之外,这些学术著作并非用于教学,也不指望学生去读,甚至极少有学者愿意去看。如果选课人数成为某种指标,那么英语教学部门真正教授的课程就是写作——尽管很多学者拒绝承认这是一门课程。多数大学生从来没上过文学的高级课程。赫伦表示:"尽管他们上过,但他们似乎并没有在那儿学到真正的东西——空荡荡的教室,没有任何实质性的工作。"[31]总之,文学在当下教学中展现出两面性。它从一类文本中选择内容,却从另一类文本中推导方法,以此为演讲和讨论会提供"文学是如此这般"的说辞,而不是学生从未学到的如何独立、批判地为自己阅读。如今多数自称"文学研究"的人身上,存在一种近乎可笑的矛盾。多数文学课堂上真正的主题并非文学,而是文学学术。

正如 W. B. 斯坦福②在《诗歌的敌人》(*Enemies of Poetry*)中所持的观点,许多被认为是文学学者的人,自己并不关心文学,而"把它当作某种更能引起自身兴趣的学科的分支"。将文学当作其他方面信息(如被传统马克思主义者称为物质条件"表征"的人类心

---

① 杰里·赫伦,美国韦恩州立大学 Irvin D. Reid 荣誉学院院长。
② W. B. 斯坦福(1910—1984),爱尔兰古典学者。1940—1980 年担任都柏林三一学院希腊学教授;1982 年成为该校第 22 任校长。

理学、语言的史学利用等)的大汇集并不可耻,但这并不意味着将这些信息视作文学。尽管为这一概念做出理论辩驳在此并不合时宜,但仍旧像许多人声称(并且其他人已经认可)的那样,文学开始对自身负责,有独立的传统、原则、范式、标准、规则以及类规则的主张,不再是为了其他领域的信息而存在。当代普遍观念认为,这种主张倾向于同南部新批评存在联系;但事实上,对文学自主权的哲学主张可以追溯到亚里士多德的《诗学》,即使在美国正统的文学研究历史上,这种主张的出现也先于新批评三十多年。1907 年,在一本名为《文学鉴赏》(The Appreciation of Literature)的高校入门教材中,乔治·E.伍德贝利①要求他的学生阅读时"马上意识到:文学不是研究的客体,而是一种愉快的状态;文学不像自然科学一样仅仅了解就可以,而是要活生生地存在"。而伍德贝利本人,则是最早一批在高校任全职的美国诗人之一(详见第四章)。尽管他的用词并不犀利,但做出的界定却足够明晰。本书中提及早期一种主流观点,认为用文学的方式教授文学,是在"作为知识的文学"和"作为实践的文学"之间寻找第三条路。"文学是知识与实践的融合,理应是有生命力的"——正是这个观念以"创意写作"的名义进入并扎根于美国高校[32]。

尽管创意写作带来了文本的生成,但它与修辞学无关;尽管这一专业的毕业生也要找工作,甚至所找到的工作大多也在创意写作领域,但该专业的基本职能并非是实现经济价值;尽管这是文学

---

① 乔治·E.伍德贝利(1855—1930),美国文学批评家、诗人。曾担任《大西洋月刊》等杂志编辑,先后任教于内布拉斯加大学、哥伦比亚大学。

研究的一种形式，却不指向文学学术。创意写作是文学教学最佳理念的具体表征。即使理念过时，表征却可以是新的。此前从未有过类似的尝试，没有哪个时代或者哪个国家曾经建成过能够将相距甚远的学生和作家聚集到一起的工坊机构。作家受过教育，修过课程，但这一切并非实现于工坊。抛开许多维护者的主张不谈，创意写作并不延续为其从业者带来荣耀的某种古老传统。诗人戴维·史密斯说：

（创意写作的）传承被自然而然地忽视，尽管如此，却一直存在，从苏格拉底前的古希腊哲学家到涂鸦社的斯威夫特、蒲伯、盖伊等人，再到兰瑟姆、沃伦、泰特及其他"逃亡者""哈莱姆文艺复兴""垮掉的一代""黑山学派"，一直到高校创意写作系统。[33]

这是个滑稽的大杂烩，相对于当下实际，与史密斯渴望惯例与传统有着更密切的关系。这种对起源的探求试图建立当代实践的权威，却变成了历史性的错误[34]。像史蒂芬·威尔伯斯的权威的《爱荷华作家工坊》(The Iowa Writers' Workshop, 1980)也重复了这种错误。威尔伯斯认为，"工坊制的出现背景，是业余作家俱乐部传统的存在"，例如宾夕法尼亚大学、迈阿密大学当地的读书写作社团，这使爱荷华州的繁盛期从19世纪90年代早期一直保持到20世纪20年代。威尔伯斯还认为，将成员聚在一起大声朗读并就作品交换观点的所谓的"工坊制"，即是作家俱乐部主持会议的方法的直系延续[35]。

但不论威尔伯斯关于爱荷华或其他什么地方学生作家工坊机构的观点是否正确，我也会认为工坊制的起源差不多与作家俱乐部的"传统"有关。创意写作并不是由一群想要见面讨论自己创作的作家以正式的高校课程的形式建立的，它的存在也不能归因于对一个机制的笨拙摸索。写作工坊可能看起来是"打油诗人俱乐部"或文学小团体，但决定其作为学术科目的，并非是这种联合状态，而是其文学教育理念。创意写作创建之初，是针对明确问题的直接解决方式，致力于文学知识与文学实践相结合，始于某一具体时间场合以抵制具体的文学研究的分化问题。

这一论调是对关于创意写作起源的既成观点做出的公然反驳。创意写作各种形式的教育，被普遍看作文化并提供给年轻的作家——尽管这些作家有各自的姓名。理查德·雨果认为：

这并不新鲜。因为在大约400年前，这就是每个学生的必修课。在英语国家，高中生的语法课程就包括诗歌写作。19世纪，文学教育式微，并从教育的主要位置跌落，于是被高等教育纳入自己的范围，创意写作却并不包含其中。创意写作失落了大约100年，但在过去的40年里回归了。[36]

但创意写作是新兴的。它建立于19世纪，并未经历过在教育中的式微与失势，而且直到20世纪才有了现在的名字，甚至"创意写作"一词的表述也起源于19世纪，用它来界定一门研究领域则是20世纪的事了。事实上，在英语国家或其他什么地方，诗歌研究曾作为每个学生的必修课；同样，诗歌研究也曾经包括诗歌创作。但这种研究已经成为人文学科的一部分，诗歌也在人类自我认知的广泛开展中拥有了一席之地，已经不再是创意写作中的具体课程。"让我成为诗人吧,"德雷顿①清楚地记得自己十岁时向老师请求说,"放手做吧,如果你能的话,/那么你会看到,我很快成为真正的男子汉……"正如约翰逊谈及自己在《发现》中对理想诗人形象的塑造时所说:"我们尤其需要从中学习的,是严谨的治学和广泛的阅读,这样才能成就一个全才。"人文教育的目标是产生普通人,而非诗人。这并不是故意规避诗人,而是人文教育使一个人成为诗人,是为了让他变得更完善,而不是颠倒过来[37]。

除了偶尔陷入人文主义的口号之中,相对于塑造人性而言,创意写作的奠基者和早期的教师对改革文学课程更感兴趣。与他们那个时代里诗歌写作的衰落相比,错误的诗歌创作方法的传播更让他们头疼。他们希望以一种更加文学化的方式来教授文学,即从内部、从文学创作的立场、从内行的角度出发。也正因如此,他们试图强化文学的学术理解与实际应用之间的联系,设置纯学术或纯实践的选修课程。尽管这便于此后持修辞学观点的学者断言"创意写作由来已久且循环往复",但事实上,创意写作是新兴学科,产生于19世纪至20世纪。原因很简单:创意写作最初作为选修课程时的研究模式也是新的,从属于同一历史阶段。故事就从这里开始。

---

① 迈克尔·德雷顿(1563—1631),伊丽莎白一世时代的英国诗人。

第一章　语文学的繁盛期

内战前夕，美国高校的文学研究已经状况不佳。众所周知，高校的古希腊罗马文学和数学课程对于广泛的阅读、深入的评论、现代作家的塑造或者文学品位的养成几乎没有帮助。比如在耶鲁大学，文学研究完全是由狄摩西尼①的《金冠辩》(On the Crown)与惠特利大主教的《修辞学》(Rhetoric)构成的。

据当时的一名学生回忆："古希腊、古罗马的文献仅仅被用作词汇、语法的教学材料。"而且教师提供的范例也不怎么好。同时，这名学生还抱怨说："没有一个老师做过与纯文学相关的事情。"理论上讲，研究古典文学的目的在于引导学生阅读古希腊罗马作家的作品。但实际上，这种研究几乎没有超出历史语法的范畴。学生也没有学会如何去读经典作家，他们所学到的，在当时来看就是"自我提升"——也就是说，为课堂背诵和考试做准备。尽管他们每周有16节"文学实践课"，但是这些课程仅有的文学元素就是对古典诗人诗歌体例的韵律分析（如果这些可以称作"文学"的话）。当时就读于耶鲁大学的诗人爱德华·罗兰·锡

---

① 狄摩西尼（前384—前322），古希腊政治家、演说家和雄辩家，希腊联军统帅。下文的《金冠辩》是他在公元前330年的自我辩护演说。该辩论演说至今仍被公认是历史上最成功的雄辩艺术杰作。

尔[①]对此并不认同。他决定不去理睬课程,而是追求真正的文学。一天,当被要求背诵时,锡尔对他的老师说:"对不起,先生,我不读这些。"尽管这话听起来有些自命不凡,但他却勇敢地迈出了与高校文学教育相背离的第一步,表达了年轻诗人对自身所需教育的思考[1]。

没过几年,锡尔成为第一批在高校教授英文的诗人之一,于1874—1882年担任加州大学的教授,其间,用他自己的话说,他"以极大的热情激发别人写作",提供早年自己所缺失的文学教育[2]。然而此时,文科课程经历了一次彻底的大反思。19世纪60年代末期至90年代初期,即从战后南方各州重建法案颁布到人民党运动开始之间的一段时期,美国高校中经历了古典文学的式微与英语文学的兴起。虽然英语文学在19世纪前20多年在高校中已有注册编目,但其相对重要性(以及在高校教育中所处位置)只被全职教该门课程的人——那些修辞学、演讲学和英语文学的教授所提倡。直到19世纪最后30年,英语文学得以从修辞学与演讲学中独立出来。

然而即使在那时,英语文学研究仍然从属于英语学研究。尽管教授们一直在争取,新的职位却一成不变地按照"从英语学到英语文学"的顺序分配。更重要的是,英语学自19世纪末产生之时即作为一个研究分支,一直受德国实证主义语言学理念的引导和推动。文学作品(如果可能的话)仅仅作为新语言学的研究材料被阅读,令人印象深刻的是:在此情况下,文学长期以来被冠以"哲

---

① 爱德华·罗兰·锡尔(1841—1887),美国诗人、教育家。大部分诗作发表于《大西洋月刊》等杂志。

学"的名号。锡尔作为见证者,他的一生跨越了两种不同的教育制度。正如在 1880 年 2 月给亨利·霍尔特①的信中写的,锡尔非常关注教育,"特别是将文学作为教育的一种手段"[3]。但他仍旧深深困扰于当时文学教育的状况。在伯克利教书的最后阶段,他抗议道:

> 目前为止,现有的文学作家都已经被研究完了,而且在很大程度上仅被当作语文学来研究……语言作为文学的外壳,已经被灌注了太多犀利精彩的学术内容,但问题的本质,即文学自身却被忽视了。[4]

对于那些致力于文学本体的人而言,古典文学研究的过去和英语学研究的到来,对真正的变革意义不大,只不过是一派老学究换成了另一派。

作家在美国高校教写作的历史,开始于语文学及其反对势力。正是语文学为此后出现的创意写作准备了条件,不仅着手将英语作为一门独立的研究课程,而且建立起了被高校英语所吸引的人试图废除的研究的主导体系。创意写作将其存在完全归功于最初指向语文学的反学术的基调。创意写作的兴起属于实证主义与理想主义论争的一部分,这场论争自美国内战结束后在诸多领域激烈开展。创意写作被纳入理想主义的范畴,它的源头是对艰涩的毫无启发的文学学术的抗议,抱怨这种学术过分痴迷于科学知识典范,将文学仅仅当作用于分析的材料而非其本质——精神主体。

---

① 亨利·霍尔特(1840—1926),美国作家、出版商。

受批驳的学术与对这种学术的抗议在本质上都是回答"创意写作为何诞生"。对这一问题的回答,肇始于英语学学科的出现,即19世纪60年代晚期。

这是高等教育急速扩张的时期。尽管没有对四年制学校及其招生情况的统计,但政府关于全国教授人数增长的数据在某种程度上暗示了高校扩招有多么迅速:教师数量从1870年到1880年增长了109%,从1880年到1890年增长了37%,从1890年到世纪末增长了51%(见图1-1)。此外,这种增长差不多可确定为是对来自学校内部压力的回应,因为将其作为在人口总量中的比重来衡量,同时期的美国高校教师规模呈现出一种相似的增长形态(见图1-2)。

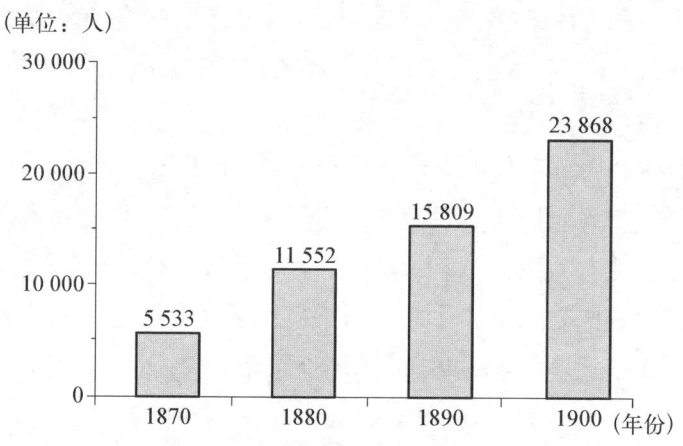

图1-1 1870—1900年美国高校教师人数

这种扩张有多方面原因,包括对现代科学日益增长的渴求,以及受到达尔文的激发,但首要的内部原因,则是对一门选修课程逐渐扩散的采纳,这门课程一部分是对现代知识的让步,一部分是将

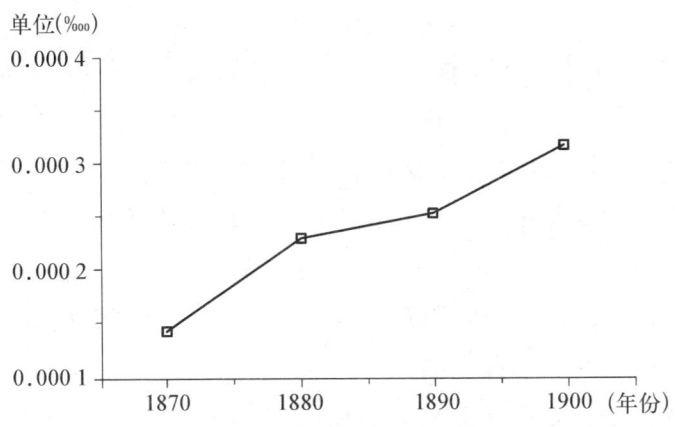

图 1-2 1870—1900 年美国教师人数在人口总量中的比重逐年上升

(来源：《美国历史统计：自殖民时期至 1970 年》H 卷，第 689—699 页。)

学院整合为大学的努力(在结果上没有区别)。原本的高校课程对知识设定了严格具体的限制。正如哈佛校长查尔斯·W.艾略特①所指出的,在必修课体系中,全部课程可以由 20 个教授解决,而且没有多余的工作可以分给另外的人,这就严格限定了学校为学生提供的资源。艾略特说:

> 对任何想成为大学的学校而言,教学的限制都是无法容忍的选择:因为一所大学必须开设一切有需求的课程,而且要彻底教会高年级学生当下全部的知识,让学生有能力从事原创性研究。[5]

---

① 查尔斯·W.艾略特(1834—1926),美国学者。在 1869—1909 年间担任哈佛大学校长,是该校历史上任期最长的校长。任职期间主张自然科学与人文科学并重,强调选修课,提高入学标准,使哈佛由一所地区学院转而成为美国一流的研究型大学。

19世纪最后30年是大量教学科目的扩张时期,其中需求日盛的一门科目就是英语——因此,需要做出多方尝试来满足这种需求。1874年《大西洋月刊》的社论中提到,哈佛的选课体系引发了"学校为学生提供的资源总量的相应提升"[6]。

根据这些数据,我们发现了一个值得关注的巧合。19世纪70年代和90年代两次文学高等教育大的飞跃与英语作为独立研究领域出现的两个阶段是一致的。70年代是文学教育脱离古典文学研究而获得独立的10年,当时语文学被认为是对这种需求的回应。正如密苏里大学校长在70年代初所说的那样,如果语文学可以取代古典文学,英语写作就能"得到与希腊文学及拉丁文学同等的严肃对待",而开始"研究与分析"[7]。90年代是向英语写作推进的颠覆性的10年,开设了注重创新、淡化严谨的新课程。

我并非在暗示这两种现象间存在某种因果联系,而只是想说:英语作为一个研究领域,每一个发展阶段都受到对识别标准的需求的推动和限制,这种需求因教师自身划分领域的独特方式而产生。英语是通过不断增加课程的方式得到蓬勃发展的,与对文学或语言学知识的贡献关系不大。它建立的基础与其说是充足的研究和学术成果,不如说是为新兴学科所做的辩护。对英语研究工作的标准和界定,比这种工作本身更有价值。为阐明英语作为一个研究领域的发展情况,包括语文学的出现以及此后"创意写作"的传播,我们有充分的理由去弄清这种发展是如何建构其观点、界定其目标的。

1868—1869学年,"英语"在哈佛课程一览表中首次出现,当时它是一门独立研究课程的名称,但这个词此前在美国高校中曾经使用过,含义却是截然相反的[8]。一方面,这表明现代文学研究正处于萌芽期:课程的一小部分是专门关于英语文学的讲座;另一方面,这表明一个全新的独立的课程,一次早期扩张的努力,一种在高校古典文学和数学课程之外的实际选择。但以上都不是我们今天所理解的"英语",也不能提供适当的创作与批评的概念。不过,它们却是重要的先例,不仅是指它们所缺少的,同样包括它们所展望的。

正如高等教育的一句口号所说,英语文学源于19世纪初期。但尽管"英语文学"在19世纪的前20多年一直是一类教授的老本行,但教授们的职责并不包括在任何程度上、以任何明确的形式教英语文学。比如,在堪萨斯大学,一个个都是教语法、写作、词源学、修辞学、早期与现代文学以及古代、中世纪与现代欧美历史的教授[9]。在此体系下,没有一门学科能够受到足够的重视——尤其是被大致分为早期与现代两部分的文学,它通常不受任何关注。俄亥俄州迈阿密大学的一个学生说,在1850年,"英语文学从未被提及,而在我们的整体印象中,除了荷马和维吉尔,再也没有好的作品了"[10]。与此同时,"英语"一词也被当作荷马、维吉尔和古典文学课程的替代品的专用名词,即所谓"英语课"。例如,布朗大学在其1847—1848学年课程一览表中公布的:

在高校中已经建立了与常规课程相联系的"英语与科学课程"。这是为那些未来不想从事任何一种学者职业,而打算通过系统课程为从事更具活力的工作做准备的人设置的。[11]

英语课带来了古典文学研究的末日。弗雷德里克·鲁道夫①在他的《课程：1636年以来美国本科生学习科目的历史》一书中提出：新课程建立的基础，是对科学进步以及实际应用的信赖，由历史研究转变为关注现实[12]。因此，英语课为英语在20世纪发展为现代科学与商业领域通用语打下了基础。但新课程的重要性不仅仅体现在对英语作为教学语言的依赖性上，更重要的是它不露声色地使史料学习与古典作家的地位下降。尽管英语课（在各处）被称为文学课，但在最初动机与规划上，它只是尖锐反对建立在古典文学研究基础上的文学教育的传统典范。

作为学术术语，"英语"最初同时指向美国高校中相互对抗的两种倾向。一方面，它建立起一种制度意识，使英语学科的研究和教学获得与古典文学相同的合法地位，能够受到"同样严肃的对待"。另一方面，它完全背离文学，而指向"生命中更具活力的职业"。尽管这个术语的两种用法互不相容（这一客观事实有助于解释大多数英语教学部门至今仍然存在的课程提供上的矛盾），但也存在某种重叠。两种含义中，"英语"暗含着现代性，指的是课程所承担的、适应当下生活所必须具备的最先进的知识及一些最迫切的需求。

因为有许多教授是既教语言学，也教文学，所以很难说清真正的英语教学从何时开始。许多学校像威斯康辛州的伯洛伊特学院一样，亨利·J.惠特尼在1871年继任该学院的修辞学与英语文学主管，随即开创了英语学教学。尽管阿默斯特学院早在1825年就开设了修辞学、演讲学与英语文学科目，却在此后一直到1889年

---

① 弗雷德里克·鲁道夫，美国历史学教授，退休于威廉姆斯学院。

的60多年间没有建立独立的英语言文学学科。当密歇根大学的文学史家、修辞学与英语文学教授摩西·科伊特·泰勒去了康奈尔大学,密歇根大学便指派了接任者,并将学科改名为"英语文学与修辞学"。以下事件都是英语在许多地方获得独立地位的重要时间节点:1870年,耶鲁大学、乔治敦大学;1874年,明尼苏达大学、卡尔顿学院、弗曼大学;1880年,南卡罗来纳大学、罗格斯大学(得到了纽瓦克圣心大教堂的宝贵资助);1881年,范德堡大学;1882年,达特茅斯学院、堪萨斯大学;1883年,得克萨斯大学(一经成立便设置该科目);1884年,东密歇根大学;1888年,纽约大学(得到了20 000美金的专项捐助);1889年,宾夕法尼亚州立大学;1890年,布朗大学。在得克萨斯农工大学,英语课程早在1877—1878年的一览表中就已经单独出现,尽管(所谓的)文学研究的全部内容就是(在三年级)阅读托马斯·巴德·肖的《英国文学完全手册》(*A Complete Manual of English Literature*)这样一本着重介绍英国作家生平(而且并不完全准确)的教材,随后在四年级阅读从莎士比亚到弥尔顿的精选集。在1870年的伊利诺伊大学,学生就向学校董事会要求开设一系列英语文学讲座,而25年之后,这一科目仍旧只开设了四门课程:"综合概论""莎士比亚""19世纪诗歌"和"18世纪散文"[13]。

19世纪英语研究的基本情况(及其基本的保守性)可以通过学校课程的缓慢改革表现出来。一直到1892年,宾夕法尼亚州穆伦堡学院的英语教学部门,用当代的表述,即"通过简洁而明确的关于创作艺术的讲座""开始其工作"。而后,学生借助"致力于学术原理应用的19世纪作家的精选集",转向了英语的语文学研究。在"研究过一整套注解严谨的教科书之后",最终结论是:英语文学

"开始于《农夫皮尔斯》(*Piers Plowman*)和乔叟,结束于莎士比亚和弥尔顿"[14]。

在此基础上,可能更容易理解:为什么英语作为一个独立领域,在19世纪七八十年代建立之初,原始含义是英语语言的研究。尽管存在着不断增长的对优于古典文学研究的学科的需求,但很少有人接受过如何教授这种学科的训练。当学生有迫切需求,并且学校董事会以"英语"的名义开设古典文学以外的课程,他们似乎意向不明地开始了对文学研究问题的考虑,尽管可能谁都不太清楚英语文学研究应承担什么样的责任。他们感兴趣的是语言学研究,而这一方面,在19世纪下半叶,有越来越多的学者受此影响。

两所学校的经验形成鲜明对比,就这一点而言,是有教育意义的。1882年,弗吉尼亚大学将英语列入课程,监事会宣称这门新课程将会集中于四个研究领域:语言结构;演说与写作的准确性;"名著显示出的语言"风格的本质;语言的历史。在接下来的十多年里,这一直是课程的中心。直到1893年,英语文学正式从语言学研究中独立出来。时任英语学教授詹姆斯·M.加内特被重新委任到语言学的一派。高校的历史学家表示,加内特的语言学与文学课程"明显不能引起大众满怀信心的期待",但这种课程缺乏受众的原因,很可能在于加内特几乎完全忽视了文学的方面[15]。

同样,约翰斯·霍普金斯大学力图同时发展文学与语言学。1875年,该校为哈佛教修辞学与演讲学的"博雅斯通教授"①——

---

① 1804年,美国商人、慈善家 Ward Nicholas Boylston 以其舅父 Nicholas Boylston 的名义向哈佛大学捐资23 200美元设立该职位,并提名他的远亲、后来的第六任美国总统约翰·昆西·亚当斯为首任教授。

弗朗西斯·J.切尔德提供了一个英语教学职位,这成为英语走出修辞学与演讲学阴影的明确标志之一。对切尔德而言,他的追求被描述为:最早在高校中遇到"外部机会",为摆脱自己作为博雅斯通教授的职责讨价还价,并作为第一位英语学教授最终继续留在哈佛[16]。

四年之后,约翰斯·霍普金斯大学仍旧在寻找它的第一位英语学教授。校长丹尼尔·科伊特·基尔曼解释说,他一直在找一个"具备文学与语文学双重资质的人,一个未来的切尔德",而且他不会将就着找一个只重视语文学而忽视文学的人,但更愿意考虑选一个不那么重视语文学的人。1879 年,诗人西德尼·拉尼尔①被安排了一次兼职文学讲座,这份工作使他最终形成了《英国诗歌学》(The Science of English Verse,1880)和《英国小说》(The English Novel,1883)两部著作。1881 年,这段前景辉煌的试验因拉尼尔的过世而中止。第二年,《世纪》杂志的编辑理查德·沃特森·吉尔德建议基尔曼再招一名能够创作的作家。他得知,威廉·狄恩·豪威尔斯②一年前辞掉了《大西洋月刊》编辑的工作,而眼下正依靠小说稿费艰难度日。基尔曼采纳了这个意见,并为豪威尔斯提供了一份为期三年、薪水 5 000 美元的正教授合约,让他在"(霍普金斯大学)唤起像对科学一样的对文学的热爱"。在哈佛担任类似工作的詹姆斯·拉塞尔·洛威尔③极力反对这件事,尽管这份提

---

① 西德尼·拉尼尔(1842—1881),美国音乐家、诗人。代表作有《劣酒之歌》和《格林的沼泽》。
② 威廉·狄恩·豪威尔斯(1837—1920),美国现实主义作家、文学批评家,长期担任《大西洋月刊》编辑。代表作有 Christmas Every Day,The Rise of Silas Lapham。
③ 詹姆斯·拉塞尔·洛威尔(1819—1891),美国浪漫主义诗人、批评家、编辑。1854 年开始担任哈佛大学语言学教授。

案调整了不止一次,但豪威尔斯坚持谢绝了,他说自己"更希望把写作作为第一职业"。接下来,基尔曼对罗伯特·勃朗宁①和埃德蒙·戈斯②的游说也以失败告终。他说自己想找到一个像洛威尔或马修·阿诺德③一样的人,但接触到的那些人"更喜欢自己书房中的自由,而不是教授头衔的束缚"。直到1893年,该校才最终聘到了首位英语学教授,同时也是最早的英语学博士——詹姆斯·W.布莱特,他曾在1884年受聘开设古英语语法的兼职讲座。如果不是出于对文学的热爱,布莱特完全有能力去教语文学,为课堂上的读者出版古英语专著,甚至是中世纪西撒克逊方言版本的福音[17]。

大概是对文学研究的热望(包括高校教师与学生),产生了对英语教学岗位的需求,但即使在那些正式任命的英语学教授且他们的课程很受欢迎的学校,这种热望也很难得到满足。比如在1875年的普林斯顿大学,教纯文学、英语学和文学的詹姆斯·O.莫里就被称为"福尔摩斯教授"。虽然莫里是一位深受喜爱的老师,但他的教学方法基本是从一个狂热的学生的评论中推断出来的。这个学生说,在莫里的课堂上,英语文学

> 在我看来,就是一种揭示……我不满足于仅仅听或者读关于著名作家的故事;只要时间允许,我也会去读作品,这当然会使课程更加有趣。[18]

---

① 罗伯特·勃朗宁(1812—1889),英国诗人、剧作家。代表作有《戏剧抒情诗》《环与书》,诗剧《巴拉塞尔士》。
② 埃德蒙·戈斯(1849—1928),英国诗人、作家、批评家。
③ 马修·阿诺德(1822—1888),英国诗人、评论家,文化研究理论先驱。

对于像莫里一样的早期的英语学教授来说,能够有文学课程就已经知足了,而那些实际阅读则属于课外内容。正如一位世纪之交的人文学家在回顾自己的大学生活时表示,"对文学这种东西的学习,让他没有时间去研究文学本身"。他急切地渴望:"文学,到处都是文学,时刻都是文学。"[19]

19世纪70年代早期,英语学科在建立时充满了信心和期望;但到了90年代早期,这种信心随着这门新学科未能兑现其内蕴的现代性与相关性的期望而衰落。这就是语文学占统治地位的一个时期,这个时期差不多从1871年海拉姆·科森①正式成为康奈尔大学英语学教授(他立刻写了一本在自己课上使用的古英语手册,用以纪念这个日子)开始,到1889年,科森经强烈要求之后,终于从语言学教学中得到解放为止[20]。在此期间,语言学研究几乎独占了整个"英语"领域,更重要的是,"以丧失美学素养为代价发展科学知识"的治学理念在该学科根深蒂固,以至于当语文学教学过时之后,这种理念依然存在。我们不禁要问:语文学曾经是怎样的?

正如1908年欧文·白璧德②在《文学与美国的大学》(*Literature and the American College*)中对文学课程的抨击,认为"语文学"一词具有"不可思议的变通性"。一般说来,这表明白璧德所描述的对"语言与文学间显著联系"的研究。这并不是对文学本身

---

① 海拉姆·科森(1828—1911),美国文学教授。
② 欧文·白璧德(1865—1933),美国文学评论家,新人文主义的领军人物。著有《文学与美国的大学》《卢梭与浪漫主义》《论创造性》等,对梁实秋等中国现代知识分子产生了极其深远的影响。

的研究,而正如牛津大学的考博斯拉丁文学教授在1889年所说,这"实际上是历史学和哲学的下属分支"。尽管这看上去是表示赞成或反对的含糊陈述,而非准确定义,但却得到了一位历史学家的赞同,他说,这个词在19世纪的含义很模糊,"它通常是指评价语言和文本的历史态度,并不意味着某种特定的方法或分析技巧"[21]。

这种困惑的根本在于,"语文学"一词在创造之初就担负了两种含义:有时表示历史语言学,有时则表示文化研究。当作为语言研究时,"语文学"将自身视作一门严密的科学,与文学领域相比,更容易在自然科学领域找到归属感。如语言学历史学家杰弗里·辛普森所指出的,我们有理由相信"'语言'应当作为一种实体,得到与自然界其他组成部分平等的客观表述"。语言文字学(或相近概念)通过某种方法得到区分,这种方法即基于词语在不同语言中的相似性而描述语言流变的"比较法",因此,语言文字学具有反猜测性与后验性,选择煞费苦心地积累数据,而不是对基本原理进行理论化阐释。它仅仅对文学作为一种语言现象感兴趣,接受科学解释,而不将文学当作需要阐释的人类话语[22]。

而作为文化研究,语文学几乎完全不同——它具有历史性与阐释性,力求理解,而非解释。它不对语言本身进行特别的关注,也不将语言仅仅视为文化的智库。从这一观点出发,语文学的最终研究目标是:通过文字作品,追溯不断发展的文化的"精神"。这种对文化(或其多样化的替代品,如某一时期的"世界格局"或某种民族"心态")的不稳定的、模糊的见解,对存在于文本之外却仍可得到重建的相对稳定的本质的观念,从作为术语的意义上讲,原本就是语文学的。"文化语文学"或称"古典语文学"之所以得名,是因为这个词在产生时即用来指称将全部古典风俗、文学之类的遗存集中于一门学问的努力,而它同时也将自身认定为一门科学。安东尼·格拉夫顿①解释说,作为一种方法,语文学力求"掌握所有证据"以满足对文字作品进行全面结合上下文的理解的需要。从这个角度出发,按照格拉夫顿的说法,"语文学典范"便可理解为"根据当时读者的处境、需要和价值观,从历史视角出发阅读文献"[23]。

到20世纪,语文学的这两种含义不复存在,转而各自成为独立的学科。比较语文学发展成现代语言学,但在新实证主义与科学典范的压力之下,它从历史研究、文本研究转向言语结构分析。古典语文学以其对重建的强调而发展为现代文学;如果愿意的话,也可将其看作一种以理解为导向的完整架构,即对文学背景的深描。然而在19世纪时,这些矛盾的迹象就已经很明显了。在第一辑《美国语文学期刊》中,来自耶鲁大学的威廉·德怀特·惠特尼②就认为语言与文学的研究正处于"半混乱状态"。不同的学者在用逻辑上前后不一致的方法进行课题研究。其实在这个问题上,很少有人像他一样别具洞察力。惠特尼指出了问题所在,即"语言"一词若在使用中遇到逻辑前后不一致的情况,便很容易受到影响:

> 我们在使用(这个词)时,一方面用来表明某种能力或一系列复杂的能力,这是我们作为人类所拥有的天赋中的一部分,借此,我们能够获得、使用、修正以及通过语言表达头脑中的想法;另一

---

① 安东尼·格拉夫顿(1950—),美国历史学家,普林斯顿大学教授。2011年1月至2012年1月任美国历史学会主席。
② 威廉·德怀特·惠特尼(1827—1894),美国语言学家、语文学者、辞典编纂者。编有《世纪辞典》。

方面意味着一种符号的现存形式及其使用模式、既成的表述方法与言语习惯。[24]

　　由此可见，研究可以既不向"将语言当作表现方式"发展，也不走向"将语言当作符号的现存形态"。在19世纪，这两种研究都被称作"语文学"，尽管它们在逻辑上并不相容。实际情况似乎是这样的：抛开该词于19世纪20年代由弗朗茨·葆朴①与雅各布·格林②在德国最早提出时与语言本体科学的历史关联性不看，"语文学"一词在学术兴趣开始从语言转向文学之后，依旧得到保留[25]。这个词只是在不知不觉的情况下摆脱了同语言学的旧有联系，实现了意义的转化。根据20世纪一位希望将这个词从自己学科中除名的语言学家的说法，"语文学"在用于表示文学与文化研究时，是晦涩难懂的；它是"学术腔的面具；在我们的高校中，受其影响的不仅仅是正式术语"[26]。然而却没有其他的词可用来表述学者们认为自己在做的事情。

　　总之，语文学是以语言科学的名义进行的文学研究，而且，"语言"和"科学"曾被当作美国语文学的旗号，尽管事实上它对作为符号系统的语言并不真的感兴趣，也没有接近过某种自然科学。虽然语文学的关键在于词汇，但语文学对词汇的重新定义使语文学与晦涩的原理绑定在一起，而基于语文学视角，通过解读词汇去理解文学，就更加晦涩了。

---

　　① 葆朴（1791—1867），德国语言学家，是第一位以梵语和欧洲主要语言之间存在着的密切关系为依据，进行历史比较语言学研究的学者。

　　② 雅各布·格林（1785—1863），德国作家、历史比较语言学奠基人。与弟弟威廉·格林共同创作了《格林童话》。

"科学"一词指的是对课题进行系统研究时反对泛读的德国式典范。在德国,这种研究典范在古典语文学和比较语文学学科中运作的时间,远远早于现代的物理学、生物学、化学和地理学之类的学科。在美国,语文学在19世纪80年代始终坚持在高等教育中的"德国化",即一段以研究生学习与奖学金制度的建立、作为教学方式的研讨会、同业审查的学术出版物以及全国性学术机构为特征的发展进程。这些转变对许多领域的学者产生了深远影响,他们越来越注重自身与学科的联系,而不是与校园的联系,将个人主要职责重新界定为研究(而不是教学)与评价同行的学术成就(而不是在当地获得名望)[27]。如果有人质疑这个体系有没有产生什么重要的东西——正如威斯康辛大学的古典学家格兰特·肖尔曼①嘲讽地回忆道:

有人告诉他,每个事实都很重要,即使那些对知识最无关紧要的贡献也是不可估量的宝贵财富——哪怕它的确不重要;而且,这就是发生在德国的实际情况。他很快发现,对德国式典范的诉求已成定论,甚至他自己在需要时也会对此加以利用。[28]

对德国式典范的诉求,很难与对"科学""知识""研究"或"学术"的诉求区分开来。但对语文学家而言,这些都是不证自明的东西。

在《美国语文学期刊》创始人、约翰斯·霍普金斯大学的巴兹

---

① 格兰特·肖尔曼(1870—1935),美国教授、古典主义学者。有大量古典主义历史与文化方面的著作及译作。

尔·格德斯利夫看来,我们将能找到很好的例证,用以说明:对语言学与科学的诉求是如何在美国语文学的修辞学中结合在一起的。格德斯利夫创造了"历史语文学"一词,用以表述自己的领域,并且不顾一些人(包括他的同事 W.D.惠特尼)的反对,坚持认为语文学曾经是一门科学。"历史语文学"同自然科学之间的区别,不在于两者采用的方法(因为它们都是建立在各自的试验基础之上)、研究的确证性、结论的准确性或误差的排查,而是如格德斯利夫认为的"只不过与素材有关"。自然科学是对自然现象的严谨研究;历史语文学的研究对象则是人类作品。在他看来,最关键的区别在于文学素材的研究者采纳了两种不同的方法:文人的(这是他的戏称)与语文学家的。前者就像花匠,而后者则像植物学家。他认为,"'花匠'的文学观念"旨在强调"审美意趣"的决定性作用以及界定文本是否为文学作品的标准,而事实上,"审美意趣是题外话"。为了给此课题一个行之有效的定义,所有虔诚的文学专业学生都"坚持通过个人或社会的志愿行为来保存动词词组……"换句话说,文学是一个历史的巧合,其原意不在于内蕴的美学价值,而在于言语本质。同时还强调,仅仅了解并读懂其美学魅力,意味着对文学知识的武断阉割。从语文学方面来看,文学只不过是语言历史嬗变进程的伴生物。格德斯利夫指出,将文学研究称作"语文学"的结果之一,是"语言研究对拓宽'文学'一词的含义,发挥了不容否认的作用"[29]。

语文学的学术偏向,将文学审美排除在高校英语研究之外成为可能。根据近来一位女权主义学者的观点,这种现象的主要原因是:科学听起来具有阳刚之气,而文学暗含着阴柔之美——温柔、多情、顺从。从这种观点出发,语文学就是"一种致力于去女性化文学研究的有力工具……语文学家们为这种语言'科学'付出了充满激情的创造与维护,行之有效地塑造该学科的'刚性',同时摒除了附着其上的柔媚意味"[30]。对于这样的解释,我有必要详加叙述。就修辞方面的影响而言,格德斯利夫对文学研究采取的类似于"植物"与"花"的划分方式,起到了证实作用。但这并非全部。其中同样涉及人们不论赞成与否,都迫切需要的语文学的因素。

作为一种有原则的文学研究方法,语文学寻求完全性,而非选择性——这从它的名称中即可看出。柯蒂斯①在《欧洲文学与中世纪拉丁文学》(*European Literature and the Latin Middle Ages*)中指出,对于中世纪的学者而言,"文字学"几乎意味着"全部知识"[31]。当特指文学研究时,语文学典范仍然意味着全部文学的知识——正如 C. S. 刘易斯②在《"英国学校"的理念》(*The Idea of an "English School"*)中公然呼吁的,借建立在全部英国作品中包含于知识基础上的历史的、民族的课程,来反对以名著选集为基础的泛泛的文学课程。在一个独具个性、令人印象深刻的类比中,刘易斯将课程比作两种旅行方式:

一种是将年轻人赶到一个与世隔绝、杂乱无章的国家,看看他们能在此做些什么;另一种是带他们到长者所认为的全欧洲最棒的五六处名胜。区别就此产生:对一个地方(比如伍斯特郡)了如指掌,而对世界其他地方一无所知;或者,了解四五个欧洲主要城市,却不能扎根于任何一片欧洲的土地。[32]

---

① 柯蒂斯(1886—1956),德国学者、语文学家、罗曼语批评家。
② C. S. 刘易斯(1898—1963),爱尔兰小说家、诗人、学者、批评家,曾任教于牛津大学和剑桥大学。代表作有《地狱来鸿》《纳尼亚传奇》等。

这就是两种供选择的文学研究的观念。如果说一种是语文学式的,那么另外一种(正如刘易斯直接引用马修·阿诺德的名言"世界上最优秀的知识和言论"来说明)则是建立在文学批评的基础之上的。记住这一点非常重要。文学批评是语文学不共戴天的仇敌,一直试图颠覆语文学并最终与语文学的另一仇敌——创意写作(详见第六章)联合。批评家们认为,语文学典范对文学研究完全性的重视,与其说是在解决选择的问题,不如说是在遮蔽它,因为语文学从来没有着手解决对人们文学独特性的质疑。对语文学家来说,文学只是世界上一切的知识和言论,而这是无法教授的。那么,在以语文学为前提组织的文学课程中,就必须有付诸实践的权宜之计——用一种粗略的选择方法将整个文学压缩到可控制的范围内。这种久负盛名的方法,正如我们今天重新发现的,已经应用于民族准则、重要人物、历史时期、编年调查等各个方面,而由此引发的问题,则远远多于所解决的。

抛开那些反对观点不看,文学研究的语文学模式的建立基础是选择性,而非完全性。从某种角度看,其选择的原则表现出随意性、争议性,而课程内容也主要是精选的名家作品。尽管格德斯利夫的表述不够明晰,但他在区分语文学家与文人(或像他的反对者所说,学者与批评家)时,进一步触及了问题的核心。他将前者定义为那些"坚持先于被意义裹挟前而理解主义的人"[33]。这种存在于字面意义与内在精神、事实与价值、语义与审美传递之间的区别——即实证主义与理想主义的对立,才是语文学家与其反对者真正的分歧所在。既然现有文学课程都是全部知识和言论的精粹(这些知识和言论可能属于全世界,或者某个混乱的国家,甚至属于像英语这样的多国通用语言),那么,研究的基础和目的又该是什么？语文学选择站在字面意义、事实和科学的一边，对内在精神、价值和艺术不屑一顾。

正是由于语文学以牺牲文学价值为代价而强调语言事实，才激起了反对之声。在美国大学优等生荣誉学会的一次演讲中，《小城伯利恒之歌》(*O Little Town of Bethlehem*)的作者——来自波士顿三一教堂的菲利普斯·布鲁克斯牧师警告说："趾高气扬地处理大量有生命力的事物，钟情于孤立的事实，在毫无生机的琐事上浪费生命，最终只会落得迂腐、不求甚解的悲惨下场。"语文学的拥护者会回应说该学科训练了文学专业学生的思维，但这并不能让布鲁克斯信服。他通过这些话，表明"我们现在需要的，远不止通过词根、词形变化来训练记忆那么简单。"[34] 当然，语文学有时也并不仅是如此而已。正如一位在19世纪70年代就读于哈佛大学的学生在用文学的方式介绍文学时所说的，语文学的方法就是"小心谨慎地分析文本中每一个音节，除了有必要的语法关联的内容，绝不对上下文做多余的考量"[35]。此外，语文学研究从最早的英语文学开始，可以上溯至盎格鲁-撒克逊时代。另一位哈佛学生说道：

显然，在当时看来，越早的英语，越是纯粹、越是值得研究；而越是贫瘠的文学，越不容易将学生的注意力由词语形式的研究引向那些文学的"鬼火"。[36]

学生不大可能将注意力从词汇研究上移开，尤其是在他们还要为考试内容而担心的时候。举个例子，1874年南卡罗来纳大学一次典型的英语考试，向学生提出了六个问题，其中有：

（1）什么是英语语法？

（2）定义一个句子并举例。每个句子必须包含哪些要素？

（4）给出"英雄"的阴性形式。写出 full 的原级、比较级和最高级形式。

（6）对下面的句子进行语法分析："受责的天使发誓要飞向天堂审判院，在放弃时，红了脸。"（The accusing angel flew up to Heaven's chancery with the oath, and blushed as he gave it in.）[37]

即使英语课声称自己的主题是文学而不是词汇研究，但它还是会被简化为十分严谨的语言学术语。语文学的支持者也承认这一点。美国方言协会的创始人之一、任教于内布拉斯加大学的路易斯·庞德①回忆起自己在密歇根大学读研究生时，参加乔治·亨普尔②教授主持的一场关于乔叟的研讨会的场景。她说："如果不是他的发音，我根本记不得那堂课上数量庞大的乔叟的诗歌。"[38] 如果这就是语文学教学的极限，那么它的底线也不会低到哪儿去。文学专业本科生的任课教师，即使没有接受过语文学方法教育，也会受到语文学研究范式的影响，从而歪曲科学的范式，用事实取代确切的知识。1888年，一个英语学的新人是这样介绍自己十年前接受文学教育的情况的：

教材中的一篇篇幅较短的传记文学，以及一个不断提问的老师。课上有太多乏味的细节——时间、人名和标题，所有这些都像

---

① 路易斯·庞德（1872—1958），美国民俗学家，美国现代语言学会第一位女性主席（1954—1955）。

② 乔治·亨普尔（1859—1921），美国斯坦福大学日耳曼语文学教授。

砖块一样堆砌在头脑里。不论这个人的作品多么无关紧要,都要记清他的生卒年月。每个作者的作品名称以及出版时间都被罗列出来,这也要虔诚地刻在脑海中。那些夸夸其谈的作品,像《论出版自由》(Areopagitica)、《新工具论》(Novum Organum)或《利维坦》(Leviathan),都被着重强调。这些文字可能意味着什么,或者囊括了我们永远不会明白的观念。我们也不想搞清楚为什么评价一个作家比另一个作家好。我们煞费苦心地记忆书中的观点,而这样总能够让老师满意。[39]

语文学教师像打着标签一样容易分辨——他们总是摒弃观念,以换取对词语和细节的专注。有这样一种描述——可能并不真实,却捕捉到了语文学家的公认形象:老师正带领学生高声朗读著名诗人的作品,在某些词上打断朗读,讲解这些词的词源。一天在课堂上,一个学生抬起头问:"老师,这是什么意思?""什么意思?"老师咆哮道,"就是它说的意思!"[40]

　　反对者指责语文学家们不仅是失职的老师,更是失败的作家,是文学专业学生糟糕的榜样。批评家布兰德·马修斯①列举了语文学学术的几宗罪,如:囊括了"无休止的引用、引证和参考文献";基本现状是"与其他事实纠缠错乱",妨碍了阅读快感与理解效果;争论被转移到了"最无关紧要的技术性细节",厚着脸皮沉溺于"没完没了地争论鸡毛蒜皮问题"的恶趣味;其主导构想是每个人阅读过学术文本后,都能获得"对前一阶段讨论的基本认识"。反对者的文学实践,指出了语文学家对诸如风格、形式等问题的忽视程

---

① 布兰德·马修斯(1852—1929),美国作家、教育家,美国第一位戏剧文学教授。

度。批评家指出,文学的语文学研究与评价或表现无关,仅仅是事实的堆积;而收集事实,正如评论家巴雷特·温德尔指出的,对唤醒批评界毫无作用。作为文学专业的学生,温德尔说:"我们的真正任务不是堆砌,而是综合与分析。"[41]

在语文学的影响下,文学在教学过程中被当作获取语言知识的途径——最好的也不过是作为阅读的现实背景——而不是一个可容纳综合、评价的领域和语境。语言的、历史的和传记的事实先于文学而获得。那些将文本视为创作的产物而非既定工作、用以表达个人主张而非外部强力的观点,都没有被纳入考虑范围。结果是,在19世纪语文学主导下,文学教育对学生的文学阅历几无帮助,任由他们凭自己的本事(或运气)成长为批评家或作家,一路跌跌撞撞却仍旧达不到学校的要求。"美国教育很少注意审美能力与精神层面的培养。"执教于韦尔斯利学院的诗人凯瑟琳·李·贝茨①这样抱怨说。纽约大学的一位教授也表示,大学校园中的文学精神已经死于"语文学的手术刀"下,而"教学"也"取代了灵感"[42]。

19世纪美国文学的主要事件之一,就是从文学精神的角度出发,反对语文学。艾米丽·迪金森在一首反映诗歌创作的诗中,对此进行了重述[43]。

我应将你,诗人说道,

---

① 凯瑟琳·李·贝茨(1859—1929),美国歌曲作家、教育家。代表作有 *America the Beautiful*, *Goody Santa Claus on a Sleigh Ride*。

视作要求吗?
安于等候,
直到做出不凡的努力——

诗人探求语文学,
何时才会召唤
这些悬而未决的申请人
他们来了——

那一片视野
充斥着要求
直到被点名
神启显现——

  从某种层面看,这首小诗只是以希伯来预言的名义,重申柏拉图式的诗兴理论,不过是老生常谈。但从另一层面,这却是对19世纪文学理念主导方向的绝妙针砭。通过区分语文学对词语和诗歌的不同处理方法,迪金森指出,开罪批评家的并不是对词语的过分关注——这同样也不是语文学对热衷诗歌的人毫无用处的原因所在。诗歌对词语过分重视,却使词语从属于想象。区别就在于对两者的不同处理,即语文学与诗歌在修饰词语时采用了不同的方式。对语文学而言,词语即材料,也即诗中描绘的等待点名的"申请人"。迪金森以语文学的方式一语双关地使用了"点名"一词,表明:一个词成为名词的语法过程,与视觉场景的展现手段迥然不同。对诗歌而言,词语即根本,暗示着文本之外存在的广阔领域。一种幼稚的观点可能认为,以上事实说明,19世纪的美国诗歌语言并非是囚笼。

这种观点直指论争的核心,而论争的主题则是:以一种更形象或更具创意的文学教育取代语文学。这场论争开始于爱默生①于1837年在美国大学优等生荣誉学会一次题为《美国学者》(The American Scholar)的演讲,其中明确提出了"创意写作"一词。我们并不清楚爱默生使用这个词的本义。他说:"于是,有了创造性阅读和创意写作。"[44]但这段话的背景非常重要,因为这不仅仅引出了一个词,更重要的是开启了此后延续数十年的有关创意写作的探讨。爱默生通过发表那次著名的演讲,为创造性学习建立了一个框架,同时阐明了自己对学院派文学学者的工作的不屑,形容他们是"读物的修补者、校正者和品位低下的藏书狂"。尽管他没有指名道姓,但语文学家们理所应当地在此范围之中。爱默生指出,学院派学术之流恰恰是创意活动的对立面。

《爱默生之秋》(Emerson's Fall)一书出版于1982年,作者芭芭拉·L.派克对其散文进行了重新解读,认为"爱默生真正关心的并非学术"[45]。而事实上,创造性学习的框架,即爱默生对人类思考图解,必然要正面攻击学院派学术——这是其根本前提。爱默生说,在学术中,"附着在创造行为与思考行为上的神圣性,被转化为现实"。正是这种思想的具体化,成就了一切伟大的文学作品。学术却把作品神圣化,将其当作"圣物",而不是通过研究创造性行为对思想予以足够的重视。因此,在学术领域中,创造性让位于理

---

① 爱默生(1803—1882),美国思想家、文学家、诗人。美国文化精神的代表人物,被林肯誉为"美国文明之父"。

性,高校也在此基础上建立。创造性学习的第一课,就是精神的自由以及在此基础上的思维的独立。相比之下,高校学习的基本原则,即爱默生所说的"既定方案",就是不加批判地接受他人的观点。在他们业已出版的作品中,造诣颇高的学者们的出发点是"普遍接受的信条,而非自己的观点";年轻的学者则在书库中磨砺一生,"坚信自己的任务就是接受西塞罗、洛克、培根所给出的观点"[46]。

抛开他在哈佛读大学时的不愉快经历,爱默生并非对高校体制不依不饶。演讲之初,他慷慨地表示,学术原则"标志着人们对文字残存的热爱,因为多数人早已不再关心文字了"[47]。作为商业大潮中仅存的致力于文学的机构,高校显然无力维持文化民族主义者对美国文学的独特要求,需要更多的支持。正如斯坦利·卡维尔①所说,爱默生意图通过《美国学者》敦促听众两件事:其一,文学需要自身努力;其二,学院派学者和商人都还没有参与到这种特定的努力中来。真心投身于文学,即致力于创造性学习,需要突破学术和常规的局限。尽管我们可能承认对文学的热爱,但前提是必须认识到:时下对文学创造的努力,既没有在高校展开,也没有在市场进行。[48]

在这次演讲中,爱默生将"创造性"一词常规地解释为"原创性"或"不可模仿性"的同义词。现在看来,这种限定性太强。此前盛行两种思考方式:一种是纯理论的、堆积事实的;另一种是日常行为惯例(包括金钱,以及爱默生在其他地方称为"生活流水账"的东西)。他将"创造性阅读和创意写作"当成区别于过去的第三种思考方式。在描述两种相互对立的经验模式时,爱默生的态度并

---

① 斯坦利·卡维尔(1926—2018),美国分析主义哲学家、电影理论家。

非一以贯之，抨击对象有时是传统和历史主义（正如在《论自然》一文开篇那样），有时则是依赖于时空而无法超越的科学自然主义。不过总体而言，他的观点还是足够明确的。"创造性阅读和创意写作"表明了爱默生将阅读和写作视为创造性活动，因为它们激发了人的主动性，而不仅仅是被动地接受文本，认为文本内容是既定的而非构建的，就犯了本质错误；同时，对文本内容无条件接受，也是思想懒惰的表现。任何对作品的解读，必然存在损耗；真正的学者在获取知识的过程中创造知识，而不是为了谋取商业价值去生产具有交换价值的商品（学术成果）。但就新事物产生而言，出现了一种前所未有的个人化的理解方式，即文本一经解读便失去新鲜感——若仅是如此被动接受，文本内容必定有所缺失。作为文学理论，它假定了一种文本之外的、始终超越文本自身的前沿性理解。爱默生认为文本可在精神领域进行持续不断的理解，而不是将人类精神假想为迷失于文本中的材料符号，既而在"创造性的"文学教育中，文学研究从属于更高等级的持续不断的文学创造与再创造。研究的基础和对象，不再是文学作品，而是文学活动。

所以，创意写作开始于理想主义对实证主义学术的反抗。格兰特·肖尔曼代表其观点支持者表示："我反对这个骗人的体系，它把人文学科最重要的东西视为该学科中取代精神性内容的最物质性的部分……"[49]在语文学学术体系下，文学被当作贮存未经加工的研究材料的仓库——这是一种不容乐观的处理方法，使评论家们将文学研究孤立于人类经验之外。最好的情况不过是，语文学学者们仅满足于在理解文学时不去考虑别人曾经是如何使用它的。他们并不将文学当作人文学科中最重要的部分，因为他们从不花心思去探究文学的目的。他们研究的是文学的外壳,而非文学本身。尽管在19世纪英语借反抗古典文学而兴起,但它却没能改善美国高校中的文学教学情况,至少最初没有。英语完全是受另一股力量推动的,即一种提炼英语文学作品所包含的内容并将之系统化的学术动力。

　　文学学术研究开始于文本接受——接受为其首要原则,并因此强调积累、彻底性、准确性以及文本和语言、文本和文化之间的关联性。而那些实证主义典范对英语学者的吸引力从未丧失。语文学家与文人——或说现实与价值、字面意义与内在精神、埋头苦学与审美培养之间的对抗,并没有因语文学在二战时期式微并最终消失,以及因创意写作的兴起而消除。文学学术研究在科学解释与诠释学理解间摇摆不定的同时,仍旧区别于、甚至反对美学意识形态。对文学的热爱,曾在长达一个多世纪的时间里引发文学学者的质疑并招致鄙视。

　　对文学爱好者而言,这种打压一直态度不明。在他们看来,文学学术始终无法解释文学作品最初是如何产生的。他们认为,任何关于文学的讨论,必须首先声明:文学不是研究对象,而是惊讶与欣喜的所在;不能仅仅加以了解,而要不断创造与再创造。拉金①在被问及"从英语诗歌研究中有何收获"时,终于吐露心声:"哦,天哪!诗歌是不能研究的!你读诗,然后想:'这太棒了!是怎么写出来的?我能做到吗?'这就是你的收获。"[50]学者对待文学的方式,仿佛永远不会有人打算再从事文学了。批评家们就此指责学者切断了文学作品与文学行为的联系。尽管学术性不那么

---

① 拉金(1922—1985),英国诗人。主要诗集有《降临节婚礼》《高窗》。

强，但一种新的文学教育模式所需要的，是更大的创造性。英语系是实践这种教育理念的最佳场所，因为英语作为高校研究的一个领域，自其发展之初，就包含了时代意识、与学生生命的关联性以及对历史研究和古典作家的价值消解。语文学无法实现这种前景。所以19世纪晚期，以巴雷特·温德尔、布兰德·马修斯、凯瑟琳·李·贝茨等杰出的语文学批评者为代表的新生代的英语教师试图用新的方式开创自己的领域。他们将一门新的学科加入了英语教学课程之中。这就是我们下一章要谈的内容。

第二章　文学写作的创立

早在19世纪,爱默生就提出,希望美国高校能够实现转型,成为真正致力于创意写作与创造性阅读的机构。半个世纪过去了,他的倡议仍无一丝动静。高校对原创文学并没有兴趣。根据一份1891年肖托夸夏季教育集会演讲的记录:

除了极个别例外,那些造成美国文学现状的人,都是读过大学的。高校自身并未成为文学中心……即便在那些历史悠久、条件优越的大学中,教员不过是一群工作着的学者,每个人都只关注自己的专业,并轻视单一的"文学"方面的表现。很多时候,对研究者造成困扰的挑剔而苛刻的思想转向、以传统学习方法为特征的小心翼翼的保守主义、压制自由讨论的尊奉神学的意识,三者共同对原创力和创造欲望施加影响,使其麻木、僵化……高校中的那些文学教授,往往是那些不进行文学创作的人;而那些修辞学教授之所以被选来教写作,是因为他们自己从没写出别人会读的作品。[1]

19世纪,美国高校与其说是文学的中心,不如说是文学的教室。学校考试制度压制了文学创造的欲望。学者自身决不从事文学创作,即使是那些受聘教写作的教授,情况也是一样。文学研究——包括创造性阅读与创意写作——被划分为两个方向:其一是挑剔而苛刻的学术研究;其二是远离纯粹文学创造的修辞学。

学术与实践相分离,隐藏在这种分离背后的是观点的沦丧。借用吉尔伯特·赖尔①的话:"文学是什么"与"文学该怎样"两种观念之间的联系被切断[2]。文学在研究过程中被当作一系列艰涩的事实(用此后那些对语文学一知半解的学者的话说,文学被当作意义的盛宴),而事实(或意义)的获得,则来源于对价值实现(或意义生成)方式的认识与掌握。受语文学的影响,人们并不将文学当作表达的手段。即使在那些公然打着"世界上最优秀的知识和言论"的标语的地方,文学教育也没有达到本应实现的目标。

文学的结构主义研究被忽视了。正如一个鼓吹者所说,到处都没有采用这样的文学研究方法,即"(学生的)意识在某种程度上应当重现创造性意识的过程与原始状态"[3]。也没有什么地方将文学当作一门能够把有天分的学生培养成文学创作者的学科。即使它在课程中有一席之地,但深入的文学研究并不包括写作本身,也不对文学产生的过程多作解释。文学的产生问题也被认为是修辞学的事。但修辞学并不是文学。正如一个老师在回顾自己的大学生活时说,文学与修辞学

属于不同的学科分支。一个是关于作家生命;另一个则是基于作品而整理出的语言妙用。准确地说,两者都不是真正的文学研究。从文学的角度出发,它们都没有太大价值;从教育的层面来看,同样意义不大。[4]

---

① 吉尔伯特·赖尔(1900—1976),英国哲学家,英国分析哲学日常语言学派的代表人物。

第二章　文学写作的创立

创意写作始于对语文学的反抗，又在19世纪八九十年代卷土重来，致力于修辞学的文学价值、教育价值的重建。其贡献是最终形成了现代英语领域。传统学术观点并不承认文学是一种创造性活动，现代英语的出现提供了新的可能。随着现代英语研究的开展，反对的矛头由语文学转向了修辞学。在发现旧的学科漏洞百出后，研究者对其进行了彻底的重建，并将其命名为"文学写作"。

在当时美国高等教育中，写作被认为是一个混杂无序的领域，但它接下来的任务并不是使原初目的含混不清。文学写作给了创作教学第一次全面成功的机会，它不是将写作局限为高校课程中不起眼的一部分，而是（用学科奠基者的话说）"不可或缺的部分"。19世纪最后25年，在摒弃了结构主义理想之后，哈佛大学明确表示：文学研究最理想的结局，就是文学创作的开始。正是如此，几年后有评论者指出："流畅性排在一长串文学要求的最前面。"[5]实际上，此后创作的多样性，在很大程度上可以解释为因文学性过强而遭到批评的结果——有些时候，我们需要的是不那么杰出的人才。与此同时，对文学流畅性的要求已经在创意写作中得到落实。文学写作确立了高校写作的自主性，并从文学性和结构主义的角度对写作课程提出要求。这也是创意写作成为正式研究课题的先决条件。但直到20世纪20年代，高校对创意写作本身的需求并不大，因为文学写作与创意写作在当时是一回事。创意写作的真正兴起，是在文学写作转入非文学状态之后。前者甚至被视作后者的再现，区别在于前者高举着一个更加与众不同的文学旗号，且指向着写作的最初目标（但这一目标已经被逐渐抛弃）。

"文学写作"的名称，在19世纪80年代之前也曾偶尔使用，但此前美国高校所教的写作,与这个名称完全不相称。半个多世纪里,"写作"被公认为拉丁文写作,同时也是拉丁文学研究的内容。学生写文章时运用语法规则——或者说,从古典文学中获取风格和种类,有时候甚至用英文写作,而其目的与用拉丁文写作无异。写作的动力,在于表现对语言的掌握水平。这种写作从属于语法练习、拼写训练和修辞规则识记。即使在写作作为课程核心的情况下,也着重培养学生在论述过程中的简洁度、敏感度、精确度、正确性及完整性。不鼓励学生在写作过程中表达自己的观点或想象,而是极尽所能地避免出现错误。在这种情况下,有评论者表示:"写作变成了语言研究的基础……"[6]

新的文学写作作为修辞学研究的发展,只延续了其结构体系,进入了修辞学为美国高校写作教学而开辟的领域。换句话说,新写作与传统修辞学相去甚远,它不涉及转喻、论点、言语的社会背景、对实践结果的追求或者对作品、种类、风格、记忆、演讲的传统细化标准。事实上,文学写作可以称为"写作教学的结构主义化"(前提是这一说法能被人接受),以拒绝作为19世纪美国高校修辞学附庸的传统课堂教学。首先,它不主张学生使用英语语法手册,从而淡化语言准确性训练;其次,又不注重口头表达,因而淡化对交际能力的培养。文学写作并非对原有的高校修辞学进行发展和更新,而是一门全新的学科。

文学写作是对修辞学的文学化改革。在《十九世纪修辞学(北美篇)》(*Nineteenth-Century Rhetoric in North America*)一书中,南·约翰逊提出了相似的观点,认为19世纪的大部分修辞学理论的基础都是"习得批判性眼光,就等于获得了更强的语言表达能力和更高的领悟天分"的"纯文学设想"。约翰逊还说,这种纯文学设想引发了"全面的修辞学定义",使修辞学由论辩、演讲艺术扩散到更具文学性的话语之中[7]。更准确地说:在美国高等教育中,纯粹的修辞研究(或是我所说的"结构主义")是以文学写作的名义确立的;认为开设该课程的直接动因是写作而不是演讲,根本目的是表达而非准确度——这种观点同样是"纯文学的"。

因此,新写作的转向包括两方面重要的制度改革:第一,学生的学科论文不再指定主题;第二,不在课堂上高声朗读。在原有体系中,学生需要组织思想,回答诸如"灵魂的永恒性是否可证"或"灵魂是否一直思考"之类的问题;而在新体系中,只规定了类型或手法,主题则交由学生自己处理。从传统修辞学的观点来看,"创作"并不能通过新写作课程习得,而是取决于个人的品位与天分,要遵从浪漫主义的创造天赋论。准确性与指定的主题也由此不再重要,受到鼓励的是原始工作。由于新写作不需要朗读,原有的记忆、演讲方面的修辞学问题也就消失了。写作取代演讲而成为授课的主要形式。

演讲指导与新写作兴起于同一时期,起初在19世纪70年代后期的堪萨斯大学和密苏里大学是无学分课程,到90年代,在全国范围内发展为常规课程[8]。正如我在第一章所提出的,在语文学的压力下,话语艺术分成了两部分。早期的演讲教学的支持者,在所难免地因文学性话语篡夺了自己的地位而对其持有某种敌意。阿默斯特学院的逻辑学、修辞学与演说学教授亨利·艾伦·弗林克表示,"修辞教学的最大失误之一,就是没能做出关键区分",明确了为口头表达做准备的写作与"纯文学形式"的写作间的区别:

文学本身强调思考、想象、情感,从这一点出发,必然在一定程度上反对修辞学的规范。文学影响力与魅力的重要内容,就是不确定性、虚幻性——这是无法通过常规教学获取的。[9]

这种观点在 20 世纪总是被用作反对创意写作的强大武器：写作不能教。此观点仅是"诗人是天生的，不是创造的"这种后期古典主义教条的一种变体，早在 19 世纪，英国优生学家弗朗西斯·高尔顿"遗传的天赋"的论断，就使该观点具有了科学上的"合理性"[10]。"天才""想象""力量"——这些都是基本教育论①的旗号；它们被用于掩盖教育中对纯文学的忽视；同时，也在使用过程中与"创造性"一词相关（见第五章），至少在字面上是如此的。从一开始，新写作就持相反观点。它被认为是纯文学写作教学（或称"创意写作"），表达了文学的结构主义与反基本教育论观念，认为"力量"和"美"不是恩赐的，而是通过努力获取的；它也由此受人诟病。拥护者称："它起码使很多人相信：让学生写作是件好事。而且，使教师试图去教的内容真正成为教学的主题。"[11]盲目推崇演讲的人说得对：新写作教学完全不是修辞学，因为除了纯粹的写作训练，它摒弃了其他一切。

被摒弃的内容之一，就是解释规则与用法的工具书所代表的刻板的修辞。人们觉得，学生理应"直接地、不受教材干涉地"表达自己[12]。因此，波士顿女子高中的校长非常严肃地说，写作教师迫切想"废除语言课、修辞与写作方面的手册等外部辅助。如果你不下决心这么做，那会始终陷于不公正的处境"[13]。新写作致力于恢复写作的原有状态，即作者独自面对自己想要表达的问题，它能够引起优秀的修辞理论家的反思，而不是随着修辞发展成为庞大的

---

① 基本教育论，即主张用屡试有效的教学法讲授传统文化中的基本概念和技能。

理论教条体系,逐渐丧失批判的眼光。任教于瓦萨尔学院的葛楚德·巴克是研究教授现代英语发展过程中的主要人物,同时也是历史学家和文学批评家。他简要地说明了情况:

> 将传统修辞学当作写作准则的观点已经不足信并被抛弃,校园写作在更大程度上取决于真实情境的激发和真实读者的存在,这种理论急需被纳入学生写作评价体系,并朝着更简单、更灵活的方向稳步发展,因为它更直接地来源于写作内部。总之,每次写作教学改革的趋势都旨在将学生写作活动从各种人为限制中解放出来,并以课堂外的纯粹的写作活动取代那些自始至终的限制。[14]

现代英语的倡导者不喜欢传统修辞学,因为他们认为修辞学出于理论的考虑,忽视了写作实践。一名写作教师断言:"再多的理论工作,也无法给出明智的文学艺术评价原则。"文学的艺术性只能通过实践从内部获取。真正需要的是理论与实践并举——"一方的发展由另一方而来……"[15]这同时也是文学写作的目标。

文学写作此前被认为是创意写作的前身。哈佛写作系的教师——亚当斯·谢尔曼·希尔、巴雷特·温德尔、勒巴隆·布里格斯、查尔斯·汤森·科普兰——有时会允许学生通过诗歌或故事获得学分。据斯坦福大学该计划的创始人——华莱士·斯特格纳的说法,创意写作

开始于哈佛的勒巴隆·拉塞尔·布里格斯院长。20世纪初,他在自己的课上要求学生进行每日一题的写作。(那是非常艰难

的一个时期,严苛的标准尚未放宽。)许多美国作家都是从布里格斯院长的课上走出来的……同在哈佛的查尔斯·汤森·科普兰也追随着布里格斯院长。这两个人,差不多培养出了那个时期半数的美国作家。

实际情况更加复杂,我打算把事情说清楚。现在看来,必须说明的一点是:哈佛接受的援助是创意写作史的一部分,也是该学科自我认知的题中之义。这些援助是指约翰·里德①给科普兰的捐款,这笔钱来自其1914年出版的《暴动的墨西哥》(*Insurgent Mexico*)一书的稿费。里德的捐款可以理解为感谢科普兰教会他如何写作。其他师从科普兰的学生有:康拉德·艾肯、约翰·多斯·帕索斯、艾伦·西格、罗伯特·本奇利、伯尔纳德·德·渥托、沃尔特·D.埃德蒙兹、约翰·P.马昆德和范·威科·布鲁克斯。与斯特格纳的说法有所不同,艾肯认为创意写作的创始人是科普兰(而非布里格斯)。"谁是真正的奠基人"的问题,重要性远不如对"谁是哈佛大学创意写作启动者"的普遍认可[16]。

可以说,在哈佛,创意写作史无前例地成了学分课程,其有效主张延续至今。但如果有人认为,创意写作的奠基者只是照搬此前写作教师的理念,最终把将该学科发展为一个成熟的体系,这就是对事实的误解。通过创意写作课所获得的写作的文学形式,并不能赋予其作为一门学科的独特性。"创意写作"一词之所以能够扩大到用来表示某一类写作——一般而言,包括诗歌、故事、小说,

---

① 约翰·里德(1887—1920),美国左翼新闻记者,美国共产党创始人之一。著有《震撼世界的十天》。后病逝于莫斯科。

是因为写作学科形成了与语文学研究之间的鲜明界限，从而区别于在"学术"名义下产生（及评价）的非虚构类型。关键在于，它是从文学学术中分化出来的。文学写作为创意写作扫清了障碍，不在于承认诗歌和故事为学术成果，而在于表明：在高校中，文学除了作为研究对象之外，还具有更多意义。

尽管文学写作直到后来才得到作为教育活动应有的推动与评价，但它几乎可以追溯到1869年，35岁的查尔斯·W.艾略特被任命为哈佛大学校长。艾略特的就职演讲似乎是唤醒英语研究的号角。他说，美国的大学"差不多比先进的教育理念落后了好几个世纪。对英语语言学系统研究的忽视，显然占据主导地位"[17]。艾略特关于改革的言论是经过认真调查的，他于1872年提名了哈佛的第一个全职文学写作讲师；在1873—1874学年，哈佛正式通过了最初的英语学招生要求。

哈佛的写作课源自对旧式写作教学的不满。这表现为两种形式：一方面，正如我们所看到的，新一代写作教师不认可修辞学与演讲学；但另一方面，这是一种专业领域的不满，反映了语文学教授们放弃修辞与演讲学教学的愿望。艾略特成为校长时，修辞与演讲学的博雅斯通教授是弗朗西斯·J.切尔德，他从1851年起就担任这个职务。切尔德正是艾略特一提及语言学系统研究就会想到的那类人。1847年从哈佛毕业后，切尔德直接被聘为英语系讲师。第二年，他出版了第一本书，其中收录了四部16世纪以后的不知名的英语剧，并附上导语及完整的学术注释，还有一份语文学术语表。这本书似乎为他赢得了一次前往德国学习的休假机会。他在柏林大学认真地聆听了雅各布·格林的全部课程，之后前往哥廷根大学,跟随两位不知名的语文学家——弗雷德里希·施耐德文和卡尔·海曼学习。尽管1851年一回国就被任命为博雅斯通教授,切尔德还是更愿意花时间去收集苏格兰民谣,而不是批改学生的作文——他自己也知道这是苦差事。二至四年级的学生每学期要写16篇"作文",这意味着切尔德每年都要面对上千捆的学生作品。"别干这行了,年轻人,尽早走吧。"他总是这样劝那些年轻的同事[18]。任何提及切尔德这段故事的人,都有可能被指责为高人一等,仿佛教写作比研究民谣更平民化是不证自明的。但这份苦差事已经到了一定程度,不止切尔德有这样的感觉。肯·伯恩斯导演的纪录片《美国内战》(*The Civil War*)中的主要人物——约书亚·劳伦斯·张伯伦表示,在鲍登学院当修辞和演讲学及英语文学教授的第一年(即1856—1857年),曾批改过1 100份学生作文。这只有一种可能,那就是像布里吉斯在此后一个世纪提出的:对年级作业的抱怨,表明了许多学者在将专业研究应用于常规教学过程中所遇到的困难[19]。但这也有另一种可能,即抱怨的矛头指向的是哈佛改革前的主导教学方式——批改作业。此后几年中,切尔德向朋友透露,自己在任职期间饱受漫无边际的学生练笔摧残:总是有人反复问他"修辞与演讲学的博雅斯通教授哪儿去了?"答案是:博雅斯通教授忙着批改学生的作文,而他希望能有机会集中精力搞学术研究[20]。

正如我认为的,语文学家的专业发展愿望分为两种:一种是研究英语言文学,另一种是研究修辞学。约翰斯·霍普金斯大学英语系向切尔德发出邀请,哈佛只得开出相同的条件①,于是艾略特

---

① 即允许切尔德不再担任修辞学课程教学。

就需要找新人接手修辞学课程。他的首选是亚当斯·谢尔曼·希尔。希尔曾是艾略特的同学,做过《纽约时报》驻华盛顿的通讯员。他的修辞学理念是新闻记者式的:在他看来,这是一种专门的言语使用技能,用于传达通过调查和修辞学以外的研究获得的详细信息。因此,希尔在哈佛的写作教学计划,开创了19世纪美国高校修辞学教学的新局面——可能规模不大,但至少是一次创举[21]。

乍一看,希尔并不像一个开拓者。诸如阿尔伯特·R.基察伯、詹姆斯·A.柏林、南·约翰逊等历史学家直接将他归入主流。通过强调希尔与其他修辞学理论家的相同性,约翰逊发现,希尔的《修辞原则》(*Principles of Rhetoric*,1878)是基于纯文学的理念——文学风格诸要素几乎可以适用于任何场合的写作或演讲。该书提供了英美文学的实证,并详细分析了文学作品选,着重强调了约翰逊所称的"适应读者的原则",将写作从根本上定义为一种沟通的手段[22]。但纯文学理念与适应原则似乎是相互矛盾的。如果要求学生将每次写作都假定在文学情境之下,那么他们要适应的就不是读者,而是文学标准。相比之下,高校写作的适应原则主张文学性优于读者。阿默斯特学院的约翰·F.杰农在《修辞实用元素》(*Practical Elements of Rhetoric*,1886)开篇,就声称

> 仔细想来,文学演讲并不因其自身而存在;它不是独白,而是有既定的读者或听众,力图向它们传达某种信息或思想,并随场合的需要,伴有情感或冲动。

相应地,任何作品"必须努力实现这一标准及表达方式,从而对他人产生一定的影响力";而其总目标是,通过"以'适应'的名

义对人产生影响,令人满意地实现目标"的方式,提出自己的想法[23]。

　　希尔以相似的方式回应德·昆西①说,修辞属于有影响力的文学,而不是传播知识的文学。他继续探讨"适应学说"时,仅限于对说服力的探讨,这些内容在他长达 400 页的著作中出现在结尾的四页中。每个读过《修辞原则》的人都很容易相信,写作是一种独白。例如,在解释为什么修辞属于有影响力的文学时,希尔说,如果在写作中,"知识的沟通不是唯一目的,读者的关注他不是理所应得的,那么就不应只注重语言明晰,还要考虑它的影响力"[24]。然而,他并不说明对既定观众产生的既定影响的效力如何。他仅仅提出,一个词可能比另一个词更具影响力,也许是因为它意义明确、简练、具体、常见,也许是因为它听起来能够强调自身含义,也许是因为它很自然,不卖弄风格。希尔的全部研究都指向语言内部而非外部,质疑文学评价甚至是审美评价——这是一种结构主义的态度,抵制从修辞学角度出发的对读者期待或读者接受水平的预估。

　　"整个 19 世纪里,"约翰逊说,"修辞技巧被等同于对基本修辞原则的理解……"[25]希尔最初似乎同意这种观点,特别是他将自己的书名定为《修辞原则》。但对希尔来说,关于基本原则的讨论是退步而教条的。尽管他提出了演讲中的转喻和比喻,但更倾向于举例说明而不是定义它们,引用权威作家,如莎士比亚、弥尔顿、德莱顿、奥斯汀、华兹华斯、乔治·艾略特、霍桑和梭罗,辅以当代的

---

① 德·昆西(1785—1859),英国散文家,是英国浪漫主义运动的主要文学批评家之一。代表作有《论〈麦克白〉剧中的敲门声》《论风格》等。

重要作家,如罗伯特·路易斯·史蒂文森、马修·阿诺德、罗德亚德·吉卜林、W.H.马洛克、托马斯·休斯、玛丽·E.威尔金斯和詹姆斯兄弟①,以及美国报刊推出的精选集和来自诸如伦敦《旁观者报》《雅典娜杂志》《大西洋月刊》《北美评论》和《评论家》的精彩评论。这份名单说明,在希尔的体系中,修辞原则"不是枷锁,而是评价指导"[26]。研究修辞原则是为了培养判断力,而非使其固定却弃之不用。

希尔之后,哈佛的整个写作倾向于将评判标准提升到比原则更高的位置。尽管基于适应原则而强调写作作为一种沟通手段,我们却不能忽视这样一个事实:哈佛大学与传统修辞学对这种原则有不同的思考。对哈佛来说,适应并不意味着极力隐藏对进一步发展的质疑和犹豫,而是灵活地顺从于强大的当代文学实践并促进理解。哈佛强调好的常用语,但好的常用语并不取决于抽象的语法规则,而是取决于"世界上最优秀的知识和言论",这种情况在当下尤甚。哈佛的教师在他们的写作丛书中一再嘲笑教条主义的高度监管和保守主义对语法规范的执念,如拼写改革。希尔认为:"这些明显的失误,会警示语言学的学生:无论作为教授还是学生,都不要试图阻止习语的强劲发展势头。"当今时代的佳作表明,

---

① 罗伯特·路易斯·史蒂文森(1850—1894),苏格兰小说家、诗人。代表作有《金银岛》《化身博士》等。罗德亚德·吉卜林(1865—1936),英国作家、诗人,在1907年获诺贝尔文学奖。代表作有儿童故事《丛林之书》、侦探小说《基姆》、诗集《营房谣》等。W.H.马洛克(1849—1923),英国小说家、经济学作家。代表作有 *The New Republic*, *Is Life Worth Living*。托马斯·休斯(1822—1896),英国律师、作家。代表作有《汤姆·布朗》系列小说。玛丽·E.威尔金斯(1852—1930),美国女作家。代表作有《卑微的浪漫史》《新英格兰修女》。威廉·詹姆斯(1842—1910),美国哲学家、心理学家、教育学家,美国机能主义心理学派创始人。亨利·詹姆斯(1842—1916),美国作家,长期旅居欧洲。代表作有《黛西·米勒》《鸽翼》等。

常用语的发展趋势就是最高权威。那么,"适应"则是自由的原则。它使作家得以自由地决定自己的语言,因为每一次这样的决定"都是一种个人见解的表达,而不是专业权威的决定:它不会约束任何人,而常常遭到压制"。它努力使写作本身被人理解,而不是为了修辞的一致性或语言的纯粹性。因此,在与旧的评价标准发生冲突时,就必须遵守现行标准[27]。

没有证据表明希尔是激进的。除致力于写作教学改革外,他的整个教学方法都是以批改作业为主的。当年的一个学生这样形容:

> 谁都知道,希尔教学方法的最大特点,就是彻底贯彻、大刀阔斧,这最初可能会给"内行"造成伤害和痛苦……一个胆大的本科生形容他是"刻薄的门外汉"。不会有人立即挫伤学生的积极性,或做出令人印象深刻的评价……敏锐的学生很快就学会对重要的真相做出积极回应,以及揭露、批判空洞虚假的东西。[28]

这些话让人很难做出明确的判断,但他们似乎认为,希尔在课上花费了太多的时间用来批评学生的写作风格,并依照个人见解(这当然不是权威的决定)评价他们的词语选择。

但无论他的教学方法如何,希尔都是一个学术改革者。他在哈佛的文学写作计划,至少在某些方面受到了"反语文学"情绪的推动。他曾公开嘲弄过盎格鲁-撒克逊研究,在《修辞原则》中,他颇为得意地引用了沃尔特·萨维奇·兰多①《对话录》(*Conversations*)中的一篇文

---

① 沃尔特·萨维奇·兰多(1775—1864),英国诗人、散文家。代表作有《伯利克里和阿斯帕希娅》《假想对话录》。

章——南·约翰逊认为该篇文章讲述的是18世纪英国语文学家约翰·霍恩·图克执着于词根研究的事情,并以此表明其思想的退化。语文学研究限制了英语的研究。就其"广义"而言,希尔认为,英语可当作语言、文学甚至是"人与人之间的交际手段"(即写作)来研究。但"英语教学如果仅从一种含义出发而忽视其他含义,就会变得既不实用,也不理想"。任何真心希望从事英语语言语文学研究,或者为英语文学学术献身的学生,都应该获得一所大学能提供的"全部的机会和条件"。但在"常规课程"中,文学写作"为最多的人提供了最好的条件"。因此,希尔总结道:"它应该作为常规学科出现在每一所设有常规学科的高校的课程表里。"[29]

但"英语工坊"的目标并非"生产'成熟的作家',不论工坊中招入的是什么样的人"。虽然希尔的思考方式仍留有基本教育论的痕迹(这表现在他将"有话可说"定义为写作的内在天赋),但他已经开始朝着反基本教育论的结构主义方向发展,认为写作是人类建构自身的一种手段。他说,写作教师的任务不是告诉那些没有天分的作家"如何在既成风格中掩饰思想的贫瘠";而是"在最大程度上使学生对所写的内容产生兴趣,从而更好地投入写作"。这里就出现了问题。在希尔看来,借用马修·阿诺德的话就意味着:写作成为"阿诺德式人道主义"与"实用主义者的改良主义"合并的产物(即前面提到的,"为最多的人提供最好的条件")。不过,基本走向还是明确的:写作不是一系列基本元素和原则,而是一种结构模式。这就解释了为什么希尔废止了命题作文。他曾经谴责说,命题作文"强迫年轻人去写一些他们并不了解也毫无兴趣的话题,而这些话题体现不出任何值得把握的价值"。他在哈佛开创的实践,目的是接纳任何学生认为值得写的内容——甚至包括原创故事[30]。

今天的人们很容易在解读希尔时,忽略改革潜在的问题。在19世纪修辞学的大背景下,希尔并没有走得太远。直到现在,希尔在哈佛建立的写作类型仍具有至少四个区别于传统修辞学写作的特点,从而界定这个以"创意写作"的新名称继续开展的写作类型:① 它是文学的,而非修辞学的;它关注沟通交流,而不为满足特定的、严苛的观众的期望。② 反而,写作被认为与内在需求相关——也就是说,传统需求悄悄内化进了写作之中。③ 因此,这种结构性活动的建立基础,是灵活的评价标准以及为特定的文学形式问题提供专门解决方案的能力,而不是那些更适用于数量相对有限的修辞学问题的评测标准或基本原则。④ 最后,写作是一门自由的艺术,力求使英语研究摆脱语文学、修辞学的束缚。

从1872—1885年,二年级学生每周两次文学写作课,这是哈佛学生在一年级结束之后的唯一一门必修课。到1885年,希尔成功地将其变为一年级新生每周三天的必修课——他希望以此鼓励中学写作教学课程的发展,新生英语也就此产生[31]。高级写作选修课程的开设填补了空白。正是高级写作的出现,标志着创意写作的真正发端。这门课程并非希尔开创(至少在他那里没有完成),而是由他的第一助手——巴雷特·温德尔(1855—1921)实现的。

温德尔生于波士顿,父亲是一位富有的纺织品商。1877年他毕业于哈佛大学。之后的三年,他努力想当律师。据他本人回忆,一天,他在波士顿的街上遇到了自己的老师——希尔。

他问我现在在做什么。我告诉他我在学法律。他问我是否喜欢法律,我说"不"。当他问及我想从事何种工作时,我回答说:"差不多就是你那种工作。"不知怎的,这次偶遇就被他记住了。

幸运的是,温德尔没考上律师。与此同时,希尔发现自己需要有人帮他批改二年级的作文,于是就向艾略特校长提议,让温德尔做自己的助手。得到艾略特的同意后,希尔通过电报向温德尔发去了聘书。自1880年起,温德尔在哈佛任教。"那份电报决定了我一生的事业。"温德尔回忆说,此后,他在哈佛工作了37年[32]。

温德尔最初并没打算把写作教学当成自己的事业。自从13岁生日时收到一本《萨克雷全集》,他就渴望成为一名创意作家(早在1886年,他就用这个词与其他类型的作家加以区别)。像之前的朗费罗一样,他回到学校教书,以此维持自己的文学爱好。当他的哥特传奇《艾米利亚公爵夫人》(*The Duchess Emilia*,1885)和《兰克的遗体》(*Rankell's Remains*,1887)彻底失败后,遭到一个三流诗人在《哈佛呼声》上的公开奚落,于是他选择放弃个人的创意写作,而将全部精力集中在教学上。但他几乎不讲课,而是彻底地改进了哈佛的写作教学,并不断对外宣传,同时创建了"学徒制",正如乔治·赖斯·卡朋特与小说家罗伯特·赫里克[①]在哥伦比亚大学和芝加哥大学传播自己的思想、实践自己的理论。温德尔1891年的著作《文学写作》(*English Composition*)共再版30次,彻底取代了

---

① 乔治·赖斯·卡朋特(1863—1909),美国杰出的教育家、学者、作家。罗伯特·赫里克(1868—1938),美国新一代现实主义小说家。

修辞学。在他逝世后,当年哈佛的同事称赞说:"在这门学科中,他引领了全国的潮流。"[33]

温德尔的《文学写作》并不是第一本以此命名的著作。据证实,第一本《文学写作》的作者是大卫·欧文,该书于1803年在费城出版,并于1825年再版。之后,以此为书名的作者还有:理查德·格林·帕克(1835年出版,1846年再版)、布鲁尔博士(1859年出版于伦敦)、詹姆斯·R.博伊德(1860年出版)、I. H.纳丁(1860年出版)、亚历山大·贝恩(1866年出版,1871年再版)、沃尔特·斯科特·戴立许(1868年出版于爱丁堡)以及威廉·斯文顿(1870年出版)[34]。即便如此,仍旧是温德尔的书赋予了这个新学科一个永久的名字,因为包括哈佛在内的诸多学校采纳的是他的教学计划,正式认可了他的理念。"文学写作"也是"创意写作"最初的名称,虽然后来换了名称,但其最初理念,即文学写作和创意写作两者背后的原动力,始终属于温德尔。

大多数对温德尔的描述,总是突出他的怪癖。他是一个爱打扮的人,穿着鞋罩,戴红色凡·戴克式尖髯,整洁的中分发型,提一根手杖,戴着手表的手腕常伴着他快速却不连贯的声音在课上挥舞,同时前后踱步,像在发表宗座权威的声明。他是一个学生们常常模仿的校园名人,同时也有庞大的听课人群。1885年,即高级写作课程开设的第二年,他的课就招进了150人。《哈佛月刊》也创刊于同一年;第一期的社论就宣称"毫无疑问,哈佛的文学写作研究已经迈入了当前一流学科的行列";这归功于温德尔的高级写作课[35]。不久,以温德尔和《哈佛月刊》为中心,形成了一个非专业作家群。温德尔将自己的传奇地位归于教师,认为自己在课堂上取得的多数成功,离不开鲁莽的性格,若不是因此而招致批评,他就不可能有如此成就。乔治·桑塔亚纳①是温德尔的朋友,后者曾帮助他通过斯克莱布诺出版社出版了《美感》(*The Sense of Beauty*,1896)。尽管如此,桑塔亚纳并不感激他,而是说"他没有对自己真正定位",思维混乱,"努力制造泡影";有人称赞他充满深情甚至是激情,但名不副实。桑塔亚纳还认为,"他是一个称职的本科生随笔评论家,但不是一个博学之士,他的书根本不值得写"[36]。

桑塔亚纳自说自话,但温德尔的写作教学颇有实绩。谁能说清这对提升美国文学起到了多么巨大的作用?显然,评价温德尔,关键在于如何看待他的成就。大多数认识他的人认为,其个人成就是最主要的。桑塔亚纳比这些人更具洞察力,他意识到这些个人成就受到了温德尔自身天分的影响。如果不把他当作名人,而只是一个教师;不是校园风云人物,而是(像桑塔亚纳所说)一个开创并实践新式写作教学方法,从而整体提升美国写作水平的人,那么,温德尔的成就便相当可观了。此后,文学写作的成功被归因于其他高校对哈佛模式的盲从[37]。但真正的原因可能是,温德尔在哈佛所取得的成功,使写作教学看起来值得效仿。

用"作家对写作的探求"来形容温德尔的学科研究,再合适不过。尽管他的著作可能没什么意义,但温德尔可以说是美国第一位引导学生根据自身愿望来写作的修辞学教授。他将一个写作者的习惯与思考带进了该学科。温德尔反对当时高校修辞学的教学方式,认为好的写作"是令人愉悦的,与批改作业不同";他同样反

---

① 乔治·桑塔亚纳(1863—1952),西班牙自然主义哲学家、美学家,美国美学开创者。

对当时的文学学术研究,相信真正的作家"生活于真实的世界,而不是存在于书本之中"[38]。这使人们首次意识到,让学生开始写作是有益的;同时,使温德尔所教的科目成为一门教学课程。

随后的几年中,温德尔提出了最早的文学写作基本理论。他说,这是一次"教学试验",旨在使"普通学生"能够运用"内在的、不做作的技巧"进行写作;而那些"有天赋的学生",将"成为技巧娴熟、能够使人赏心悦目的创造型艺术家——比如说,诗人"[39]。这里提到的"令人赏心悦目的诗歌技巧",指的是温德尔认为在高校英语中严重欠缺的文学技巧研究。不止他一个人这样认为。我们在下一章将要提到的布兰德·马修斯、乔治·皮尔斯·贝克等人,提出了文学研究中对忽视技巧加以补救的具体方案。但温德尔的方案得到广泛采纳。尽管他最先想到的并非培养诗人,但在他看来,学生们所能受到的那一点教育对成为诗人毫无用处。无论从英语课上学到了什么,未来的诗人们都不太可能获得"技巧的力量"。写作试验同样被认为是对当时学术研究的反抗。温德尔说,在哈佛,需要帮助"那些想要得到帮助的人"进行"宏大思考"——这是"德国化学术"所禁止的。温德尔不屑于"不断挖掘细节,追求技术精准的单调乏味的学术研究"[40]。

诗人的技巧的力量与学者的技术精准度之间的对比,很大程度上验证了温德尔此前对写作教学的预想。但他同时意识到,其他人在教学中开始转向形式主义的滥用——也就是说,此前预期"研究的最终结果是实现对知识的掌握",而这并不指向任何产品的生成[41]。温德尔认为,教育的全部意义在于激发创作的愿望:"富有生机的研究,要满足如下标准,即能够激发好奇心、抱负、愿望,以及自发的努力。"任何艺术研究的真正目的,如他所说,是"产生一定的作品",甚至一本空白的蓝皮簿都可能成为文学作品:"它可以具体成为一封信、一本试题册、一篇论文……成为任何可以被人轻视的东西;它也完全可能成为一部艺术作品,一件极富美感之物。"每个英语教师都应该教授写作形式,哪怕是那些工具性的、最普通的内容,也要当作"文学的碎片"来教。"如果所有的一切都能够得到落实,"温德尔总结道,"文学研究的理想终结就不仅是享受诗歌,还包括创作诗歌。"[42]

温德尔的高级写作课每天会布置一篇写作——也就是后来著名的"每日一题"。他是这样回忆该课程的初始理念的:

这种想法产生于与一位在波士顿报社工作的朋友的谈话。他认为,任何成为记者的人,不论起初多么无知,都能通过不断努力,用文字的、公众喜闻乐见的方式表达自己;同时,那些报道在很大程度上激发了人们对生活的关注,而这正是我在哈佛的学生们所欠缺的。

根据这种想法,温德尔开始要求所有学生每天写一篇文章,主题则根据学生一天的见闻而定:

可以是看到的,也可以是想到的。仅有如下要求:主题必须是文章写作当天的见闻,表述控制在大约 100 字之内,文笔生动、流畅。[43]

"每日一题"被凯瑟琳·李·贝茨引入了韦尔斯利学院的课程。她认为,"每日一题"的目的在于"鼓励观察,并且在筛选、组织个人经历事件的过程中,尽可能多地提供实践机会;进行明白、准确、可信的表述"。小说家兼批评家约翰·厄斯金①曾上过乔治·赖斯·卡朋特在哥伦比亚大学开设的高级写作课,他本人后来也在阿默斯特学院教授该课程。他高度评价了这种方法:"这种长期的短篇写作,既不会向你灌输某种理念,也不会在你观察和思考的过程中告诉你该说些什么。"但同时也有批评家挖苦说:"这是学生关于去邮局路上见闻的潦草日记。"[44]

近代一位评论家对"每日一题"表达了极端的蔑视,以回应理查德·欧曼在《美国英语》上合理阐述的个人化的激进观点。该评论家说:"这种方法节约了师生的备课时间(毕竟,时间就是金钱)。"通过将写作教学简化为单纯的写作,同时将大量关于方法与分类的理论探讨排除在外,温德尔的高级写作类型"提倡的行为模式,有助于提升学生的整体水平——改正习语、语法与修饰、思考的方式以及对某些无聊的客观现实的冷漠态度"[45]。这么说是不公道的。温德尔并没打算节约时间、简化工作。尽管他在多年阅读学生作文后终于精疲力竭,但他仍然喜欢读,并将此比作皮普斯日记②。而且,温德尔课上的学生不只是完成"每日一题",他们仍旧每两周写一篇正规论文。"每日一题"与正规论文的关系,应当像"草图与成品画作"[46]。这并不是节省时间,温德尔也不想驯服学生。他想培养为集体生活所泯灭的那种才能——个性的表达。

---

① 约翰·厄斯金(1879—1951),美国教育家、作家。1903 年获得哥伦比亚大学博士学位。

② 皮普斯日记,即英国政治家,历任海军部首席秘书、下议院议员和皇家学会主席——塞缪尔·皮普斯(1633—1703)在 1660—1669 年写下的生动翔实的日记。这些日记在 19 世纪发表后,被视作当时第一手的研究资料,内容包括第二次英荷战争、伦敦大瘟疫、伦敦大火等。

消除仅有的个人经验因素、无视"去邮局路上的琐碎见闻",这更像是社团主义(实际上是集体主义)的特点。对温德尔来说,他更偏爱琐碎的、个人的方面,这至少是获得第一手经验和表达真知的基础。"我越来越认可这样一种观点——任何人所能做到的最好的事情,就是在适当的条件下,讲述自己所知道的事情。"他说,"这些事情可能没多少价值,但起码不是二手的。"[47]

在温德尔的课上,正确性远不如表达重要;他的首要任务是教会学生如何写作。尽管他要求学生的正规论文要精炼、准确,但前提是保证写好"每日一题"并从不同方面加以评判。他在《文学写作》开篇提出,学习写作与习语的细节和准确性毫无关系——"显然,需要慎重选择的事情消耗了大量精力。"作家不需要在对与错的差别上花那么多精力,只要学会判断;他们必须掌握如何判断自己遣词造句的水平。写作就像是穿衣服,温德尔说:"正如无法限制人们具体的行为方式一样,写作也没有绝对的标准;换句话说,聪明人应当与读者打成一片,把握恰当的标准。"虽然这听起来有些自负,但事实上,温德尔是在强调用弹性的文学评价标准(即"恰当的标准")取代严苛的修辞原则。他认为,修辞学最大的困境,在于过分强调原则。这些原则"主要用以指导写作者如何开始",而且"这种指导充斥于每个案例之中"。这使年轻作家们陷入困惑,而不是帮助他们进行创作;并在如何搞好创作的本质问题上,将他们引入歧途。我们所要寻求的,不是对普遍理性原则的顺应,而是作家独立做出判断的能力。温德尔最后总结道:"作家所面临的真正问题,是希望自己产生什么样的影响。"[48]

将杰出的标准定义为对受众的影响,而不是文本的完善——这种关于写作的理念,在很大程度上仍然是修辞学的。需要说明的是,这里所谓的"修辞学"指的是朗基努斯①那种意义上的修辞学:读者是看不见的、不确定的,而作者却站在明处;不同的作者可以通过其影响力的不同,加以区分。这种从读者到作家的转移,在19世纪文学理论中很常见;而在文学教育中,却被视为对传统标准的颠覆。在温德尔之前,写作教师对学生掌握课程内容的要求不高,他们并不指望学生能够产生什么影响力。"学生不会被问及'在课堂之外还能做什么'的问题,"苏格兰阿伯丁大学的逻辑学与英语学教授——亚历山大·贝恩提醒道,"如果你在教学过程中试图对学生考察原则哪怕有一丁点儿的偏离,那么即将迎来的就是铺天盖地的指责。"[49]温德尔将重点由教学转移到了学生表现,由考试转移到了自我修养,由课堂转移到了外部世界。这就为写作教学的文学观念的进一步深化准备了条件。他在《文学写作》中提出明确目标:教给年轻作者意识到并把握住个性化的经验体会。"正是对此刻特殊性的感受,造就了具有同情心的艺术家特质,"温德尔说,"对这种感受力的着意培养,最能使生活变得有趣。"[50]这就是沃尔特·佩特②在《享乐主义者马里乌斯》(*Marius the Epicurean*)中所表现的印象主义审美。正如一个与温德尔同时代的美国批评家重述的:"作为最敏锐多变的获取观感的能力,接受能力是培养的目标。"[51]这一目标,换句话说,就是培养学生的文学思考习惯,而不是此前那些必修的内容。"以文学的方式",则意味着(用佩特的话说)追求审美价值,而不是修辞价值,即充满感官细节

---

① 据《死海文书》记载,押送耶稣基督前往橄榄山行刑的狱卒名为朗基努斯。为确定基督是否已死,用随身携带的匕首刺入基督肋下。

② 沃尔特·佩特(1839—1894),英国散文家、艺术批评家,以文艺复兴时期艺术批评而闻名。

的描述性作品。这并不妨碍诗歌、故事的创作。但是对诗歌、故事接受的改革,则遭到了刻意的感知训练的教条化。居于首要地位的,应当是内容(感知)而非形式(诗歌和故事);研究的对象也应当是感知而非诗歌、故事的固有特点,更不是对特定读者受影响程度的预测。

温德尔正处于爱默生"象征视觉"的理想主义与此时兴起的新文学现实主义之间,尽管他对新现实主义的理解来自印象主义审美。他一方面认为,写作的任务是"将细微的、无形的思想情感转化为书面语","以前所未有的形式"呈现在纸上[52]。另一方面,与不可见的事物相比,他更倾向于可见的;将写作与新闻报道联系在一起,以此支持观感的获取与再生产。从这一点出发,温德尔彻底改造了写作教学,将一个多世纪以来被该学科排除在外的一些要素转化为自身建立的基础:① 写作本身成为教学课题,不再是此前的既成文本。② 它不再是为其他课程服务的学术活动,而被视为独一无二、有实在价值的表达机会。③ 要求审美能力("感知能力")的自我提升和文学评价("判断力"),而不是对大量材料的掌握。④ 作家是教授该学科的最佳人选,因为:⑤ 该学科的目标不在于对写作进行学术评价,而是要创造文学。更关键的是,温德尔确立了写作教学的重要地位,认为它会是众多人文学科中最重要的一个。"在许多人眼里,这是在做傻事,"温德尔描述道——因为在他进行彻底改造之前,文学写作的确是在做傻事,"但经过十年的研究",

在它身上再也找不到"傻事"的影子,取而代之的是源源不断的活力。原因在于,我愈加深刻地意识到写作的本质究竟如何——这与其早先表现出的死气沉沉、毫无生机的样子相差甚远;也明白了,一个随手画几行字,就仿佛完成史诗巨作一般的人,是怎样向我们宣扬似乎大家都不知道的上帝造人的。涂鸦污言秽语,却假装笔耕不辍的人,似乎做了最令人叹为观止的事情——赋予此前无形的内容以物质实体;因为他完成了用"神圣"尚不足以形容的、流芳百世的创造性想象。[53]

在温德尔手中,爱默生式理想主义与写实性现实主义交织而成了结构主义语文学,这就使创意写作从诞生之日起,既具有审美价值,又稳稳立足于课程体系。在好的作品中,身体感知通过"永恒的创造性想象",被加工成了人类活动的缩影。

哈佛后来的文学写作教师进一步巩固了温德尔的成果。总是有人将温德尔的成就归功于勒巴隆·布里格斯(1855—1934),大概是因为后者更受欢迎。布里格斯从事了 20 多年的管理工作(先是本科生院院长,后来是系主任,最后成为拉德克里夫学院的院长)。但起初,他是哈佛最早的写作教师之一,在 1883 年加入希尔的团队。他讲课始终生动有趣,并于 1904 年继任博雅斯通教授。布里格斯作为至少一门写作课程的带头人,从 1889—1925 年,为饱受批评却仍渴望进行诗歌创作的研究生讲授诗歌历史与格律。这使他被误以为是创意写作的教授,詹姆斯·D.哈特在老版《牛津美国文学指南》(*Oxford Companion to American Literature*)中就是这样描述他的[54]。

且不论他从未拥有过这样的头衔,布里格斯与其说是美国思想传统的建构者,不如说是一个道德主义者。也正因如此,他最终脱离了创意写作发展的主流。在他看来,写作教学的目的,在于"通过思维训练来提高道德品质"。在他退休后的1928年所写的《致文学写作教师》(To College Teachers of English Composition)这本50页的小册子里,他坚持将目标定为教授"一门伟大的艺术",而不是推出伟大的作家,这就需要道德因素与审美因素平分秋色。引用罗斯金①《现代画家》(Modern Painters)中的话,布里格斯说,写作教学"能够培养(学生)的慈善的心灵、真诚的思想、优雅的习惯,这些将会引导他们在一生之中坦诚而不做作、真实而不虚假、美好而不堕落"[55]。

布里格斯对创意写作发展的贡献,可能只是作为一名受人爱戴的老师的好名声。尽管他的出发点是教学管理,但布里格斯以研究为代价,提升了教学——用他自己传统人道主义的话说,"以学习为代价,促进了培养";由于他以写作教学为人熟知,甚至在几十年里被当作该学科的创始人,布里格斯强有力的声音成为对创意写作的赞歌:对年轻作家良好品质的培养,如慈善的心灵、真诚的思想、优雅的习惯等,比他们在文学上成名更重要。"学术固然值得称颂,但它对诗歌的威胁,正如神学曾经对信仰的威胁;用严格的知识要求取代直接的心灵对话,测量无法计量的东西,解决无形的问题,将精神的东西物质化。"[56]布里格斯是否彻底支持放弃学习文学知识,这值得怀疑;但他不止一次在写作课上表示,总归会没有时间来做这些的。

查尔斯·T.科普兰与布里格斯的相似之处在于同样通过个人

---

① 约翰·罗斯金(1819—1900),英国作家、批评家、社会活动家。重要的艺术批评作品有《现代画家》《建筑的七盏灯》《威尼斯之石》。

声望促进了创意写作的发展。科普兰为了启迪一个对教学盲从的学生,会邀请他到自己在霍利斯大楼的宿舍,见一些来访的作家、演员和政客。与希尔的共同点则是他们都做过记者。在33岁重返哈佛教授新生英语课程之前,科普兰曾是《波士顿邮报》的专职评论员。根据他的学生范·威科·布鲁克斯①回忆,科普兰对创造性想象没什么兴趣。他想将学生培养成记者,而不是艺术家,(像编辑一样)要求学生走出去观察生活[57]。青年作家约翰·里德听取了科普兰的建议。在《暴动的墨西哥》的献词中,里德对科普兰(文中的称呼为 Copey)写道:

  我仍旧记得,在我第一次出国却没有写出自己见闻的愿望时,您表示非常诧异。而此后,我来到了一个能够激发自己文字表达欲望的国家。我写下了对墨西哥的印象,与此同时,不禁想到:如果没有您的教导,我可能永远不会注意到这些,更别说写出它们了。
  我只能像此前的众多写作者一样,向您表达谢意:是您让我学会如何发现有形世界中的隐秘之美;与您的交往,督促我努力达到思想上的坦诚……[58]

科普兰曾强烈要求他去"观察",而里德却坚持认为科普兰真正教他观察的,是"有形世界中的隐秘之美"——这与其说是《波士顿邮报》的社论实践,不如说更接近哈佛的理想主义精神。新闻报道与

---

① 范·威科·布鲁克斯(1886—1963),美国文学批评家、传记作家、历史学家。曾获普利策奖和美国国家图书奖。

理想主义相结合,是哈佛写作课程的标志性特点;而科普兰则像是在兜售一系列为人熟知的商品。尽管布鲁克斯想将"观察生活"置于与"自我审视"的二元对立关系之中,但在哈佛,这两个概念属于同一个思想体系,而这一体系也是科普兰完全认同的。这就是康拉德·艾肯为什么将科普兰尊为"传统的奠基者,传统本身,同时也是传统的继承者"[59]。如果他不是奠基者,那么至少也是重要的传承者。

科普兰于1905年接手温德尔的高级写作课程,又于1925年继任博雅斯通教授。他本人并不是真正的作家,他曾撰写了埃德文·布斯①的生平,与人合著了一本教学指南《哈佛大学新生英语与主题校正》(*Freshman English and Theme-Correcting in Harvard College*)。对他最准确的定位,即通过高声朗读名著,在公开场合或私人会谈中勇于发言,创造并启迪了一大批人。(他有两本最钟爱的读物的选集,在他生前就已出版。)对我们而言,这似乎不比使苏格拉底掌握推理计算方法更有说服力,但他的学生们却证明——科普兰的确教会他们如何写作。也许,他们要证明的论点是:像布里格斯一样,科普兰原路返回,重拾人文主义的价值——在布里格斯那里,培养区别于学习;在科普兰这里,听觉审美区别于纯字面的文化。两者的共同点在于,教学区别于研究。尽管新的写作教学中少有传统的人文主义精神,但布里格斯和科普兰的名望起了作用,从"教育"而不是"科学"的角度,进行了适当的辩护,将创新的本质隐藏了起来。此外,那些负隅顽抗的行为,将人文主义加入

---

① 埃德文·布斯(1833—1893),美国知名演员。他塑造的哈姆雷特被认为是19世纪最棒的。

了创意写作的构想。这在此后新人文主义与创意写作联合，共同作为改革学院派文学研究的先头部队的时代，将会变得极为重要（详见第六章）。

  这些在哈佛贯彻执行的革新，在全国产生了反响。"就像6世纪的法国土著臣服于罗马帝国一样，"约翰·杰·查普曼①说，"19世纪的美国人臣服于马萨诸塞州（即哈佛大学所在地）。"[60] 19世纪末，哈佛的写作课程已经成为写作教学的主导模式。不过，这种优势并不长久。据报道，在此后不到20年的时间里，多数美国高校都废除了"每日一题"[61]。但哈佛的影响力仍在，因为抛开那些缺点不看，文学写作为高等文学研究提供了另一种方法。这种方法的本质在于稳定的（每日的）写作，不强调严格的判定标准提升解决实际文体创作问题的能力，强调赋予描述性感知与直接经验以规则，而不再过分要求准确性。如此看来，该方法建立的基础，是确信文学不只是知识的集合，更是一种结构性活动。尽管写作教学可能遭受抨击，但其原理则能证明，它足以为更新的学科研究提供基础。"我们关于独立的写作教学的勇敢尝试，并非没有结果，"温德尔晚年说，"这些尝试指向的是不可预知的结论。"[62] 不可预知的结论之一是创意写作，但离它展现全貌，还有很长的一段路要走。

---

① 约翰·杰·查普曼（1862—1933），美国作家。

第三章　写作机制的实践阶段

1903年,约翰·雷恩①匿名出版了对写作状况的讽刺之作——《文学的断头台》(*The Literary Guillotine*),其中陈述了"编辑们绑架了当代文学"的观点,并明确点出了他们的名字:《哈珀月刊》的亨利·米尔斯·奥尔登和威廉·狄恩·豪威尔斯、《世纪》杂志的理查德·沃特森·吉尔德和R.U.约翰逊、《妇女家庭杂志》的爱德华·博克、斯克莱布诺出版社的W.C.布鲁尼尔。这些人被当作对文学品位和文学创作产生影响的核心独裁者。尽管他们之中不止一个是作家,但都对作家有偏见,这也就是他们当编辑的原因。在一次为编辑辩称时,吉尔德反对"当今作者的恶意中伤倾向"。作者坚持真相,编辑把握重点。所以,作者必须就范。吉尔德说:

> 我们负责检查他们的工作。正如大家清楚的,我和我的同事们一直在小心翼翼地避免真相,所以《世纪》是全球最赚钱的杂志。我已经给出了主要的和次要的标准,剩下就靠你自己总结了。

为了表达得更清楚,吉尔德很快补充解释:编辑所要做的正是"阉

---

① 约翰·雷恩(1854—1925),英国出版商。

割文学"。为了达到这一目的,他强调"从思想上分离文学与商业",豪威尔斯则表示"这不可能"[1]!

文学与商业经历了一次分离,起初是经济意义上的,随后进入意识层面。文学艺术家开始自觉地将自己视作独立的、不同寻常的一类人;文学与新闻报道随即成为两种相互区别、各自独立的行业。1888年,正如新兴杂志《作家》在发行一年后的一篇社论中所说,在那些活跃于写作行当的人中,只有相当少的一部分"将文学当作首要任务……到处都是码字的人"[2]。"到处都是",不仅限于视野范围之内。文学社团,如果正如简·汤普金斯说的那样,在19世纪早期团结得像一家人,那么到该世纪末和下世纪初,随着市场作用下的重组,渐渐失去了自己的特点。但相当奇怪,这样的结果之一,是杂志匿名发表作品时代的结束,取而代之的是具有商业价值的作者署名的出现。亨利·塞德尔·坎比①认为,编辑们开始"与读者进行署名交易"。文学卫道士们对这种新尝试并不买账。亨利·米尔斯·奥尔登说:"署名仅仅作为标志被传播开来,而与其之所以重要或精彩的本质意义无关。"著作权的商业化,标志着一场革新:名人效应取代了创作水平。"一个人的名字印在与他无关的作品之上,现在变得容易多了。"乔治·E.伍德贝利说:"就算作品不出名,他也会为人熟知。"[3]

这表明了文学商业价值的转变。进入20世纪,纽约一跃成为美国出版业的中心;与此同时,写作不再是上流人士的业余爱好,而逐渐专业化——用伍德贝利的话说,"商业动机"取代了内在的纯粹的审美动机[4]。1890年,豪威尔斯的小说《新财富的危害》(*A*

---

① 亨利·塞德尔·坎比(1878—1961),美国批评家、编辑,耶鲁大学教授。

Hazard of New Fortunes)标志着这次转变基本完成,正式宣布出版业中心由波士顿转向了纽约。1897年,凯瑟琳·李·贝茨说:"如今,文学往往是一门手艺,而不是感召",它已经从一种业余活动变成了商业手段,并影响了整个美国写作的性质。"现在的美国文人都忙着赚钱,"她说道,"被这场纽约旋风卷入的人数达到了前所未有的程度,他们与银行家、股票经纪人一样,也深陷其中。"[5]

在转到纽约之后,美国出版业更加理直气壮地将自身基础定位于商业利益。1891年引入的"国际版权"概念不过是权宜之计,以保障出版商利益不受"廉价书籍"(即那些标价10~25美分的国外盗版书籍)侵害为名,不断扩大经济利益。1899年哈珀兄弟出版公司的破产,不仅留下与整个摩根大通生存资本相当的外债,更造成了文学社团的恐慌。豪威尔斯回忆说:"在我看来,这条消息的严重程度与美国政府破产差不多。"哈珀曾经是美国、甚至是全世界出版行业的领军者,如果连它都撑不下去,就没有一家出版社安全了。业内观点普遍认为,哈珀的失败应归因于其过时的经营方式。出版商应不断改进经营方式,因此,他们做出了如下尝试:创设非小说类丛书;出版选集;将新的理念注入杂志;不断发掘新书,预先征求意见,而不是坐等批评。总之,他们在接收原稿时越来越不担心文学价值,而是以销量作为终极标准[6]。

衡量美国出版业由文学向商业转变程度的标准,大概就是书籍广告量的增长。这一观点与老派文学卫道士的想法并不一致。乔治·H.米夫林说:"我想要做的,是在给广告注入新生力量的同时,使其摆脱处方药和洗化用品广告的模式,这样就可以使出版商感受到公平甚至优越感。"于是,霍顿·米夫林出版公司积极参与竞争,不断增加广告开支,1881年为30 000美元,1895年达到

67 000 美元,1901 年增加到了 99 000 美元[7]。这种新的广告营销方法似乎奏效。尽管 1893 年美国爆发了经济危机,随之而来的还有长达三年的大萧条,但这个世纪末却成了美国作品的蓬勃期。1895 年,文学期刊《学者》公布了第一份畅销书排行榜,这表明销售量彻底取代审美价值而成为决定性的评价标准。只要写作就能赚到钱。1899 年,保罗·莱斯特·福特仅凭他的独立战争题材小说《贾尼斯·梅雷迪思》(*Janice Meredith*)的版税,15 天里,平均每天赚 1 000 美元。1903 年,凯特·道格拉斯·威金出版了小说《森尼布鲁克农场的丽贝卡》(*Rebecca of Sunnybrook Farm*),仅一年就赚进 38 000 美元。也正是在同一年,哈珀公司为留住马克·吐温,开出了 25 000 美元/年的薪酬。出版商形势一片大好——包括此前资金短缺的哈珀公司,甚至在进入破产清算后的八年时间里,哈珀仍然报出了 200 万美元的实际利润[8]。

同样的趋势影响到了新闻业。从《星期六晚邮报》的出版商塞勒斯·H.K.柯蒂斯开始,美国杂志业开始将主要收入来源由依靠发行量转向广告。爱德华·博克于 1898 年在《妇女家庭杂志》上发表社论说:"不是别的原因,正是国内广告业的发展,为美国杂志带来了如今惹人羡慕的状况,其卓越性表现在文学、说理和技巧等诸多方面。"[9]博克并没有夸张,广告业的发展使杂志的客户群由读者转向了广告商,这样的结果之一,是杂志与其供稿者之间新关系的建立。19 世纪 80 年代,像《大西洋月刊》的托马斯·贝利·阿尔德里奇这样的编辑,完全可以在办公桌前坐等稿件从四面八方飞来,也敢确信杂志的名气能够吸引到精彩的作品[10]。但现在,杂志需要向潜在的广告商证明自己的实力。"固定撰稿人"的理念就是在这个时期产生的,这一理念始自《星期六晚邮报》[11]。这是美国著作权发展史上极为重要的事件,因为它表明:杂志已经由文学刊物转变为商业机构。这同样表现在19世纪与20世纪之交的报刊业,甚至特征更加明显,根据当代社会评论家汉密尔顿·赖特·马贝的观点,报刊业

已经完成了作为纯粹个人事业的最初阶段,在多数情况下,开始谋求整体的持续稳定发展。由一个极富人格魅力、靠文章说话的作家创造和控制一份报纸的时代已经过去了;如今一流的报纸,是在一群人控制下的高度组织化的机构,而这些人通常都接受过大学教育。[12]

广告业、新兴商业和编辑活动并不是文学生活重组的全部原因,技术进步也是原因之一。带上档键的打字机于1878年引入,使手稿写作更加方便快捷,甚至对打破传统文学样式也有所贡献。达纳·乔伊亚①认为,这使作者"终于能够在第一时间准确看到字在纸上的效果,而不只是听到敲字的声音",从而推动了自由诗的发展[13]。尽管看起来更像是打字机促进了新闻业的发展,但乔伊亚的观点也是极有价值的。新印刷技术发展如此迅速,不可能不对文学产生影响。1885年,奥特马尔·梅根塔勒②的莱诺整行铸排机是最先进的,能够将排印效率提升25%~40%。19世纪最后20年中,印刷业的发展还包括:圆筒印刷机、自动续纸机、折纸机、裁纸机、新式书帖装订机——这些都在提高效率的同时降低成本[14]。没有这些先进技术,就没有现代新闻业,也不可能有大型的

---

① 达纳·乔伊亚(1950—),美国作家、文学批评家、诗人。
② 奥特马尔·梅根塔勒(1854—1899),莱诺整行铸排机发明者,被誉为"古腾堡(德国活字印刷发明人)第二"。

出版业。更重要的是,现代新闻业和大型出版业的兴起改变了写作——包括写作研究的方式,这在美国引起了注意。

两种不同的写作理念在彼此冲突中产生。一方观点是将写作视为社会实践,不论它是否被定义为与新闻业相关的一种职业,或者与高校写作教学相关的一种熟练掌握语言的技能。另一方观点则是将写作视为一门艺术。美学尽管最终确立了自身的意识形态地位,但在文学领域持此观点的仍在少数。正如巴雷特·温德尔所说,新闻记者"作品的高产性和可读性远没有得到当代文人的认可"[15]。他们的队伍在整个20世纪不断扩大,相比之下,作家人数的增长则要慢得多(见图3-1)。此外,"艺术"作品对读者的吸引力远不如新闻;同理,在大多数美国人眼中,与文学艺术相关的教

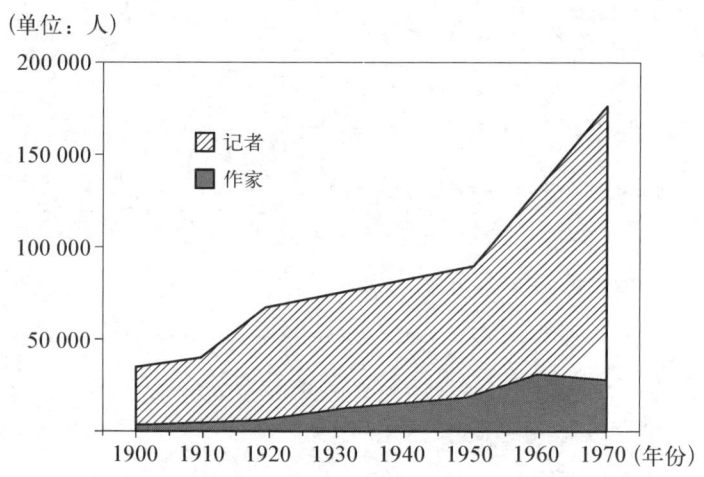

图3-1 1900—1970年美国作家与记者数量

(来源:《美国历史统计:自殖民时期至1970年》D卷,第233—682页。)

育就显得不切实际、毫无意义。

在批评家看来,艺术与新闻业之争对美国的写作造成了毁灭性的打击。亨利·塞德尔·坎比警告人们,文学已被分化为两种极端,他分别称其为艰难的专业化与巧妙的审美化。一种是"规模庞大的流动图书馆和报摊文学","大声喧哗,斗志高昂,其繁荣发展的速度和大众喜闻乐见的程度令人吃惊"。它的主题包括冒险、商业、浪漫、悲剧或幽默。这不是"文学",而是约定俗成的、模式化的,但它"涵盖了很多真正具有文学性的内容,敏锐地反映了美国现状,这就弥补了思想深度上的不足"。而在另一种文学面前,大众显得非常无知。"但当下没人愿意花力气去接受这些阳春白雪的作品"——这是典型的美国观念。我有必要在此全文引用坎比的描述:

> 普通杂志的临时稿件,上百本自费出版的图书,上千篇针对特定场合或特定人群的散文、故事、诗歌……其中内蕴了文雅的、高度个人化且精炼的写作风格,这即使不是文学作品,也至少是具有文学性的。没有故事可讲的人写出精彩的作品,并称之为"艺术";没有内容可说的人完善自己的风格,并称之为"文学"。在美国,晦涩难懂的语言、小心翼翼的书写、认真辨析的用词的共同作用,构成严谨、优雅、华美的风格,这与私人印刷和小范围阅读联系在一起。[16]

之所以没有得到与文学同等的认真对待,是由于专业写作自世纪之交起,便陷入了困境——为写作而写作的人始终缺乏经济生存能力。

这种两极分化在当时的教育体系中同样明显。正如密歇根大学的欧文·金教授所说,专业化与寻求真理的两极分化已经形成。寻求真理的人指责专业化仅仅追求个人利益,但欧文·金认为,这种二分法本身就是错误的。作为一个实用主义者,他认为,两者之争可以通过正确理解"实用"这一概念得到解决。他说:"真理寻求者,正是那些在自己从事的领域中自然而然地选择摒除随意态度的人。"[17]

然而在实用的专业化倾向与审美的结构主义倾向之间,仍存在分歧。两者都可能存在随意性。它们之间的区别,用当下时髦的词来说,就是"效能"。但从逻辑角度看,一种倾向可以使写作和教育最终成为一种手段;另一种倾向则是给写作和教育下定结论,将其视作目的。不论这是否足以证明二分法不能成立,不论最终选择的是专业化还是寻求真理、实用性还是审美性、手段还是目的,这种分歧始终是这一时期推动人们思考写作及其在教学中的地位的动力。马贝说:"各个研究领域中不断发展的关于'效能'的标准,已经迫使高等教育进行教学方法的重组。"[18]

1900—1925 年,随着结构主义写作、发展性写作和专业化写作的分化,高校写作教育被设定在了新的基础之上。创意写作的构成,正是基于从思想的传播和习语的效能中"断章取义"。如今,学校中是以"文学写作"的名义在教授如何有效使用习语的;在当时,则标志着创意写作开始形成。与此同时,有人开始呼吁对职业作家进行专门训练。1906 年有人提出:"其他门类的艺术都有自己的教授和具备资质的老师,大师们也都带着自己的徒弟;只有作家不去试着传播自己的理念。"[19]文学写作似乎并不能满足这种需求。

第三章　写作机制的实践阶段

尽管创意写作在开展之初不过是一个作家想要传授个人理念的大胆尝试,却在无意中(至少最初如此)成了一种专门训练。20世纪头几年,对创意写作的表述和训练实践并不同步:通过表述,创意写作的学科领域将得到确定;不久出现的新闻学院则满足了培训的要求。创意写作在作为一门独立学科产生之初,通过彰显与文学写作日益强调的效能性和日常新闻的区别,明确自身定位。同时,高校写作教学也以有效性、实用性和专业性为标准进行了重新调整。

阿尔伯特·杰伊·诺克①对写作教学嘲弄道:"怎样贬低这项'事业'都不过分。"[20]然而在很多人心目中,事实恰恰相反。这是高校写作教学快速扩张的一段时期。虽然曾遭到诋毁,却反而巩固了它在高校中的地位。反对派通常采取的方法,不过是呼吁另一种形式的写作教学。大多数情况下,这项新计划要么利用文学写作的名义,要么指望"高校写作教学是理所应当的",这样的假定前提——只要写作还是一项课程内容,这种假定就是合情合理的。因此,写作教学的扩张期恰与其强化、调整期相一致。也就在这时,它毫无疑问地成为教学课程的一部分,并再也听不到质疑声。批评家们认可现在这种从内部进行保守改革的写作机制。一般说来,异议分为两种:其一,认为写作教学的文学性太强,而且很难满足学生的实际需要;其二,它的文学性不够,没有深入思考文学作品和学生文学知识、技能提升的关系。这也就不足为奇,为什么20世纪前二三十年是创意写作和新闻学院的天下。虽然文学写作将

---

① 阿尔伯特·杰伊·诺克(1870—1945),美国自由作家、教育理论家和社会批评家。

写作引入了教学课程,但无论从审美意义还是专业化程度来说,它都不算是对写作的充分思考。

对文学写作的不满,在它被采纳不久后便开始出现,并在接下来的 30 年间愈发强烈。从没有过哪门课程像文学写作一样,花费了如此多的时间和精力,却昙花一现。评论家指出,问题的根源在于写作课程的理论与实践。其"'细察生活''对此刻特殊性的感受'是好作品的基础"(温德尔语)的理论被曲解;每天固定写作的教学理念也是考虑欠妥的,这并没有为学生带来真正的提高。

就连巴雷特·温德尔也开始怀疑自己的尝试。尽管身为自称是"基础实用学科"的教授,他还是在最后关头决定坚持原有的选课体系。因为他的"基础实用学科"的进展太不尽如人意了。温德尔感叹说:"20 年前,写作本体研究展现出各种无法预知的可能性;现在,作为一门学科,如果不付出艰苦卓绝的努力,就会陷入绝境。"从教师的角度来看,写作并没有多少回报;从学生的角度来看,同样受益无多。它既不能推出专业作家,也无法使那些偶尔写作的人提高水平。"从真正的文学写作课上走出的学生,不论写作目的还是写作方法都受到了严格控制,但他们现在根本不愿意看见我。"温德尔说道。失败的原因可能会被归结为教学的失误,仿佛这是一门"地球上没人知道该怎么教"的学科[21]。

从理论层面讲,写作被指责为过分强调表达和冥想,而忽视知识的传授。康奈尔大学教授雷恩·库珀说:"有许多不敢面对质疑的老生常谈,其中就包括现在流行的认为'每个人都应该学会表达自己'的观点。"为避免被指责为"专制精英主义",库珀又补充道:"即使在民主的条件下,也偶尔会出现'沉默是金',甚至一片死寂胜过个人话语的情况。"问题在于,新的写作教学法将本质定位于对客体的观察与感受,而不是思维的工具性活动。这种观察并不旨在发展某一特定知识领域对具体真实的把握;作家也不需要比较观察并发现其中的联系。没人教他们如何对所看到的事物进行思考。虽然观察和感受有助于表达的实现,却无益于深刻见解的传播。他们顶多训练出能够写满足日报需求的浅显文章的年轻写手。库珀引用英国实证主义哲学家弗雷德里克·哈里森的话总结道:"高校的任务是训练学生的思维能力,同时为他们奠定坚实的知识基础,而不是培养以替文学打杂为生的具备敏锐观察力的文人。"[22]

从实践层面讲,写作因其对文学研究的忽视而为人诟病。早在1896年,威廉·里昂·菲尔普斯①就反对

> 在上流社会普遍接受的那种假设,即只要学生们坚持写作,那么对文学的忽视就有益于文学写作水平的提高。我们被告知,成为优秀作家的方法就是写作;这听起来倒是像那么回事,正如很多漂亮话离题百里。没人会相信成为好医生的方法是不断练习——那是变成庸医的办法。

作家不是天生的,成为作家的最好方法就是广泛地阅读。"读得多了,自然写得就好,"他说,"主要是因为他有话要说,而阅读造就了全面的人……"菲尔普斯在耶鲁大学的同事——托马斯·R.伦斯

---

① 威廉·里昂·菲尔普斯(1865—1943),美国作家、批评家、学者。他是最早在美国高校开设现代小说课程的学者。

伯里对此完全同意。他认为,"坚持写作"而排斥一切的方法,可能最终在文学能力培养中占主要地位。他说:"除非事先奠定了良好的基础,否则这永远创造不了明确、有效、巧妙的表达,也无法让表达水平实现有效的提高。"奠定良好基础的唯一途径,就是"通过大量阅读名著,培养优雅的品位"。写作教学的不足之处,就在于混淆了写作能力与学习能力的概念。伦斯伯里说,由于文学研究的缺席,"教学中必需却次要的一部分被推上了统治地位"[23]。

随着写作教学中来自实证主义和基础人道主义的怨声开始被忽视,这些指责也逐渐消失。但尽管如此,这些指责仍有中肯之处。他们将高校写作明确定义为一种写作风格,这种风格,用坎比的话说,"即使不是文学,也是具有文学性的"。它以个人话语为特征,即使以丧失知识传播效果为代价,也要追求可读性,并不总是言之有物。这些评论认为,此种"文学"风格的倡导者并没有充分考虑一些显而易见的质疑。重现个人化感受的最终目的何在?为什么所有人都应该热衷于知道结果?以及写作实践与写作研究之间到底有什么联系?尤其是他人的写作。那么,即使从文学的视角出发,这种新的写作教学方法也是不完善的。但评论也指出,写作教学经历了一个非常艰难的萌芽阶段。因为直到20世纪20年代,它才摆脱了尝试性试验的身份而成为一种研究。这时,它已不仅仅是课堂范围内的教学内容,同时也是值得其研究机构的专家深入探讨的课题。

在此背景下,写作教学的特权也就不太可能被褫夺,即使没人清楚它为什么能够繁荣发展甚至取得成功。1921年,一位科罗拉多州立大学的教授发问:"我们全部的文学写作教学方法都失败了吗?"他得出的结论是肯定的——至少从毕业后的实用性角度来看是这样的。在大多数学生眼中,"文学写作课对那些有文学追求的人来说还可以,但对自己而言却是无关紧要"[24]。对写作的不满通常会引发对文学定位的苦恼。尽管写作教师不断抗辩,称他们的任务不是培养文学艺术家,但批评家指出,整个写作教学趋势都是在文学指导下发展的。这在被誉为"写作研究之冠"的高级写作课中得到了充分体现。人们认为,该课程的文学本质感染了低级别写作教学。正如一位斯坦福大学的教授说,

高校提供的任何高级写作方面的训练,往往都是准文学的——这是一个想成为作家未果,最终当上教师的人,将全部教学目标(至少是在潜意识里)定位于培养文学艺术家的结果。由此,他通常中意于那些空洞的作品。正是由于这类人的存在,在教学中总会对"商务英语"采取一种盛气凌人的态度。[25]

学生们愈加需要的正是"商务英语",至少不是"艺术英语"。对文学性(或准文学性)的强调,导致了对写作课程的严重误解,这样的结果是错误地判断了写作课程的失败。如果按照文学标准来看,这实际上就是失败的。但这种判断标准并不准确。1914年,也就是温德尔转变立场仅五年之后,坎比写道:"当今高校写作课程的目标,不是创造文学,而只是鼓励写作;不是生产富有想象力的巨著,而只是用组织有序的语言表达思想。"[26]坎比的结论掩盖了目标显而易见的混淆状态。另有评论家指出,"在每本教材、每个杂志标题、每篇会议提纲中",反对者"都被'写作的目的在于激发优雅、迷人的衡量标准'这样的假设搞得头晕目眩。高校的话题写作的失败

已经得到证实,因为高校毕业生的文采已经大不如前了"[27]。

被曲解的是最先的假设。反对写作的人的观点并不切题,因为教写作的目的并不是为了教文学。至少,人们差不多开始这么认为了。写作教学的目的在于技能。在这里,"技能"被定义为"按照适当的主题、非阅读性的话题进行写作的能力",可以"不受常规、典范、基本拼写、标点、句法和材料组织的限制"[28]。新的写作教学形式的提倡者们并不反对文学教学。他们只是认为,作为一门满足全体学生需要的课程,写作课不应当只为那些想成为作家的人服务。当他们抱怨这门课程的文学性太强时,也像其批评者一样,声讨一些教师"在一定基础形成前,模仿纯文学活动的过程和结果",比如他们对技能的强调[29]。然而与批评者不同的是,他们并不认为熟悉文学名著就可以奠定写作的基础,这只使能学生奠定语法和习语的基础。学生并不需要修习纯粹的文学活动的课程,比如故事写作课。专家表示:"大规模的虚构叙事写作能否在常规课程中占有一席之地,这是一个有待讨论的问题。"学生普遍需要的是摆脱"'文学'累赘"的基础文学写作课程[30]。

那些倡导"写作脱离文学"的人得偿所愿了。通过对三个不同时期写作教材的对比可以发现,人们对话语形式和文学类型关注日趋下降,而对语法课程和创作实践的重视与日俱增(见图3-2)。写作与文学研究的分化趋势渐成体系。20世纪20年代,至少州政府赠予土地而建立的大学,可理解为"州立大学"——宾夕法尼亚州立大学和密西西比州立大学创建了相互独立的英语文学系和文学写作系,并分别委派了系主任。正如不止一位评论家在描绘学术前景时提到的,这种趋势已经开始偏离哈佛"每日一题"的课程模式,逐步排除写作教学中的"文学"方面[31]。

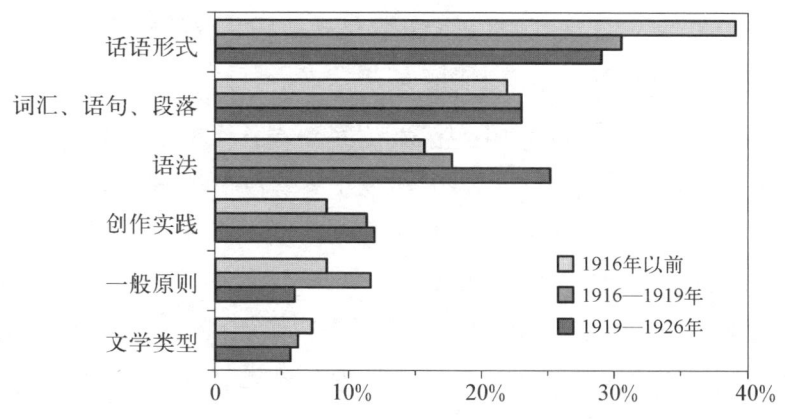

图 3-2 写作教材主要内容所占比例

（来源：罗伊·伊万·约翰逊：《文学表达：课程建设研究》，布卢明顿：公立学校出版社，1926年版，第98页。）

但有些人一直想要借文学来阻碍写作的发展。文学写作被列在技能指导原则下以后，逐渐发展为我们今天所说的"技能课程"，表达则变得无处可依，却仍是必需的。写作课程引发的对文学性表达的渴望，仅依靠写作本身已经无法满足了。许多写作教师都是文人，像温德尔、凯瑟琳·李·贝茨、布兰德·马修斯、葛楚德·巴克①、罗伯特·赫里克、乔治·赖斯·卡朋特和约翰·厄斯金。技能课程并不能满足他们的兴趣。或许正是写作课程允许其凭借小说、诗歌作品获得学分，激发了对作者本人如何教授小说诗歌创作的好奇心。然而，我们必须要注意，小说、诗歌写作教学的最初努力，大多开始于实践活动以及在当前文学实用风格下提供正规

---

① 葛楚德·巴克(1871—1922)，第一批接受高等教育的白人女性，27岁时获得密歇根大学博士学位，此后任教于瓦萨尔学院。有大量诗歌、戏剧、散文作品及课程教材。

训练所积累的经验。弗雷德·刘易斯·派蒂①说:"到处都在强调机械论、习惯以及书本上学来的技巧。"[32]

1902年,德雷克大学的 L.W. 史密斯教授发表了《短篇小说的写作》(*The Writing of the Short Story*),这是为开设小说创作课的高校教师提供的一本手册。在他之前,珍妮特·刘易斯②的父亲,同时也是伊沃·温特斯③的岳父——埃德文·赫伯特·刘易斯④于19世纪90年代在芝加哥大学主持过多次小说研讨会。当时,刘易斯关注于被批评家和学者忽视的一种小说类型,而史密斯的关注点(用他自己的话说)则是"结构主义的"。备课过程中,史密斯规避了此后教师的粗俗想法,不像他们一样将教授杂志写作的目的确定为(通过提醒他们杂志的稿酬)鼓动写作课上的学生、提高他们的"成功率"[33]。但同时,他又被小说吸引,因为它既是商业的,又是当下文化中流行、时髦、充满活力的一个组成部分。

在他的方案中,一部"完成的小说"是"每日一题"课程的最终产物。学生将通过复杂的体系来分析杂志上的最新作品,在页边标注简易符号:"F"表示事实陈述,"In"表示偶发事件,"As"表示对策建议,"m"表示基调,等等。他们根据建议话题写作"每日一题":"1.傍晚的天空。2.公园里的一群人。3.一场春汛。4.坐在打谷机上的男人。5.河流穿过的城市:夜景。"最后是完成小说:根据教师提供的情节,运用其建议的"方法或态度",完成一篇3 000字

---

① 弗雷德·刘易斯·派蒂(1863—1950),美国学者、教育家、作家。
② 珍妮特·刘易斯(1899—1998),美国小说家、诗人。代表作有 *The Wife of Martin Guerre*。
③ 伊沃·温特斯(1900—1968),美国现代主义诗人、批评家,1926年与珍妮特·刘易斯结婚。
④ 埃德文·赫伯特·刘易斯(1866—1938),美国作家、修辞学家。

的文章。尽管这会将小说写作简化为程式作业,但史密斯的课程在小说结构主义研究方面,进一步发展了文学写作的文学性,因为它创造出一种前所未有的小说形式[34]。

这是完善课程实用方法的诸多尝试之一。1913 年,哥伦比亚大学教授乔治·P.克拉普说,"今天某些文学类型(如短篇小说、长篇小说和戏剧)商业价值的提高",产生了"某些高校教师过分强调文学实用技巧的倾向",也就是说,把写作当成一门"抱有立即赚钱目的的学生能够应用于实践"的艺术。这种倾向不仅存在于高校教师之中,校园以外也是如此。1901 年,弗兰克·诺里斯①在《芝加哥美国人报》报道自己听闻两所学校已经"为满足长篇小说写作教学的需要"对外开放,其中一所是美国西海岸大学,另一所是纽约大学。诺里斯表示,他对这两所学校一无所知,但他相信西海岸大学是在威廉·钱伯斯·莫罗②的指挥下运作的。我也不了解这些开设小说写作课程的学校,但写有四本书的那个叫威廉·钱伯斯·莫罗的人在 1922—1923 年的《名人录》(Who's Who)中被描述为"洛杉矶大学伯克利分校科拉·L.威廉姆斯学院创意写作主管"。[35]

通过书信往来、高校扩张或自我训练习得小说的写作技巧,这是非常必要的。弗雷德·刘易斯·派蒂说,这是"短篇小说写作手册的时代",人们发现"小说就是用来教的"。所用教材包括舍温·E.科迪的《怎样写小说》(How to Write Fiction, 1895)、查尔斯·R.巴雷特的《短篇小说写作》(Short Story Writing, 1898)、克莱顿·汉密尔顿的《小说的材料与方法》(Materials and Methods of Fiction,

---

① 弗兰克·诺里斯(1870—1902),也被人称为"诺里斯主教",美国进步主义运动时期的小说家,主要从事自然主义类型创作。

② 威廉·钱伯斯·莫罗(1854—1923),美国作家,以短篇恐怖小说、悬疑小说闻名。

1908)、伊芙琳·梅·阿尔布莱特的《短篇小说：原则与结构》（*Short-Story: Its Principles and Structure*，1907）、J.伯格·艾森温的《写作短篇小说》（*Writing the Short-Story*，1908）、伊桑·艾伦·克劳斯的《短篇小说：技巧与文学研究》（*Short Story: A Technical and Literary Study*，1914）和罗伯特·W.尼尔的《短篇小说的写作》（*Short Stories in the Making*，1914）。这同样是第一批课堂写作的故事结集出版的时期，比如查尔斯·希尔斯·鲍德温、布兰德·马修斯分别于1904年、1907年编辑的版本。布利斯·佩里的《散文小说研究》（*Study of Prose Fiction*，1902）的最后一章，以及亨利·塞德尔·坎比在1902年和1909年的两部论文，标志着小说批评走向成熟。在杂志出版方面，随着短篇小说的兴起，长篇连载小说渐现颓势。编辑们开始意识到，连载小说可能会带来声望，却对发行量的增长毫无用处。《大西洋月刊》1890—1898年的编辑贺拉斯·E.史卡德偏爱五六千字的小说，并相信读者也是如此。史卡德说："像我们这样的一群现代读者的教育基础，就是退化成渣滓的报纸内容，因此更容易狼吞虎咽地接受短篇小说。"不断扩大的短篇小说市场，是小说创作课程持续增加的原因。但该课程独有的可教性也是原因之一。任何广泛应用的事物，实际上都在不断进行自我提升[36]。

不仅仅是短篇小说，一切实际活动都需要创意。正如乔治·克拉普说，学校中同样开设教授戏剧写作应用技巧的课程。教授剧本创作的诸多尝试中，最负盛名的就是乔治·皮尔斯·贝克①在哈佛大学的"47戏剧工坊"，这是耶鲁戏剧学院的前身。贝克因是

---

① 乔治·皮尔斯·贝克(1866—1935)，美国戏剧教育家。

尤金·奥尼尔、菲利普·巴里、约翰·多斯·帕索斯和托马斯·沃尔夫(他曾以贝克为原型塑造了《时间与河流》中的海切尔教授)①的老师而闻名。贝克于1888年开始在哈佛教辩论,主要针对的是法学院的学生,但他最钟情的还是戏剧历史与舞台艺术。1905年,他凭借《论辩原理》(*Principles of Argumentation*,1895)和《公开演讲的形式》(*Forms of Public Address*,1904)被提升为正教授后,最终有资格获批开设思虑已久的课程——名为"戏剧技巧"的研究生高级写作课,意在提供一种近乎专业的训练,以满足不断增长的需要[37]。尽管前一年在拉德克里夫女子学院进行了探索性试验,但直到1906年才举行了"英语47"课程的第一次活动。从这时起,一直到1925年耶鲁开出领导一个剧场的条件把他挖走,贝克在哈佛所授课程,用他自己的话说,就是"为了培养专业的剧作家、布景师和制片人"[38]。起初的高级写作英语课,最后却转变了方向。当1919年出版《戏剧技巧》(*Dramatic Technique*)的时候,贝克的目标是"向初学者展示有经验的剧作家如何处理同类问题,从而缩短其学徒期"[39],同时确定了"工坊"的名称。1886年,著名的剧作家布朗森·霍华德在哈佛的一次演讲的开场白中说道:

> 今天,我邀请各位走进的是一间小小的戏剧工坊而非科学试验室,一起看看一个卑微的工人如何不断重复,完成手艺活……他不是要阐明戏剧建构原则,而是去遵守它们,就像一个发明家……

---

① 尤金·奥尼尔(1888—1953),美国剧作家、表现主义文学代表作家。代表作有《琼斯皇》《毛猿》《天边外》《悲悼》等。1936年获诺贝尔文学奖。菲利普·巴里(1896—1949),美国剧作家。代表作有《费城故事》《我和你》《白翼》等。约翰·多斯·帕索斯(1896—1970),美国小说家、艺术家。代表作有《三个士兵》《美国》三部曲。托马斯·沃尔夫(1900—1938),美国小说家。代表作有《天使,望故乡》《时间与河流》等。

努力去应用基本的机械原理。[40]

这同样是贝克对工坊制的构想。它的特点是要求而非解释,教师需要学生做的不是理解,而是遵守。难怪贝克觉得"单纯的演讲,不论质量多么高,都于学生创作能力的提升无用"[41]。重要的是创作能力,而不仅仅是知识。在工坊中,有经验的人教没经验的人怎样完成工作——亲自动手尝试,假设眼下这件作品会拿出去展示。贝克的观念不是理论层面而是实践层面的;不仅考虑怎样行之有效,还考虑怎样大获全胜。

尽管如此,贝克关于戏剧成功的标准仍具有历史价值。经济上的成功并不能成为衡量标准,他警告说,"迎合大众口味,就像打移动靶";观众对戏剧喜恶的不可预测性,使得获利分析很难进行。更可靠的办法是,在公演取得成功前认真研究已有案例。贝克说:"戏剧史不断告诉我们,剧作家应当感激过去的作品,这样才能成功。"但他并不是说应当刻意模仿过去的作品。历史研究将会揭示"永恒的戏剧要素"与具体运用之间的矛盾,就连莎士比亚的作品也是一样,"在他的时代行之有效的方法策略,在今天却不起任何作用"。当今的剧作家所面临的问题是如何运用那些要素,以适应现在观众的要求。这可能有些夸张,但贝克坚持认为:"剧作家在选择材料时越来越多地考虑假想观众,因为剧作家终究是演说者的一种。"贝克并没违背哈佛的传统,适应原则也不意味着"讨好观众"。剧作家致力于历史研究,借此充分熟悉过去与当下的戏剧实践,从而有助于观众信服。贝克在这里实际强调的是表面上的合理性:观众对剧作家有意施加的影响表示欢迎[42]。

而这就是技巧的概念。在贝克之后,"技巧"被定义为历史与实践原则的集合；在这里，"实践"是指一方面追求市场效益，另一方面追求艺术理想，但鉴于时间的限制，剧场和观众对此不会产生影响。贝克说："任何剧作家的技巧，都可以大致定义为：他达到目的所采取的方式、方法和手段。"他并不是天才，生来就掌握这些技巧；也不是一个在写作课上"仅靠写剧本"获取戏剧技巧相关知识的学生。"他要阅读、观看从古到今的各种戏剧，"贝克补充道，"而这个数目可能会非常庞大。"从这一点来看，真正的剧作家与过去只关注戏剧的学者有鲜明的区别，同时也与只想通过具体方法达到既定目的的"雇佣写手"划清了界限[43]。

但到处都把技巧与实用混为一谈。布兰德·马修斯在哥伦比亚大学教授一门他称为"韵律修辞"的课程。最初，他将这门课表述为"格律写作实践教学的一次尝试"，但这引发了误读。马修斯的目标并不是纯粹实践性的，几年之后，他把这段经历如实地记录了下来。他说，这门课程"是为了与修辞理论和实践方面的必修课形成对比，我的目的是引导学生进行多样化的诗歌创作，而不是奢望将他们培养成诗人，这主要是因为我相信格律写作是散文写作的最佳训练方法"。1911年，他出版了《格律研究》(*A Study of Versification*)，这本教材是对该门课程20年来教学经验的总结。他在序言中表示，这本书旨在"提高学生的诗歌鉴赏水平"，而课后诗歌写作训练的主要目的是"帮助（学生）领会重点诗人的代表作品"[44]。

马修斯的《格律研究》并不是应用性的论著，他的"韵律修辞"课程也不是为了提供具体的诗歌写作教学。马修斯关心的是技巧问题——这在高校文学教育中被严重忽视，尽管真正的作家会"重视"它，却"始终只是思索，或扩大自己对它的了解"，认为它"几乎是自己学术讨论中最有利可图的一个方面"。文学教学应该像他在哥伦比亚大学做的那样——"坚持思考其不断发展的技巧"。马修斯希望学生通过学习文学进而运用文学。这个计划有点混乱：一方面，它将文学视为一门综合协调、自发运动的学科（是一种技巧而不是信息的堆砌）；另一方面，它又是普通文化（其终极目标是"欣赏"，创造诗人的愿望被认为是"荒唐"的，因而被抛弃）。但即使在这些混乱之下，马修斯的努力依旧非常重要，因为他将技巧训练当作文学研究的辅助手段[45]。

试图将技巧训练融入文学研究的不止马修斯一人。正如刘易斯·沃辛顿·史密斯和詹姆斯·E.托马斯在《现代写作与修辞》（Modern Composition and Rhetoric, 1900）中所写，当诗歌格律研究被纳入高级写作课程后，更常见的是将目标定位于对诗歌严肃本质的鉴赏、理解水平的不断提高，而不是创意写作能力的提高；这一目标以不断生产知识对象的方式，实现对知识的强化。尽管马修斯说，即使到1917年，美国高校的格律写作课"也不像预想的那样顺利"，但这已经足够了。记得勒巴隆·布里格斯曾在哈佛开设过类似课程（详见第二章）；福特汉姆大学、米德伯里学院、爱荷华州立大学、密苏里大学也同样开设过格律课。但不论在哪儿，这门课程都不是遵循严格的实用标准开展的。在弗吉尼亚大学，该课程除了"始终安排课堂练习之外"，完全是致力于与实际应用无关的诗歌形式理论研究的；在印第安纳大学，总共一学期的格律课是和诗歌史课一起上的[46]。

仔细想来，小说写作的实用性教学与格律修辞教学、戏剧创作可看作是相互对抗的趋势。一个基于当下实践，一个基于强调历史实践的需要；一个从许多人对习得赚钱技能的渴望中获取动力，另一个的动力来源则是对文学史知识怎样作用于文学技巧运用的有意展示。从一个更开放的视角来看，这两方面的区别几乎可以认作从属于同一个发展趋势，即使写作教学变得更具文学性、更忠实于文学活动的本质，不论过去还是现在。争议点就在于何种文学观点更重视文学的本质：是实用的观点，还是历史的观点？

因而在19世纪末，如何使高校成为创意和建构的场所成为讨论的焦点。比如说，印第安纳大学就开设了一门杂志写作课程，尽管英语系系主任马丁·W.桑普森认为"当今的杂志写作并不是典型的文学"，而是一种可能性的实现模式，"也不是高校教学应有的文学产物"。他不得不这样说，实际上表明了其他的写作课程形式并非这种情况。事实上，正在同一年，查尔斯·米尔斯·盖雷①宣布加利福尼亚大学打算开设研究生文学写作课。尽管盖雷认为"传统学术并不认可这种激发、促进创意作品的尝试"，但他慎重地批准了这项计划："能造就卓越的毕业生的课程，必然包含文学方面的建设性的努力——这自然是其他抱有教育性、训练性目的的学习未曾注意到的。"我们在下一章将会看到，20年后，摆脱了教育和训练的要求，盖雷在加州大学伯克利分校引进首位驻校诗人时，就没那么小心翼翼了[47]。

在不同类型的作家培养计划中，艺术性和新闻性的分化逐渐显现。1899年，佐治亚州的贝茜·蒂夫特学院成立了自己的"文学与写作学院"。根据该校课程一览表，"文学与写作学院成立的目

---

① 查尔斯·米尔斯·盖雷(1858—1932)，1889—1932年任美国加州大学伯克利分校英语学、古希腊罗马文学教授。

的,在于为那些想要进入新闻或文学创作领域的人提供帮助。我们不能指望创造天才,却可以发现他们,并进行培养和指导"。1901年,W.E.米德公布了对现代语言协会的调查结果:许多希望修辞学成为研究生教学科目的英语学教授,"似乎认为研究生院可能会变成培养批评天才或创意天才的场所,但对这类学院的管理方案尚不明确"。不论是贝茜·蒂夫特学院的尝试,还是米德报告中提及的方案,都具有重要意义。但有趣之处正在于此。尽管提出的建议是针对不同类型的学院的——有的专注于新闻学,有的则研究修辞系统,但它们的限定条件却大体相同,即以帮助和培养有天资的人为目的[48]。

1903年,小说家H.C.查特菲尔德-泰勒①提出一个比较明确的辅助培养方案——针对年轻作家的"工作室教学体制",一种欧式的"工作室"体制。查特菲尔德-泰勒号召他的小说家同行们招收学生。年轻的画家有机会聆听大师的教诲,而年轻的作家却没有。"偌大一个残酷的世界,他能到哪儿去学习语言表达的艺术呢?"工作室中,会有一个像威廉·狄恩·豪威尔斯一样的作家来回巡视,这里的年轻作家将在一年时间里学到"在别处一辈子也学不到的东西"。正因为到处都没有意识到一个准作家"在自己充满无知的黑暗世界中苦苦摸索",所以只能做一点阅读名著以外的尝试,或努力"模仿自己崇拜的作家的写作手法"。在这种环境中,年轻作家将得到提高;如果他本来就不错,结果会更棒。与普遍观点相反,查特菲尔德-泰勒认为:"小说创作方法肯定是可以传授的,

---

① 查特菲尔德-泰勒(1865—1945),美国作家。代表作有《一位美国贵妇》《空虚的产物》。

第三章 写作机制的实践阶段

比如词语的意义,描写、对话和人物塑造之间的比例,总体来说,就是小说的结构。"高校没有去做这项工作。他承认:"教的都是写作技巧,而不是视角、(规范的)构图、色调和光影。"[49]

查特菲尔德-泰勒的提议,并非使高校教育的系统化体制直接采用大师私家工作室的个人化体制。即使这两种体制可以和谐共存,在国家不断加强高校控制的时代,这份提案也会抓住其中的不可能性做文章[50]。1907年,15周年纪念版的《大西洋月刊》关于作家培养一事,做出了政治上更具现实性的表述,这同样也是对未来情况的重要预见。执笔者是具有广泛影响力的记者——沃尔特·海因斯·佩吉。佩吉出生于美国南部的北卡罗来纳州,在继任《广场》杂志、《大西洋月刊》和《世界艺术》编辑之前,他曾担任《纽约世界报》和《纽约晚邮报》的记者。1900年,他与弗兰克·尼尔森·道布尔戴共同创建了纽约一家主要的出版社。在此后的一战期间,他担任了威尔逊政府的驻英大使。因此,他对作家的培养是专业性与政治性并重的[51]。

在佩吉看来,专业作家的培养不是简单的文学问题。尽管作家是一个规模庞大的行业群体,但他们却不能很好地为事业做准备。又因为美国人的知识生活在很大程度上取决于当下的作品,所以作家培养的缺失造成了危险的政治环境。"作家工坊"、报纸和杂志编辑部的学徒体制是唯一的培养途径。大学教育已经起不到多大用处了。佩吉说,大学毕业的作家

没有适当的实践经验,甚至不明白"日复一日地写作"意味着什么。他们满脑子的"文学"观念,而作为衡量标准,这些观念都是错误的。他们并不具备一门实用艺术所需的必要实践。[52]

大学教育向学生灌输的是学术迷信,而非信念;它对作家的培养并不像数学基础理论对工程师的培养那般有效。实际需要的是更好的教育。佩吉所说的"作家工坊""实用艺术所需的必要实践"恰恰表明,关于文学和文学培养问题的思考,在这时出现了更大的变化。但佩吉并不仅是一个转型的案例,他在推荐准入资格、人员安置和课程方面也提出了具体的方案。

佩吉提倡的是为意图从事写作行业的人提供帮助的研究生课程。这要求学生此前必须很好地完成通识教育并取得文学学士学位。教师本人同时也是作家,即使他们是学者,也不是纯粹的学者。尽管这类课程并不会忽视文学学习,但其首要目标还是实用性。单纯的阅读并不足以成就一个作家,相信充足阅读与相信神启相同,都是陈腐过时的错觉。作家可以培养,但必须通过实践,而不是"每日一题"课程提供的少得可怜的练习。每个学生都必须完成十倍于此的工作,即每天1 000字。安排的实践形式是多种多样的:最初是传记或历史故事写作,接下来是长篇小说,然后是戏剧,同时还要练习格律形式以及每天一首的十四行诗。但关键还是在于真正有效的训练。佩吉指出:

一个学生每天写1 000字,坚持一年下来,会收获与写作三部常规篇幅的小说大致相当的锻炼。三年以后,就相当于写了九部这样的书。[53]

学生将自己的作品带到课上,听取老师和其他同学的批评建议。这种批评极具多样性,它不是针对公众消费的文学批评,而是辅助性批评。佩吉解释道:"辅助性批评是一种最好私下提供的个人的、友好的、亲密的建议；而公众批评往往会激起作家的不满，促使他们更加坚持自己错误的创作方法……为了提高艺术水平，作品批评会在出版前进行。帮助一个人提高写作质量的最有效的批评，是在写作过程中由他本人和同伴提出的。"[54]

话说回来，作家学校不会忽视对文学的学习，但也同样不会遵照高校文学教育的一般方法。因为高校文学教育是受语文学支配的，与之相关的是对中世纪传奇从一种语言到另一种语言的追溯，而忽视、甚至蔑视表达的艺术性。这对学术和高校造成了极坏的影响。佩吉认为，那些出书的学者"认为这是不再试图进行优质写作的标志。他们只关注准确度，而认为是否优雅与自己无关"。结果导致写作学习陷入一种呆板、顽固的风气，这切断了学者与社会的联系，同时造成了高校"与大众生活的分离"，使"他们失去了对国家知识生活的控制力甚至是影响力"。通过将文学学习当作人类现实生活的重要部分，而不是人类经验的终结来提倡，通过对高校中知识获取与表达间平衡的恢复，作家的培养将有助于扭转美国社会文化力量衰退的局面，而这种文化力量即是学习。如果在教学中不将文学仅仅视为研究的对象，同时也当作实践的对象，以上作用就会发挥出来。佩吉说："这才是提升一个人创造力（而不单是学习能力）的最佳方法。"[55]

作家学校的理念引发了复杂的反应。乔治·克拉普认为，"对文学学习与创意写作之间关系的质疑"是绝对合乎逻辑的。"从心理学的角度来看，"他接着说道，"让学生在对特定主题的整个思考过程中始终保持接受和欣赏的态度，显然是不合理的。"但同时，迎合商业需求的小说和戏剧写作"无疑应划归技能训练而非自由练习",这并不是英语课程的内容。普林斯顿大学教授、道德主义散文家亨利·凡·戴克对此做出了进一步说明。他提醒道,没有哪所学校可以培养专业作家,即使有,它也不可以这样做:

首先,全世界都不会支持他们;其次,不断涌现的书籍将会对我们的知识完备性造成极大威胁;再次,杂志编辑的出路会只剩下两条:坟墓或者疗养院。

宾夕法尼亚大学德语系系主任、现代语言协会主席马里昂·德克斯特·勒恩德认为美国作家都是文盲,而他相信只有文学研究,即对文学理论的历史性研究,才能为文学应用奠定相应的基础:

很遗憾看到那么多年轻作家试图为大众创作文学,却对文学建构的首要原则一无所知的可怜相——在讨论长短篇小说间联系时一脸迷茫的小说家,没读过莱辛的《汉堡剧评》(*Hamburgische Dramaturgie*)或威廉·施莱格尔的《戏剧文学史》(*History of Dramatic Literature*)的剧作家,看不懂席勒的《审美教育书简》(*Briefe über die ästhetische Erziehung des Menschen*)或《论朴素的诗和感伤的诗》(*Über naive und sentimentalische Dichtung*)的诗人。[56]

这些批评大致表明了一种困惑:培养作家应遵循何种原则?实用的、专业的,还是文学的、审美的?如果将写作视为一种艺术,一件带着光环、插着翅膀的神圣之事,那么受过专业训练的批评家就无法想象一个人在没有受到专业化训练的情况下如何能从事这

一行业。随着佩吉自己的《世界艺术》杂志发表社论支持他的方案,那些批评作家培养的人

将讨论引向了"天赋"的范畴。因为任何人都不可能指望靠"天赋"写作,因此,花时间进行训练是傻瓜的做法……没人把写作当成一门可以传授的手艺。[57]

这为了证明论点而有些言过其实,许多人实际上已经开始认为写作是一门可以传授的手艺了。佩吉还列举了乔治·皮尔斯·贝克、布兰德·马修斯、刘易斯·沃辛顿·史密斯等早就投身于此的人。1918年佩吉去世时,教授专业写作的学校已经司空见惯了。当然,这些新学校并不完全像佩吉当年预想的那样:它们都是单纯的新闻学院。1908年,第一所新闻学院在密苏里大学成立;1903年,著名的哥伦比亚大学新闻学院最先获得捐赠,并于1912年正式落成。据统计,1908—1915年,17项高校新闻专业获准建成[58]。

但《世界艺术》说得很对。20世纪初期,天赋被从技巧中剥离出来。"天赋"指的是学术课题中不予考虑的一个部分(见第二章),余下的可教的部分就是"技巧"。在高校写作教学中越来越不被重视的,就是自我表达。写作课寻求的是熟练的英语表达,而新闻学院则致力于使年轻人能够胜任报社、杂志社的工作。其他提升年轻人创造力(而不单是学习能力)的方法仍有待发现。同时,"天赋"也要设法自我摆脱困境。

第四章　柔缓节奏

19世纪末、20世纪初的几年,随着文学生活日趋专业化,以谋生为目的的写手遍地开花,将文学由精神感召转变成了一门手艺——那些将文学视为个人存在要义的诗人、作家已经失去了一切有形的支持。生计成了他们面临的首要问题。正如哈特·克兰①受雇于 J. 沃尔特·汤普森广告代理公司做广告撰稿人,一旦发现机会,他们只能"被迫将热情倾注于两个方向,从许多方面看,这都像是被置于十字路口而面临分裂"。但他们又能怎么办呢?"美国艺术家所面临的状况似乎越变越糟,"克兰说道,"等你赚够维持生计的钱,就没有时间去做真正的工作了——不然你就得一直挨饿。"真正的工作与饥饿,或者说,忍饥挨饿地追求艺术与实现物质温饱:两者必居其一。难怪 E. A. 罗宾逊②会描述诗人梦见一个地方,"展开/他的柔缓节奏"。为了进行纯粹的诗歌创作,"以他的知识/来慰藉人心",诗人确信自己需要从容不迫,用诗中的话说,即舒缓地生活。[1]

所以在世纪之交,诗人们为解决生计问题做出了多番尝试;他们要求闲适地做诗人,不受职业的拘束。妥协有两种表现形式:玩

---

① 哈特·克兰(1899—1932),美国诗人。代表作有诗集《白色楼群》、长诗《桥》。
② E. A. 罗宾逊(1869—1935),美国诗人。曾三次获普利策奖。

世不恭与跻身高校。实际上,这两者之间的关系远比想象中密切得多,因为它们都与创作自由的理念相关,这既可以理解为审美方面的(免于艺术约束),也可以理解为社会与经济方面的(免于专业责任)。在后者的影响下,许多诗人,如埃兹拉·庞德、罗伯特·弗罗斯特、威廉·沃恩·穆迪、威特·宾纳①,尝试过短暂的教学,但像此前的朗费罗一样,一有机会便辞职了。与此同时,来自加州的作家乔治·斯特林和玛丽·奥斯汀②试图找到一种不循陈规的选择,不只为自己,也是为他们的朋友,还有像威廉·罗斯·本内特、辛克莱·路易斯③那样贡献艺术生命的年轻人。因为这些尝试都是权宜之计,所以延续时间并不长;不过没等几年,他们就走进了美国高校,被纳入体制结构,最初的权宜之计也被固定了下来。

对诗歌专业化的反抗已经持续了一个多世纪。1885 年,乔治·E.伍德贝利在《大西洋月刊》上抱怨道:"内心的愿望已经无法抵制对现实环境的冷漠,尽管人们在将这一切奉为神的恩赐时认为精神特质是由环境赋予的。"伍德贝利表示,崇尚灵感与诗人神圣的传统观念转而

---

① 埃兹拉·庞德(1885—1972),美国意象派诗人。罗伯特·弗罗斯特(1874—1963),是 20 世纪最受欢迎的美国诗人,被誉为美国文学中的"桂冠诗人",先后四次获得普利策奖。威廉·沃恩·穆迪(1869—1910),美国诗人。代表作有《生死关头》《萨宾的妇女》。威特·宾纳(1881—1968),美国诗人,作品受中国诗歌影响较大。
② 乔治·斯特林(1869—1926),美国诗人。玛丽·奥斯汀(1868—1934),美国早期自然主义作家。代表作有《小雨之地》。
③ 威廉·罗斯·本内特(1886—1950),美国诗人、作家、编辑。曾任教于纽约大学和耶鲁大学,后担任《星期六文学评论》编辑直至去世。辛克莱·路易斯(1885—1951),美国小说家、剧作家。1930 年获诺贝尔文学奖。代表作有《大街》《巴比特》。

日益鲜明地表现为出书、赚钱、成名,总的来说就是做一个当今时代的职业诗人;如果它不是一个全新的事物,那就一定会有人数空前的知名诗人——那些"诗歌之王"发挥作用,而这不仅是出于兴趣。

不论是出于经济需求,还是为了保持公众知名度,相当多的诗人开始为"每年出版一本新诗集"而奋斗。在这种大背景下,"一个极富想象力的诗人几无选择,他必须发表自己的全部诗作以赢得声望……"职业诗歌创作产生了"艺术死亡后的日常替代品"。对律师来说,这表现为对法律准则的信赖;对诗人来说,则是指望"套用诗歌模式、惯用语汇,更准确地说,就是其惯性思维模式"。因此,职业化"使人们满足于日复一日可以完成的任务,而非机缘巧合下个人天性的极致发挥,最终变得平庸"。伍德贝利总结道:"这对典型的流行诗人来说,是一个圈套。"当然,这种不甘于职业和平庸的关于"典型的流行诗人"的观点,来源于特定的视角,即浪漫唯美主义。尽管这只是意识形态口号,但它认为,在实践中应寻求其他方法来维持创作,而不是用职业手段[2]。

伍德贝利本人将任教于高校作为一种维持生计的手段,尽管这对他来说只是暂时的。20多岁时,他曾在内布拉斯加大学短暂执教,之后转而从事编辑工作;1891年,他在詹姆斯·拉塞尔·洛威尔的推荐下,被任命为哥伦比亚大学比较文学教授,时年36岁。他一直在这里工作,直到1904年因薪水上的纠纷辞职——不是为自己,而是为了教学助理。他是一个纯粹的文人,除了写评论就是作诗(他在19、20世纪之交被认为是美国仍在世的最伟大的两位诗人之一)。尽管如此,他仍被学生形容为一名伟大的教师——约翰·厄斯金说:"他最大的教学特点,恰恰在于认为所有的文学形式从更广泛、更纯粹的意义上讲,都是创造性的、诗意的",伍德贝利却并不认为自己是一个完完全全的教师。从一则轶闻中,他的教学方法(以及教学态度)可见一斑。一天课上,伍德贝利打断了关于诗人济慈的讨论。"当然,"他沉思道:

如果年轻的济慈坐在你们之中,他很可能是全班倒数第一,但他一定会享受到最快乐的时光。你们看,他是个诗人。如果我办一所学校,我会尝试让那些感到快乐的人得高分。但那样的话,我猜我就不再是一个真正意义上的教授了。

伍德贝利作为一个历史人物的重要性正在于他不是一个真正意义上的教授。正如他在直截了当地为审美理想主义进行辩护的《新诗辩》(*New Defense of Poetry*)中所说,年轻诗人面临的问题是"如何生存以及如何表现生活",解决办法则是"像弥尔顿理想中的真正的诗人一样,使自己的生活充满诗意"。实际上,这并不是真正解决问题。诗人所寻求的是实用的专业化生活之外的东西[3]。

因此,他们所寻求的只是一种环境,而不是成功的事业和稳定的收入,所以更多会考虑工作地点而不是职位。我相信这就是 E. A. 罗宾逊在名作《山顶》(*Hillcrest*)中所描述的真相。这首诗是以他在新罕布什尔州的彼得伯勒参加麦克道威尔艺术社区时借住的屋子命名的,从 1911 年(即社区创建的第四年)起,直到去世,他每年夏天都会住在这里。他在诗中详细描绘了心目中最理想的漫步场景。作为对诗歌与外部环境间关系的沉思,《山顶》试图在现代美国创造(并捍卫)一片诗歌领域——麦克道威尔艺术社区也正是以一种更实际的方式致力于此,为独立的作家、作曲家提供帮助。

以下是诗歌全文：

没有任何风暴的嘶吼使人战栗
古老的海洋环绕着古老的荒屿
来吧，九月在这里造出
树海中的孤岛。

阳光与阴翳间
青年可以学习，直到健忘衰老
重现世界的喧嚣
以及他的没落与悔恨；

如果他还记得这里
那些或赢或输的无力争斗——
如果他的前行伴着恐惧
忧虑其中的代价——

如果，渴望瞬间混淆
已知的与将来的，
用走调的声音诵读星名
是由于尖锐的和声——

如果冒险就此展开
他的柔缓节奏，
沉溺于倾其所知

第四章 柔缓节奏

抚慰人心——

将在冥思中悟到
视野之外的东西，
甚至看到巨大的橡树变回
尚未萌芽的种子。

如果只是聆听，他将
穿越此间的暮色与寂静
听到绝不讲给
虚华浮躁之人的言语；

再也不敢
透露尚未发生的事情，或确信
阳光普照下苦痛的迷宫
既无法进入，也无法忍受。

能分清昨天与今天
就不会对任何事感到陌生：
时光带走的一切结成了爱，
死亡本身并不比变化可怕。

受尽束缚
梦想有多远，就可以走多远；
哪怕略知皮毛

也好过一片茫然；

为此间带来庸俗的人
得意扬扬，与孩童
认为全世界因自己的欣喜而闪光
毫无差别。

遥远的路途，艰苦的游荡
在天真的臆想中等待着他
宁静，像一张面具，掩盖了一切
这正是他眼中的世界；

全部智慧被湮没，
像一匹随风摆动的布
挂在无形的织机上
发出落叶坠地的声响。[4]

　　《山顶》提出的诗意生活的构想，与远离尘世密切相关。这首诗初看起来似乎仅仅是描绘诗人的象牙塔生活与避世苦行，实际上，罗宾逊是在形容麦克道威尔艺术社区远离了撼动古老文明的风暴，像"古老的海洋""古老的荒屿"。相比之下，艺术社区像"树海中的孤岛"，是远离现代生活的避难所，"重现世界的喧嚣"，在这里，艺术家们可以忘却他们所经历的"没落与悔恨"。但这并非认可对现实的逃避，而是退回到个人经验，从而"在冥思中悟到/视野之外的东西"……这里的关键词是"冥思"——它是诗人的传统认知方式。它可以扩展知识,但需要退守寂静,诗人在寂静中可以意外听到不会讲给"虚华浮躁之人的言语"。"虚华"指的是约翰逊博士所说的"喧哗生活中的热闹景象"——忙于出书、赚钱、成名的职业化的生活。只有远离那样的生活,诗人才有勇气面对"束缚",这种不快,是人生体验中无法避免的。那么,诗人退回到"山顶",接受禁欲主义的磨炼。既然他必须学会独自忍受痛苦,而这段经历也将使他与众不同,那么,诗人无疑需要"山顶"这样的地方。尽管环境很重要,但这还不够。一切"为此间带来庸俗的人"、"得意扬扬"的人,丝毫不强于"认为全世界因自己的欣喜而闪光"的孩童。真正的欣喜,源于为艺术的真诚奉献,只眷顾毫无保留地践行于此的人,而不是那些自我鼓吹的人。告别了利益、喧哗和浮躁的生活,但现在的目标并不仅仅在于"宁静",因为这不过是避免痛苦的自我认知的结果。想尽办法规避真相的,正是那些声称渴望宁静的人;这种渴望像"面具"一样掩盖了逃避真相的行为。总之,麦克道威尔艺术社区的生活使罗宾逊懂得:诗人需要一个能够帮助他们彻底告别审视个人遭遇的工作环境。诗的最后一节造成了反差。对那些一遇到问题就逃避的人来说,自我认知永远无法实现。"遥远的路途,艰苦的游荡/……等待着他。"自欺欺人的人寻求愚昧的宁静,投身浮世以期自我解脱。诗人需要的是一个如"落叶坠地"般宁静的地方,体悟冥思带来的痛楚。

  伍德贝利和罗宾逊展现了世纪之交的诗人面临的主要选择。随着时间流逝,越来越多的教学岗位向诗人开放;但许多人宁可坚守此前收入并不高,却可以从事真正艺术创作的环境。比如,1898年,罗宾逊经由一位朋友介绍,得到了一份哈佛大学办事员的工作。尽管他当时已经自费出版了两本书——《激流与前夜》（*Torrent and the Night*，1896）和《夜的孩子》（*The Children of the Night*，1898），却仍是"无名的裘德"，虽然他不想当老师，但即便想当，也根本没机会。他不想让任何事情干扰自己的写作。1899年父亲去世之后，他搬到了纽约，开始了清苦的诗歌写作生活。1905年，他的作品引起了罗斯福总统的注意，为他提供了一份年薪2 000美元的闲职——国库的特别代理；直到1910年塔夫脱总统取消这个职务，他才离开。但那时，他已经能够凭借稿费维生了——这在很大程度上是由于每年夏天他都在麦克道威尔艺术社区度过，那里为他提供免费的住宿[5]。

怀着对纯粹的艺术环境的希冀而甘于忍受贫困，远离喧哗热闹的生活，这同样在根本上造成了他玩世不恭的态度，表现为对职业化和商业化的反抗。20世纪头10年，这一派的代表诗人乔治·斯特林在加利福尼亚的卡梅尔建立了美国第一个乡村艺术社区。斯特林最初的目的并非创建一个新的文化机构，而只想"试试能否为自己找到一种摆脱金钱和'群体'的生活方式"，同时还能够进行艺术创作。斯特林所期盼的，正是罗宾逊在《山顶》中所描绘的情形。然而，卡梅尔艺术社区变成了非职业化生活的具体表现形式，一个接下来尝试为艺术家提供职业化以外的选择的范例，其中就包括作家工坊[6]。

斯特林担心自己因为"使卡梅尔闻名"而为人所知，却不是作为一个诗人而成名，因为后者才是他真正想要的。不幸的是，他的担心变成了事实。尽管卡梅尔因走出了克林特·伊斯特伍德①而

---

① 克林特·伊斯特伍德（1930— ），美国演员、电影导演、制片人。代表作有《荒野大镖客》《廊桥遗梦》《杀无赦》等。1986年当选为卡梅尔市市长。

获得更大的声望(在人们眼中,与其说这里是一个信奉"波西米亚主义①"的艺术社区的所在地,不如说是一个国际名人的家乡),但这个小城最初成名的确是斯特林的功劳。20 世纪初,安布罗斯·比尔斯②在一篇关于世界主义的文章中,称斯特林是"一位非常伟大的诗人——无人可比,是大洋此岸最杰出的一位";从此,他便声名远播了。斯特林将许多作家引到了卡梅尔,其中有些人在这里待了很久,比如玛丽·奥斯汀、杰克·伦敦、厄普顿·辛克莱③、范·威科·布鲁克斯、威廉·罗斯·本内特和辛克莱·路易斯。如此多的天才人物聚集于此,至少在当地人看来,加州成为美国艺术中心只是时间问题,而卡梅尔正是焦点所在。然而回顾以往,卡梅尔引起大众关注的原因仍没有定论,有人将此归于这里出现的艺术,也有可能是其他什么原因。在 1910 年 5 月发表于《洛杉矶时报》的一篇文章中,此后成为《时尚人物》的编辑、笔名范·达因的悬疑小说家——威拉德·亨廷顿·莱特④将卡梅尔描绘成"柔情文化的温床"与"色情学问的旋涡"。[7]

乔治·斯特林出生于纽约的萨格港。在马里兰州的圣查尔斯社区学院读书期间,他师从诗人约翰·班尼斯特·泰伯。泰伯同

---

① 波西米亚主义信奉放荡不羁、玩世不恭。文中"玩世不恭"等词汇均译自 bohemian 及其派生词。
② 安布罗斯·比尔斯(1842—1913),美国记者、短篇小说家,尤以讽刺小说见长。代表作有《鹰溪桥上》《魔鬼辞典》。1913 年失踪。
③ 杰克·伦敦(1876—1916),美国现实主义作家。代表作有《野性的呼唤》《海狼》《白牙》等。厄普顿·辛克莱(1878—1968),美国作家。以《世界的终点》为总题写下 11 部长篇小说。1942 年凭其中一部《龙齿》获普利策奖。
④ 范·达因(1888—1939),原名威拉德·亨廷顿·莱特,美国作家、评论家。20 世纪 20 年代开始创作名侦探菲洛·凡斯系列推理小说。

时也是一位罗马天主教神父,能写出相当棒的赫里克①风格的讽刺诗。尽管泰伯神父很偏爱这个年轻人,指导他进行阅读,让他相信自己的天赋,但斯特林后来称,直到26岁自己才开始"渴望成为诗人",而那时已经觉得自己"老了",并且已经为自己的舅舅、旧金山海湾地区的地产大亨——弗兰克·C.海文斯当了五年的得力助手。斯特林往返与奥克兰附近皮德蒙特山的住所与旧金山的工作地之间——周末是艺术家,平时是商人。正是这种随心所欲的生活方式,促使他投身于诗歌。他被朋友杰克·伦敦指责为活在谎言之中。伦敦说,做一个商人,

只是你接受了别人的思维与生活方式,可这并不是你想要的。如果你真的满足于此,就周末待在皮特蒙特,其他时候去赚钱吧。你拥有了成为金融家的一切条件,却想当诗人。

那么,伦敦提出的另一种选择是什么呢?显然不会是进高校。他本人曾在加州大学伯克利分校学习过一段时间,并以一种索尔斯坦·凡勃伦②非常熟悉的方式讽刺了高校生活:

本杰明·艾德·惠勒因通晓希腊语而受聘为加州大学的校长,他甚至可以用希腊语说服一个对此一窍不通的议会议员拨出一大笔专款。拨款做什么呢?培养有前途的学术人才?维护具有

---

① 罗伯特·赫里克(1591—1674),英国"骑士派"诗人之一,擅长呼吁及时行乐的田园抒情诗、爱情诗。

② 索尔斯坦·凡勃伦(1857—1929),美国社会学家、经济学家,制度学派创始人及主要代表人物,强调非市场因素对社会经济生活产生影响。

创造潜质的艺术家？都不是，建校舍。

如果一个年轻人想成为具有创造潜质的艺术家，就必须选择同商业和美国文化体制划清界限。但人们怀疑：艺术，至少在斯特林身上，是这种抉择的原因，也是结果，或者是为事后寻求一种判断标准所做的努力。斯特林也不清楚诗歌需要的玩世不恭，是一种的生活态度，还是一种诗歌风格。斯特林解释说："'玩世不恭'至少包括两个方面。其一，是否献身或痴迷于七种艺术中的至少一种；其二，是否贫穷。"换句话说，他写诗大概是因为不想做商人。他的朋友约瑟夫·诺尔说："总之，他痛恨来回奔波、养家糊口。这似乎有些真正失败的意味。"[8]

1905年，一个叫弗兰克·鲍尔斯的地产商低价为斯特林提供了一块地，希望他可以在此建成一个能够吸引其他买家的艺术社区。斯特林用舅舅赠予的四万美元买下了位于城外半英里的这块地，并建了一座红木房子。他抱怨道，自己在旧金山"被愚蠢和奢华的诱惑所打压、埋没，像海浪中的风帆一样精疲力竭"——这指的是，商业生活使他变得醉生梦死、极端放纵；相比之下，在卡梅尔，"我就能过正常而宁静的生活，只有想跟朋友见面，才会请他们过来"。"已经有几个'搞文学的'表达了想跟我一起的愿望，而我却想做一个孤独的先驱⋯⋯"然而短短几个月里，这个孤独的先驱者就有了另外两个同伴——摄影师阿诺德·根特和小说家玛丽·奥斯汀。邻居们带来的启发比预想的还多，斯特林于是想劝说他的老朋友比尔斯和伦敦也搬来卡梅尔，他在信中写道："我想一辈子都待在这里，这是我所见过的唯一一个适宜居住的地方。"伦敦时常前来拜访，并在小说《月亮谷》(*The Valley of the Moon*, 1913)

中留下了关于艺术社区的记载；但比尔斯却一直在犹豫。他说，卡梅尔充满了"幻想和珍品……我不愿意留在那儿，也不愿意像报纸上说的，被打上那里的标签。'霍桑农场'和'布鲁克农场'已经足以为戒了。"[9]

卡梅尔的成功，既由于自然的灾害，也源自个人的悲剧。最早是 1906 年 4 月 18 日的旧金山地震，这个城市大部分玩世不恭成分被取代，主要任务转向了这个新兴的艺术社区。新来的人包括魅力四射的金发诗人诺拉·梅·弗伦奇、记者兼小说家吉米·霍珀和杰拉尔丁·邦纳、诗人亨利·拉夫勒、画家泽维尔·马丁内斯、专门揭发丑闻的记者雷·斯坦纳德·贝克和通俗小说家哈里·里昂·威尔逊。第二年夏天，一位来自《纽约时报书评》的记者来到卡梅尔，想写一篇关于艺术社区的报道，认为它已经名扬全国了。真正让它声名永驻的事件，是这年 11 月，诺拉·梅·弗伦奇死在了自己的手上，她起初是想毒死自己单相思的对象——吉米·霍珀。她在斯特林的厨房里为霍珀准备了一块加了氰化物的三明治，她在送去给他的路上跌了一跤，三明治掉在了地上。斯特林的狗吞下三明治后，瞬间抽搐而亡，死相恐怖。当晚睡觉前，弗伦奇服毒自杀。霍珀始终无法原谅自己："她跟我们这些手忙脚乱的笨人玩捉迷藏，突然跑开躲了起来，从此再也没有出现。"[10]

最后，几个卡梅尔艺术社区的元老需要为这起自杀事件负责，其中就包括斯特林和伦敦。但除了这起耸人听闻的事件，斯特林在卡梅尔的艺术社区进行了一次认真的尝试，努力为艺术家创造一个理想的工作环境。威廉·罗斯·本内特只在这里待过很短的一段时间，他在后来的《上帝的尘埃》(*The Dust Which Is God*, 1941)中，这样描绘卡梅尔的生活：这里的人们"谈论诗歌/社会主义以及哲学/歌唱并引用朋友们的言语","对作品呻吟叹息……"[11]伦敦的《月亮谷》中有两个主要角色——比利和萨克逊逃离城市,来到了卡梅尔寻找栖身之所。他们见到的却是一个狂热的聚会,

但在卡梅尔上演的不止这些。萨克逊和比利后来见识到的,是一群苦心创作的人。有些人的创作时间非常规律,要么在清早,要么在深夜。有些人的创作是突发性的,正如那个疯狂的爱尔兰剧作家,他会突然把自己关起来一个礼拜,等到面色苍白、精疲力竭时再次出现,就像疯子一样拼命享受假期。[12]

玛丽·奥斯汀在自传《地平线》(*Earth Horizon*,1932)中说道,艺术社区的人"形成了早晨工作的习惯,极度厌恶受到打扰"。但一到下午,那些被创作搞得精疲力竭、渴望得到陪伴的作家、画家就会从自己的小屋里走出来"晒晒太阳……即兴提出些点子,打发当天剩下的时间"[13]。这段描述像极了对爱荷华作家工坊的实录。卡梅尔艺术社区绝对是进行创造性工作的"温床"和"旋涡",而非乌托邦式的公社——尽管许多成员出于对玩世不恭的社会主义制度的模糊理解,将自己的创作动力解释为"终身致力于反抗来自社会的邪恶力量;甘愿忍受贫困、疾病和绝望。他们已经逃离了社会的陷阱"并且渴望"免于房租、取暖费和税收的困扰"[14]。与一切艺术家、知识分子的聚会一样,政治是讨论的主题,但最重要的还是文学。斯特林抱怨自己患上了"书籍消化不良症"。这种讨论不过是创作的背景。在1907年一年间,吉米·霍珀就写成了十几首诗和表现牢狱般生活的小说《9009》。然而吉米·霍珀并非个例,据

哈里·里昂·威尔逊所说，卡梅尔的邮局处理的退稿数量远远多于全国其他同规模的邮局[15]。

与作家工坊相同，在卡梅尔同样存在新老作家间的互动。20多岁的辛克莱·路易斯刚刚丢掉了斯特林为他在《旧金山布告》(The San Francisco Bulletin)找的一份编辑工作，他带着一份卡片目录来到卡梅尔——里面记录着一百多个故事构思。这引起了伦敦的极大兴趣——他擅长的是挖掘故事而不是创造故事，于是提出以5美元的单价购买路易斯的构思。路易斯卖了14个给他，其中就包括伦敦未能完成却最终被改编为卖座电影的《国际暗杀局》(The Assassination Bureau)。两者在视角上存在许多共同点。1910年，社区里建成了一个室外剧场，上演成员们自己创作的舞台剧。没过多久，在不断扩张的卡梅尔城里就有了一排房子，来自加州大学伯克利分校和斯坦福大学的大约20位教授每年夏天都会住在这里，但教授们与艺术家之间有着鲜明的界限，正如生活在约旦河西岸的犹太人和阿拉伯人一样。生活在文化名人身边的每一个卡梅尔人，似乎都想让自己看起来狂野一点。在《洛杉矶时报》的一篇文章中，威拉德·亨廷顿·莱特这样描述社区成员们的奇装异服和散乱长发——"这里每个人头发的长度都足以超过全国任何一个小镇"[16]。

尽管这种成功表现在多种方面，但卡梅尔社区同样存在问题。其中最大的隐患正是关于艺术社区的理念：对自然美景环绕下理想的自由环境的渴望与对这种渴望背后动力的认真得可怜的求索，两者之间必然存在论争。一方面，卡梅尔表现为远离往返奔波、养家糊口的生活，不去考虑房租、取暖费和税收。"这是一个充满自由精神的令人向往的地方，"斯特林的仰慕者如是说，"尤其适合那些与现实生活格格不入、渴望表达反叛精神、乐于接受挑战、不愿坐享安逸生活的人们。"[17]而另一方面,该社区应当成为严肃创作的温床。这种论争使许多人身心俱疲。安布鲁斯·比尔斯的见解相当深刻:卡梅尔再现了《福谷传奇》(*The Blithedale Romance*)主题,而诺拉·梅·弗伦奇正扮演了季诺碧亚的角色。难怪在伦敦的《月亮谷》里,萨克逊·罗伯茨发现艺术社区的一切都存在问题。她将艺术家们的悲观主义倾向归因于读了太多的书:

> 那个疯狂的爱尔兰剧作家深陷沮丧之中。把自己关在水泥小屋里写滑稽剧的谢利一直是个悲观主义者。年轻的杂志作家圣约翰是尼采无政府主义的信徒。画家马森抱着"永恒轮回"的信条发呆。(以斯特林为原型的诗人)霍尔平日里很快乐,可一旦对宗教或"爱不至死"的拟人论的胡扯展开悲天悯人的沉思,其程度是别人远远无法企及的。这时,萨克逊会因这些悲催的艺术之子感到压抑。很难想象他们所有人都是如此的孤独凄凉。[18]

造成这种孤独凄凉的原因,在于他们很难在安逸的生活与无休止的艰辛创作间做出取舍,前者是他们公然表示鄙视的,而后者只需要他们与世隔绝[19]。

卡梅尔的美好加剧了这种论争。哈里·里昂·威尔逊在给一个朋友的信中写道:"这里的景色美得就像意大利的卡普里岛,远远超出了我的想象,因为这里更加多变,气候也堪比意大利最棒的地方……我毫无倦意,始终享受不够这里的美景。"[20]尽管威尔逊本人一直在努力创作,而且作品颇丰,但卡梅尔的气候和自然风景为他带来了惬意的心情。1911年,范·威科·布鲁克斯在首次来

访时说,有些作家

> 从东部来到这片天堂从事小说创作,在此找到了宁静与自在。当思维的发条无法转动时,他们就将自己全盘交托给白日梦,仿佛弄丢了上弦的钥匙,他们变成了海滩流浪者,懒洋洋地翻那些读过几十遍的书,寻找有鲍鱼的礁石。因为在这片仅有的世外桃源里,他们的思维可以不断发展,而如此的环境变得越来越不真实了。[21]

无论这里是天堂般的美景还是书籍引起悲观主义,是寻欢作乐还是诱发自杀,卡梅尔艺术社区的生活始终比产生于此的作品表现出更强大的吸引力。能将社区维持如此长的时间,创建者们功不可没。1908年,玛丽·奥斯汀在确诊乳腺癌并得知生命只剩9个月后,离开了卡梅尔。她希望在罗马度过最后的时光(实际上,她在那儿又生活了16年)。乔治·斯特林在那里待到1914年,直到按照离婚财产协议被扫地出门。他回到了旧金山,一个不知名的好心人在波西米亚俱乐部为他提供了一个房间,后于1926年服氰化物自杀[22]。1916年,罗宾逊·杰弗斯在卡梅尔定居,此时艺术社区已经解体了。杰弗斯并非想做一个自由的思想者,而是打算隐居于此:对他而言,卡梅尔不是与世隔绝的风景胜地,而是鼓舞人心的隐居之所。他在那里用花岗岩石造了一座房子,安心创作。几年之后,他在短诗《人与苍鹭》(People and a Heron)中,这样描绘他在卡梅尔一天的生活:

> 向西的窗下,一片荒草和水下暗淡的礁石
> 退潮持续了整个下午,

男的、女的、小孩……数不清的人逐潮拾贝，
涌动着海鸥的鸣叫与水拍沙滩的声响。
傍晚，他们结伴而归，海岸归于平静，一只夜的苍鹭
在暗潮上收起宽阔的翅膀，
我惊异——为何一只孤独的鸟儿，会比人群更使人感到亲近。
好吧，罕见使得亲近，而我依旧在想
顺从于世界而违逆本心，我们不敢正视自己
镜中倒映出整个世界。[23]

评论家将这一观点称为杰弗斯的"残暴主义"。与众多卡梅尔的艺术家不同，他并不顺从世界，更何况自己的内心；他羡慕其他人的见地——他们能使他意识到自己远没有先前声称的那样叛逆。他宁可与花岗岩、苍鹭、海岸为伴。他来卡梅尔寻找的是"山顶"，而非艺术社区。

而其他人可能更倾向于艺术社区，很快，卡梅尔的尝试便在其他景色优美的地方得到了复制，而它们意在达成玩世不恭地隐退与学术体系间的妥协，所提供的也是临时食宿——比如说夏季会议。最著名的要数开始于1926年的布瑞德·罗芙作家会议，它起源于在米德伯里学院12英里外的格林山脉地区一家普通的三层小旅馆开办的英语言文学夏季培训班。1915年，米德伯里学院接受了这家小旅馆以及与之毗连的30 000英亩森林的遗赠，但在接下来的四年里，学院决定退出旅馆经营。学院教师阻挠小旅馆出让，使1920年第一期英语培训班得以在此开办。布瑞德·罗芙作家会议研究专家称："成为学术活动的举办场所，使小旅馆的维持

经费获得了学院管理者的认可,也由此免于19世纪许多夏季旅馆关张大吉的悲惨命运。"[24]它也没有重蹈卡梅尔艺术社区的覆辙。像布瑞德·罗芙这样的夏季年会,或像麦克道威尔、雅斗艺术社区这样的私人夏季寓所,以及更早出现的开放于1926年纽约萨拉托加温泉的特拉斯科庄园,使艺术家们渴望带着学术目的、行政职务或某种社会认可,过上柔缓、闲适的生活[25]。

最初,布瑞德·罗芙的夏季培训班的教学内容中并不包含创意写作,而是包含文学写作。1926年,为了能在夏季结束前多占用小旅馆两个星期,培训班增添了一门"附加短期课程"。而这门课程,正如学院院长所说,"完全是关于创意写作的"[26]。第一期"布瑞德·罗芙创意写作会议"在八月最后两周正式举办。在《学者》杂志编辑约翰·法勒①的组织下,该会议通过宣传册宣布:自己将"为学习写作的年轻人提供文学问题方面的专业指导……"原话是这样写的:

> 这个计划包括介绍短篇小说、长篇小说、散文、戏剧和诗歌写作背景的讲座,并给出提升诗歌风格和书稿撰写与出版方面的实用建议。关于创意写作艺术性与实用性两方面问题的非正式讨论,以及对学生手稿的小组研讨或私下切磋,将提供专业批评的机会,而这有助于产生销量好的作品。[27]

这显然是一个引人注目的理念——试图将沃尔特·海因斯·

---

① 约翰·法勒(1896—1974),美国作家、出版商、编辑。布瑞德·罗芙作家会议创立者。

佩吉关于专业化作家学校的梦想变成现实,尽管只有短短两个星期的时间。然而布瑞德·罗芙计划所包含的内容并不完全是关于创意写作的——它重点强调"实用性问题"和"销量好的作品"。创意写作在本质上与审美意识形态相关联,这就需要抵制实用性与市场化。布瑞德·罗芙作家会议研究专家认为,尽管"象牙塔里的人"会认为强调实用性是"愚蠢的",但作家会议至少成功地"将某些学术社团中公正的教育标准运用于写作水平的提高……从而证明如何以此为生"[28]。如果将布瑞德·罗芙作家会议归入第三章所列举的"教授实用的、职业化的写作技巧的努力"这一范畴(准确地说,是此前努力的延续),或许更恰当。它对提升创意写作本身而言,影响甚微。布瑞德·罗芙作家会议对自己的教学机构身份并没什么兴趣,因为直到30年代西奥多·莫里森接手,它的发展始终不稳定,也没有取得什么成果。正如莫里森回忆的,那个时候,"这个会议还出不了名;广告宣传方面,不论是预算还是向潜在客户推广,做得都很不够"[29]。莫里森上任第一年(1932年),课程出勤率仅为23%。从一开始,布瑞德·罗芙作家会议的重要性就不是体现在创意写作教学的前驱性上——因为它招收的学生非常少,而是在于将高校体制和价值标准推广到乡村艺术社区。到1932年,那些在会议期间得到免费食宿和少量写作讲座酬劳的作家花名册令人印象深刻,其中包括:罗伯特·弗罗斯特、辛克莱·路易斯、史蒂芬·文森特·本内特、阿奇博尔德·麦克利什、流浪派诗人唐纳德·戴维森、《脱离》(*Secession*)的编辑戈勒姆·蒙森、《风流世家》(*Anthony Adverse*)的作者赫维·艾伦、获得普利策奖的诗人玛格丽特·维德莫和多萝西·坎菲尔德·费希尔。这不是教创意写作,而是招募有创造性的作家来教课,这是布瑞德·罗芙作家会议的重要性之所在。

玩世不恭的波西米亚主义（表现为对慢节奏生活避居地的渴望）与学术传统间的关系，可能比想象中近得多。社会学家爱德华·希尔斯引用海伦·瓦德尔的《徘徊的学者》(The Wandering Scholar)，指出卡梅尔艺术家和布瑞德·罗芙的客座讲师的先辈，是"中世纪大学里不安分的学者，以及远离乞讨、偷盗和以艺术为生之愿望的无家可归的游吟诗人……"中世纪的学者过着随心所欲的生活，希尔斯解释道：

他们并不认可充斥着中世纪欧洲学术体制的惯例与职责。他们不愿承受家庭和职业的负担，只想奉献自己的创作冲动与激情。[30]

学术会议和访问学者就是中世纪传统的遗留，但这种漂泊与贫困也是世纪之交的诗人们自己的选择；很少有人为他们提供稳定的工作，他们找工作的目的也并非愿意遵守惯例、承担职责，而是暂时逃避无家可归的赤贫生活。比如说，埃兹拉·庞德曾在瓦伯西学院有过一年失败的尝试，这表明：高校生活不过是诸多诗人们想象中的避难所。1907年，他获得了硕士学位。在一首用作告别演说的诗中，他向曾明确要求自己去找工作，却最终支持自己深造的父亲表示了感谢。诗是这样写的：

彼岸地狱中的游吟诗人
　终年生活无以为继

第四章 柔缓节奏

一个文学硕士

一个富有才能的人

在此岸做着同样的事。①

他说,诗人的世俗生活是一个"古老的故事"——病痛、账单,对"荣耀"的渴望被典当取代。实际上,这个故事如此古老,以至于它在今天的含义已经发生了转变:诗意的流浪生活与对创作冲动的坚持,已经变成了对生活的抱怨,那些尚且漂泊着的人既鄙视又羡慕那些"死了"的诗人过着"低下而舒适的日子……"但家庭的负担与稳定的收入已经无法忽视,而成为一种值得哀悼,如果可能的话,应予以改正的状态。在高校任教因此成为诗人们的事业,尽管他们既不想从事这种事业,也不想放弃成功的机会[31]。

这种特定的、无计划的生活态度在庞德此后几年的冲动生活中展现得淋漓尽致。拿到硕士学位后不久,庞德获得了宾夕法尼亚大学提供的一笔 500 美元的罗曼语奖学金,但他并没想过去搞学术。他早期发表在杂志上的一篇文章中称:"学者,就是花大把的时间去了解作家的吃穿,无休止地沉思那些文本批评中永远无法解答的问题……"他决定不再继续攻读博士学位,似乎是出于对学术生活的惯例与职责的不屑。庞德总是自豪地谈起自己是约西亚·彭尼曼②的文学批评史课上唯一不及格的人,同时也是唯一对此课程不感兴趣的人。他向一个朋友吹嘘自己"差不多跟宾夕法

---

① 引自埃兹拉·庞德《生活的网》。特此感谢新方向出版公司与费伯-费伯出版社授权使用庞德此前尚未出版的作品材料。

② 约西亚·彭尼曼,1906—1907 年任美国宾夕法尼亚大学英语系主任、英语学教授。

尼亚大学的每个人都发生过口角"。然而,他虽然有跟学术权威吵架的偏好,却在瓦伯西这样一所印第安纳州的教会学校教授法语、西班牙语和意大利语。他租了一间街头演员和杂耍艺人常租的公寓;会穿着黑绒夹克、系着飘动的蝶形领结、戴一顶肥大的墨西哥阔檐帽、提一柄马六甲手杖在城里转悠;花大把的时间待在一个曾在巴黎学习、被认为是"前卫"画家的艺术品商店里。接下来发生的事情为人们津津乐道。1908年2月一个寒冷的夜晚,他遇见合唱队的一个女孩(庞德形容她是一个"中性打扮的演员"),她所在的演出队离开了这座小城,而她掉队了。他给了她一杯热茶和一处容身之所。故事的其中一个版本说她睡在他的床上,而他和衣在地上过了一夜;但另一个版本则说他们缠绵了一夜。无论如何,这件事传到了学校官员耳中,这个年轻的诗人教授被打发走了[32]。

  正如J.V.坎宁汉①后来所说,书呆子和创意者之间必然存在矛盾[33]。有趣的是,既然如此,创意者为什么还想待在书呆子的地盘上呢?我认为,原因可能是:对于庞德那样的诗人来说,高校生活是一种机会,可以在做偏离学术不远的事情时得到支持。因此,他抱怨学术通常与自身没多大关系;与之相关的更可能是花在这上面的大量时间和精力。庞德想要的显然是在高校生活中趋利避害——只享受快乐而不履行义务。如果与他同时期身处高校的创意者们不清楚自己留在高校的原因,那么只是由于他们根本没考虑过这个问题。

---

  ① J.V.坎宁汉(1911—1985),美国诗人、批评家、教师。通常被认为是新古典主义者或反现代主义者。

其中的典范就是威廉·沃恩·穆迪。他或许是朗费罗之后第一个明确投身于高校教学的美国诗人,用一个学生的话说,他将教学当作"最适合自己"的行当。然而研究生英语教学险些改变了他的想法。先是硕士考试,接下来又有关于菲利普·西德尼①《阿尔卡迪亚》(Arcadia)的由来的论文。在写给罗伯特·莫尔斯·拉维特②的信中,他说道,这段难熬的日子"让我筋疲力尽,也让我相信,你认为的那种友好的分化,语文学与智慧女神",也就是学习与文化或者迂腐与创意,"只要双方的宿怨没深到你死我活的地步,这种分化就注定不同于相互的讽刺和辱骂"[34]。

穆迪出生于印第安纳州斯宾塞镇,父亲曾经当过船长,母亲是会计[35]。1886年父亲死后,他在当地一所学校教了一年书,随即去了纽约州波基普西辅导在耶鲁读书的堂弟。他本人也在1889年进入哈佛大学,继续辅导快升入大学的高中生以维持生计。正是这段家教经历,使穆迪相信自己可以适应教授的工作。他沉浸于哈佛的传统,听切尔德讲盎格鲁-萨克逊文学和莎士比亚戏剧,听布里格斯讲17世纪文学,听亚当斯·谢尔曼·希尔讲19世纪早期文学。但他最大的愿望是成为诗人,所以加入了以温德尔和《哈佛月刊》为中心的文学圈子,发表了一些勃朗宁式的独白诗。大学期间,他就尝到了成功的滋味,在《斯科莱布诺》杂志上发表了一首诗——正如他在向女友道歉时所说的,"那是一份专业杂志"。1892年,他以全班第二名的成绩毕业,并继续留在哈佛,他希望能

---

① 菲利普·西德尼(1554—1586),英国政治家、学者、诗人。擅长十四行诗。下文提到的《阿尔卡迪亚》是一部用散文和诗歌创作的田园浪漫传奇故事,对后来的斯宾塞、莎士比亚产生了极大影响。

② 罗伯特·莫尔斯·拉维特(1870—1956),美国学者、作家、编辑、政治活动家。

够"永远留在这里"。他在1894年取得硕士学位，次年进入英语系，成为一名二年级写作课的助教。他告诉朋友，如果不是看到哈佛的写作课培养出如此多的文人，他绝不会接受这份工作。他的原话是这样说的："我此前从未见过如此壮观的场景——数不清的文学人才在这里破茧而出。"[36]

很难说他自己是否也曾是那些文学人才中的一个。穆迪只知道茧的笨重。他抱怨道，批改作文需要"没日没夜地赶工"。工作第一年，他几乎没写什么东西——或者是没有保存；而回顾整个事业阶段，在致力于学术研究的同时，他想写出有保存价值的诗作是非常困难的。他梦想得到解脱，密谋逃离这种处境。起初，他想换一个更好的环境。1895年春天，A. S. 希尔为他提供了一个讲师职位；与此同时，他的老朋友、在芝加哥大学任教的罗伯特·赫里克也写信邀请他做讲师。穆迪倾向于希尔提供的职位，因为它给出"一个模糊却宝贵的希望，最终指向削减人员开支"——这就是说，他将得到一年的带薪休假，进行研究和创作。但过了不到一个月，他经过重新考虑，选择了芝加哥大学的那份工作。决定性因素似乎就是更高的薪水。他写信对拉维特说："希望你不要认为我是那种唯利是图的人，你应当理解我这样做的精神意图。"他相信，离开哈佛对自身发展和诗歌创作都有好处。他的传记作者推论：穆迪在人际关系方面比较冷淡、不合群，这使他更容易甩开在哈佛的经验。"哈佛就像一个养育孩子的母亲，而她始终以一条主线牵引着孩子们，直到他们长成一定年纪。"他对赫里克写道："我当然应该为离开哈佛而感到心痛，但我的内心深处却产生了某种自由的感觉。"[37]

离开哈佛前往芝加哥并没能立刻使他摆脱没日没夜地赶工批

改作文的处境。穆迪被安排了两门每周四天的文学写作课,一门课有 40 个学生,另一门课有 20 个学生。他的回应只有一个字:"呸!"他意识到自己在讲"差劲的段落结构课",而不是"满怀激情却腹中空空"地痛苦挣扎。第二个学期,他获准教一点济慈和雪莱的诗歌。第二年秋天,他首次开设了高级写作课。穆迪最终表明,这门课旨在寻求诗歌与教学相结合的契机。在学生看来,这门课正如它所强调的,极具"艺术性"。这的确是一门每日写作课,但穆迪在确保写作形式大致相近的前提下,提出三种形式以供学生选择:熟悉事物写作,这与内心体验相关;日常事物写作,这建立在对外部现实进行观察与描述的基础之上;速记本,他告诉学生,写作者"应想象自己是一个面对着空白稿纸或帆布的艺术家"。他也认可将诗歌作为作业,但要求学生除非是想提高文笔的力度,否则不要交诗歌。"想要创作出有力度的诗歌,"他的建议是,"必须使每个词、每行句子都极富暗示性。"对学生来说,课上讨论是"课程活力与魅力的所在"。穆迪将其称为"希腊范式",但如果说它是经由创意者重新阐述的"自由范式",那会更准确[38]。

尽管穆迪是出了名的玩世不恭(他形容自己是"公园里的浪荡子,怪口味的街头拾荒者",他常常彻夜游荡后,衣衫不整地出现在清早的校园里),但他在芝加哥大学却备受推崇。他第三年的教学任务正说明了这一点。他被安排开设 17 世纪诗歌和格律史与原理课程,两门都是他喜欢的。这对他来说是相当罕见的。而他为教好格律做出的努力,证明他不虚此名:穆迪教的是法国后期象征主义的诗歌原理,他大概是最早做这件事的美国教授之一。但这一年结束后,穆迪筋疲力尽;他请求主管找人代替他的工作,然后去欧洲待了很长一段时间。六个月后,他回到芝加哥大学。不确定他为何感到沮丧,但他的沮丧至少是由教学引起的。他对一个朋友形容这是"阉割"。新学期开始不久,他就"发自内心地厌倦了批改写作课作业……我花在这上面的时间越多,越无法认真思考自己每天的生存状态"。他说这让他在"用男人的方式做男人的事的人"面前觉得"怯懦"。1899年,在与E. A. 罗宾逊会面后,穆迪前所未有地意识到"不该对重大的人生规划做出仓促选择";然而,他不像罗宾逊那样选择贫苦的生活,却选择教书,这"随着此后自由理念的不断发展,逐渐被人所接受"[39]。

这种理念在接下来的一年中得到进一步发展。这年,穆迪先于罗伯特·洛威尔在位于波士顿公园的奥古斯塔斯·圣·高登斯纪念馆为美国内战中著名的罗伯特·古尔德·萧和他的第54黑人步兵团写下一首颂诗。《致犹豫的时刻》(*An Ode in Time of Hesitation*)是一首公开反对帝国主义的诗歌,是美国文学中为数不多的关于发生在大西洋上的美西战争的作品。这首诗立即引起了轰动,改变了穆迪的教学事业。霍顿·米夫林公司同意出版这部作品,他的诗也开始频繁出现于国内各种杂志,如《大西洋月刊》《斯科莱布诺》。1901年,他出版了自己的第一本书,这为他带来了更高、更广泛的声誉。杂志编辑威廉·莫顿·佩恩将他和伍德贝利并称为美国仍在世的最伟大的两位诗人。为了留住这位著名诗人,芝加哥大学为他升职,并将薪水提高到每两学期(半年)1 600美元,而且只教文学(不再教写作)[40]。即便如此,穆迪在1901年后也很少教课了。尽管他的课程挂在那里,但一定会在开课前撤下。只要他愿意每年有1/4的时间上课,学校就会付给他教授全薪[41]。但他仍然远离校园,而是在纽约租了一间工作室,并时常去欧洲旅行。他并不想中断与学术的联系,但也不愿将自己贡献给学术事业。他解释道：

> 我现在不想让自己受到固定教学安排的束缚。等完成了手头的工作，我会很高兴地去教书；不过在那之前，我希望得到彻底的自由。

他手头的事总是一件接着一件。在放弃教学的同时，他也从诗歌转向了戏剧，他的剧作《分水岭》(*The Great Divide*，1906)在百老汇连续上演了一年多，赚的钱足够他一辈子不用再讲课。满怀敬意的评论家们称他为"穆迪教授"，气得他须发倒竖，拒绝了所有人让他回到学校的邀请[42]。他说："我不会回去的，我觉得每讲一堂课，就扼杀了一首诗歌。"[43]

尽管许多诗人可能不买账，但在高校任教依然成为他们无法拒绝的"权宜之计"。《咏树及其他诗篇》(*Trees and Other Poems*)的年轻作者、后来在一战中死于马恩河战役的乔伊斯·基尔默认为，这种体制会导致诗歌的消亡。基尔默声称：诗人该做的就是写诗，花时间搞副业(教学或者其他什么)，将会宣告他们的末日来临。这个过程早在诗人成名前就已经开始了。他叹息道，当他们脱下诗人的外衣，"穿上黑绒夹克，戴上墨西哥阔檐帽"，蓄起披肩长发，

> 他们同时开始从事平淡的行业。现在还有单纯写诗的人吗？……诗人还在写诗，但这门古老的艺术已经不再是他们生存的主旨了。他们总是以其他更平庸的姿态出现在世人面前……每个诗人都有自己的稳定工作。

阿尔弗雷德·诺伊斯①一度呼吁过诗歌的完整性与唯一性。"在众多从事作品评论、小说写作、杂志编辑的拙劣诗人中，他是唯一一个真正的诗人，"基尔默说，"但现在，就连他也开始搞副业。他先是在洛威尔那里讲课，后来当上了大学教授。他在自己的诗人桂冠之上，又加了一顶学位帽。"[44]

实际上，招募诗人当大学教授的计划，在著名诗人、《拦路强盗》(*The Highwayman*)的作者阿尔弗雷德·诺伊斯受聘于普林斯顿大学之后，得到了极大推动。诺伊斯在普林斯顿只教了很短的时间(1914—1916年)，也没有做出什么特别的贡献，但他的任命改变了一切。主要是因为他有极高的知名度。尽管庞德、穆迪、基尔默等人仍愿坚守中世纪的流浪传统，但如果像诺伊斯这样自给自足、对钱没什么欲望的诗人尚且愿意在普林斯顿大学教书，这就说明教书并不只是"平淡的行业"，而是一件光荣的事。同时，从穆迪到诺伊斯，高校看到了与社会名流合作的优势。录取通知书贬值了。1913年，在耶鲁大学的毕业典礼上，诺伊斯与普林斯顿大学校长约翰·格里尔·希本双双获得荣誉学位。在演讲和盛大仪式结束后，希本走向诺伊斯，问他是否愿意接受英语文学"莫里教授"的职务——这是以普林斯顿第一位英语文学教授詹姆斯·O.莫里的名字命名的(见第一章)。虽然诺伊斯知道自己非常荣幸，但他没有被喜悦冲昏头脑。他回忆说："尽管这个邀请非常诱人，但我还是犹豫了一会儿，因为我不想让任何事干扰我的写作；但在得知只需要在半个学年里每周上两次课，其余时间都由自己安排后，我欣然接受了……"[45]

---

① 阿尔弗雷德·诺伊斯(1880—1958)，英国诗人，以叙事歌谣著称。

第四章 柔缓节奏

诺伊斯的教学方法是开展一个"小型的每周研讨会，或是所谓的'导师制课程'"。他的学生中就有菲茨杰拉德和埃德蒙·威尔逊①。两个人对他都没什么印象。在一个校友的母亲称自己曾同"诗人阿尔弗雷德·诺伊斯"共进午餐时，菲茨杰拉德满不在乎地回应："哦——他是个诗人吗？"菲茨杰拉德后来一直管他的老师叫"噪音阿尔弗雷德"。埃德蒙·威尔逊认为，作为一个现代作家的培养者，诺伊斯欠缺启发性，因其是"早衰的中年人"而被辞退，而且说："诺伊斯不能很好地理解现代社会，不明白现代社会的浪漫包括什么……"尽管如此，诺伊斯对两人仍有一定帮助。他在自己主编的《普林斯顿诗集》(*Book of Princeton Verse*, 1916)中选入了五首威尔逊的诗，这属于威尔逊最早发表的一批作品。正如他在自传中描述的一样：

菲茨杰拉德有一次对我说，他认为自己有能力在创造具有永恒价值的作品与赚钱之间做出取舍。他征求我的建议，而我告诉他，如果他的作品具有永恒价值，我相信从长远角度看，他将产生更大的满足感。他对此表示怀疑，稍后告诉我，他决定"先赚现金，让信誉靠边站"。但这不过是表达了一时的情绪，我也相信他的确具备做出选择的能力。

诺伊斯可能曾是一个受欢迎的诗人，当时"受欢迎"的概念可

---

① 弗·司各特·菲茨杰拉德(1896—1940)，美国小说家，"迷惘的一代"的代表作家，同时也是剧作家。代表作有《了不起的盖茨比》《最后一个大亨》《本杰明·巴顿奇事》等。埃德蒙·威尔逊(1895—1972)，美国评论家，菲茨杰拉德的好友。曾任《名利场》《新共和》的编辑及《纽约客》的主笔。

能与现代的不一致,但他忠于他的学校和公正的原则——始终坚持从审美的角度排斥利益动机,而且相信作家有能力在两者之间做出选择。通过这种方式,他成为美国诗人教授群体的重要奠基者,使流浪者的乡愁转变为庄严的现代感召[46]。

尽管诗人们不想漫步于校园的林荫路,仅仅渴望自由而不想让任何事情干扰自己的写作,但对庞德、穆迪、诺伊斯的任命会延续下去。庞德甚至认为永久聘用是值得期待的——至少在一开始是这样的[47]。或许是对他们的不安分和流浪精神的妥协,又或者是对永久任命退而求其次的选择,其中就包括聘请"驻校诗人"的想法。最早的两位驻校诗人是1917—1920年任教于阿默斯特学院的罗伯特·弗罗斯特和1919年在加州大学伯克利分校执教半年的威特·宾纳。

弗罗斯特几乎是一手创造了驻校诗人的角色,但也有许多不当之处。他的任命起初也希望是长期的:安姆斯特任命他为正教授。弗罗斯特的教学经历中,有两件事情与众不同。其一,他从不在一个地方待太久,但不同于庞德、穆迪、诺伊斯的是,他不曾彻底放弃过教学。他在阿默斯特学院教了两年半,然后到密歇根大学创意艺术学院工作了三年,1920年之后,他又几次回到阿默斯特学院上课或讲座。其二,聘用诗人教学的理念,使弗罗斯特有点像理论家(或者是辩护者)。首次受聘那年,他43岁,已经出版了三本书:《少年的意志》(*A Boy's Will*,1913)、《波士顿以北》(*North Of Boston*,1914)和《山间》(*Mountain Interval*,1916)。他还经营过养鸡场——"打个比方",他说:

那些"不认可"我的,与其说是农民,不如说是拼命逃避世界的人。这是直觉,但我现在明白,在衡量自己与外部世界之前,我是独善其身的。[48]

离开养鸡场,还有什么地方比一个小小的语言艺术学校更适于作为逃离世界的避难所呢?他需要的不仅仅是一个藏身之处,同样也是一个可以实践理念的地方。到阿默斯特学院之前的两年,弗罗斯特写信告诉朋友,自己梦寐以求的是"一所小学校里的安静工作,在那儿,他可以传授一些新鲜的写作技巧"[49]。

弗罗斯特的任命在当时被普遍认为是一次试验,表明了高校试验主义与创意写作发展间的密切联系。聘用弗罗斯特的,是阿默斯特学院的校长亚历山大·米克尔约翰。米克尔约翰于1912年成为阿默斯特学院的校长之前,曾是布朗大学的哲学教授(1920年,他又辞职去了威斯康辛大学继续他的高校试验),正如在阿默斯特学院的就职演讲中所说,他相信"高校是社会中具体分化出的致力于才能培养的机构"。那么,高校首先应当是教学机构。然而在学术面前,教学遭到忽视。他认为:"未来的教授完全是为了学术活动而培养的,我们需要也应当要求他们'掌握自己的专业'。但我们却没有要求他们理解和掌握教学过程,也没有要求他们了解学生的需要以及如何满足这种需要。"对弗罗斯特的聘用背后隐含着他的愿望,即一个诗人,一个在衡量自己与外部世界之前独善其身的人(而且是一个曾任教于预科学校和州立女子师范学校的人),可能会注意到学生的某些需要[50]。

来自东部地区的一位大学教授说:"关于聘用驻校诗人,大家普遍认为这是一次不可能成功的试验。"伯洛伊特学院的年轻教授、后来的小说家马里昂·霍桑·赫奇斯赞成这种试验,不认为"这是一件会颠覆教育领域的事"。革命性体现在什么地方呢?并非是弗罗斯特开启了新一代校园诗人的先河。赫奇斯说:"对创造性的教学的呼吁从不认为高校能够或应当如人所愿地承担创造天才作家的任务。"应当是由有创造性的教师"保持高校创造性本质的活力",从而使"因没有受到上天眷顾而缺乏天赋的学生"能够"理解和欣赏那些有天赋的人",从而构成"伟大作家产生的必备条件——高水准的观众"。弗罗斯特本人对自己进入高校所做的评判,与此不谋而合。他提出了"参与性教学"的概念,并进行了阐释:

学生所获取的东西,大部分来自学识渊博的教授。如果教师在校园内外都具有影响力,是一个在多个领域为人所知的人,那么对学生来说,他就具有丰富的潜在意义。如果学生偶然间发现自己未曾留意的老师誉满全国,那么他会因这层关系的存在而觉得光彩。

弗罗斯特力主在高等教育阶段拓宽对自由主义的传统定义。学习自身需要补充进许多重要内容;跟随那些"能够通过多种途径为人所知的人"学习,同样具有重要的意义。这种观点并不是听上去的自说自话,也不激进。它是自温德尔起的写作教学原则之一(见第二章)。尽管弗罗斯特在强调名人效应时有些误导,但"参与性教学"的理念是值得深思的:教师不应当仅仅传授人类遗产中的一部分,还应使之具体化。弗罗斯特具体阐释了"创造性本质"。去阿默斯特学院任教前的几天,他在一封信中提出了这个独创的观点。他说,在学校里,"如果你重述规则或按照既定规则轻松地整合材料,那会得到更多的学分;而全部的快乐在于不去理睬那些无法表述(或无法完全表述)的规则"。这就离定义教育中的创造性本质不远了,顺着爱默生在《美国学者》中的思路,创造性本质始终是反专制的、个人主义的和高度制度化的[51]。

第一个真正意义上的驻校诗人是威特·宾纳,因为加州大学伯克利分校对他的任命从一开始就是短期的。这个主意是由本科教学主管查尔斯·米尔斯·盖雷提出的,他已经批准了允许以创造性作品获得英语课学分的提议(见第三章)。他现在又朝前迈出了更大胆的一步——在一所美国高校中实践创造性本质。他聘请宾纳主讲的正是现在所谓的"诗歌工坊"——这是一门限定名额的"诗歌试验班",正如宾纳形容的,学生需要提出申请,而是否能够通过审批则根据他们提交的简短作品。初到伯克利时,宾纳38岁,已经出版了四本诗集,第五本也正在印刷。他是一个同性恋者,曾向女诗人艾德娜·圣文森特·米莱求过婚。1902年从哈佛毕业时,他差点留校做了英语讲师,但在欧洲畅游一圈后,他转而去了《麦克卢尔》杂志社工作。自从他在《麦克卢尔》稳定下来,就再也没了回哈佛教书的念头。1906年,他辞职并开始专职写作。没过几年,他为了赚钱,只得屈尊讲课,而盖雷的聘书来得正是时候[52]。

宾纳在伯克利的教学时间只有短短半年。他最终离开或许是由于政治方面的原因,尽管宾纳没有什么公开言论[53]。他只会说:"'甜蜜的初恋'只有一次。"而他的诗歌试验班上引人注目地走出了许多此后名扬四海的学生——希尔德加德·弗兰纳、吉纳维夫·泰嘉德、大卫·格林胡德、斯坦顿·A.科布伦茨、阿黛拉·伯尼尔,以及继续扩大这项事业的艾达·卢·沃顿——她在20年代任教于纽约城市大学并培养出后来《安睡吧》(*Call It Sleep*)的作者亨利·罗斯。宾纳从不说是自己培养出了这些诗人,而是认为:"在我遇到他们时,他们就已经是诗人了。"他不是他们的老师,而是"他们的朋友和同事"。与弗罗斯特不同,他不打算传授新的写作技巧,根本没有什么特别的教学方法。重要的是,课堂上的每个学生都相亲相爱。他们一起抽烟,在户外的桉树下聚会,谈论自己最欣赏的诗人,匿名交换诗作并给出中肯的评价。他们谈笑风生,彼此结交。宾纳说:"课程逐步发展,整个班级教学相长。"他得出结论:诗歌可以教——但不是随便教给谁都可以,只能教给诗人[54]。

另外两个诗人——W. 莱曼和雷纳德·培根后来也成了伯克利的驻校诗人,但当1923年宾纳在《新共和》杂志上介绍自己的教学经验时,两个人都已经跟学校脱离了关系。抨击二人的理由是他们没有博士头衔,缺乏必要的学术根底。宾纳回应道:"毫无疑问,我们将每一个与自己相交的年轻人看作是一篇复杂的论文,这对于他们和这个世界的意义远远超出了写一篇有可能得罪老学究的论文。"他希望能有这样一个体系,可以使更多的诗人"走进我们的大学,充满激情地在一年的时间里与年轻人共同进步"[55]。

两年后,雷纳德·培根写了一本叫作《博士们》(*Ph. D. s*)的书,其中收录了两首叙事诗——一首喜剧的,一首悲剧的,主题都是关于对年轻文学学者的培养,捆绑他们手脚的培养。

在抽象的情节中

乏味的迂腐取代了激情

第四章　柔缓节奏

幽默之类始终伴随
真诚的青春

在仓促完成的诗中,他讽刺了语文学的治学方法("对想象的彻底扭曲"),这是对早期英语文学中糟糕的诗歌和无力的史诗的"痛苦的批判",并致使"无用的论文和参考文献的堆积,/在中古英语格律课上取得优异成绩"。此时的批评都在无意识中趋同。但批评并不是《博士们》的特征所在。果真如此,那么这会变得十分重要,因为这表明:尽管双方60年来相互敌视,尽管宾纳、培根和其他诗人在高校任教饱受质疑,但文学与学术都被强加以知识分子与学术机构的体系,即使两者沟通的内容依旧是关于疏离与猜忌的老生常谈。培根选择诗歌作为课题,也说明了这一点。虽然这份工作并没为他带来快乐,但从诗人变成大学老师,却可以使他在为文学耗尽才思后填饱肚子。而他却拒绝以功利的观点看待这件事,他这样做也是具有精神意图的。他想教书的原因是:

他选择成为教师
为别人讲课,演讲者,导师,随便什么,
说到底,最好的不过是成为发现者,
这种愿望让他生不如死。
他将自己开辟道路
为那些怀有真正激情的年轻诗人……[56]

这些句子仿写自贺拉斯的《诗艺》(Ars Poetica):"我不如起个磨刀石的作用,能使钢刀锋利,虽然它自己切不动什么。我自己不写什么东西,但我愿意指示(别人):诗人的职责和功能何在……"[57] 20世纪20年代,由于无法在现实中找到从容生活的方式,诗人有了去高校工作的理由:他们重新发现古老的真理——自己应该教点什么。弗罗斯特在前往密歇根大学时说:"我为了自己而去,但如果不是对教书感兴趣的话,我绝不会去的。"[58]诗人教的可能不是真正的诗歌写作,但同样具有价值:这是一种与年轻人共同分享成长过程的方式。剩下的就是需要人们给它一个名称、一种方法以及实施的场所。

第五章　创意活动的迅速接受

20世纪20年代,创意写作首次以自己的名义开课。它起初是一所中学的试验课程,以年轻人更感兴趣的内容取代语法、拼读、书写甚至文学占主导的传统英语课。从这一点来看,它属于广义的美国20世纪上半叶教育改革运动的一部分。当时的口号是:教的不应是课程,而是学生;这场改革运动自称"进步教育"。创意写作被用以在中学英语课上传播进步的教学方法和教学内容。它的创建者是曾享有极高的知名度而现在却被大多数人遗忘的教育改革家——休斯·默恩斯①[1]。

在兰德尔·贾雷尔②的《大学图景》(Pictures from an Institution)这部关于高校生活的滑稽小说中,格特鲁德·巴特森在进步主义的疾风骤雨袭来前,正是受聘于本顿学院教授创意写作的。这可能正是那些经历过二战的作家的亲身经历:他们发现大学虚位以待,也就毫不怀疑自己的好运气。但这实际上扭转了创意写作在过去20年的发展态势。景象不言而喻:创意写作一经发端,便如闪电霹雳一发不可收拾。默恩斯在20年代末感叹道:"随着社会情况的急

---

① 休斯·默恩斯(1875—1965),美国教育家,约翰·杜威进步主义教育的支持者,重视激发儿童(特别是3~8岁儿童)天生的创造力。他同时还是一位诗人,代表作有《安蒂戈尼什》。

② 兰德尔·贾雷尔(1914—1965),美国诗人、文学批评家、儿童文学作家。

速转变,这个国家一夜间接受了创意写作。"然而创意写作在全国范围内被突然接受,只是因为它与进步主义教育运动潮流相合。创意写作也许是由这一运动发起的课程改革中受益最大的,从许多方面看,它都是最典型的进步主义学科。出版于1928年的《为学生的学校》(The Child-Centered School)成为那个时代的教师学习进步主义教学方法的入门教材。在书中,哈罗德·拉格和安·舒梅克将"创造性自我表达"的教学方法解释为进步主义教育者的"信条"。这是对废除"老一套的艺术体制"所做的尝试。这次改革运动大约在1928年达到高峰。他们说:"新学派取得了惊人的成功,它由诸多艺术形式中总结出'自我表达'的理念,同时发现了惊人的年轻创造力。"而提出"年轻的创造力"概念的正是默恩斯。他与音乐教学改革先驱萨提斯·科尔曼一起,积极倡导将创造性表达引入校园。拉格和舒梅克明确地称他为创意写作运动的领导者[2]。

威廉·休斯·默恩斯是个失败的剧作家,且以"作家"自居。与温德尔一样,他也曾出过几本不成功的小说,诸如《理查德·理查德》(Richard Richard,1916)、《刻薄的圣徒》(The Vinegar Saint,1919)、《路上的狮子》(Lions in the Way,1927)、《乘着马车旅行》(I Ride in My Coach,1923)、《月亮猎犬》(Hounds of the Moon,1934),而使他崭露头角的却是关于写作教学的文章。但他最著名的篇章大概要算那首常被匿名引用的四行诗,因为默恩斯已经被公众遗忘了:

我走下楼梯,
看到一个不在那里的人。

第五章　创意活动的迅速接受

他今天不在这里。
我希望,他永远地离开了!

这几行诗起初是戏剧《疯子艾德》(The Psycho-Ed)中的片段,剧中,当一位教授生硬地分析这首诗时,一个学生用旋律将它唱了出来。默恩斯出生于费城,进入了当地最有名的中央高中,师从早期的一流文学教师、激进的语文学反对者艾伯特·史密斯[3]。他很晚才考进哈佛,毕业时已经 27 岁了。他在哈佛受到了来自温德尔、贝克和威廉·詹姆斯等人的深刻影响。温德尔鼓励他进行写作;贝克激发了他从事戏剧创作的雄心——默恩斯也曾意识到自己进行戏剧创作时需要某种支持;詹姆斯希望他成为教师,却要他保证不攻读博士学位。默恩斯遵守了自己的诺言。他在宾夕法尼亚大学研究生院学习了六年,却没有拿到更高的学位。

虽然他在费城教育学院教了 18 年英语,最后担任了系主任,但是与谢迪·希尔走读学校的合作对他而言更有意义。1914—1917 年,默恩斯在担任日校的主管期间,针对 3～8 岁的儿童进行了创造性过程试验。他的工作引起了洛克菲勒基金会通识教育委员会副部长、教育改革家亚伯拉罕·弗莱克斯纳的注意,弗莱克斯纳委派他负责林肯专科学校的中级英语课程,林肯专科学校在当时是由哥伦比亚大学教育学院运作的进步主义教育试验基地林肯专科学校。1920 年,默恩斯来到林肯专科学校,基金会为他开出了 1 000 美元的月薪。从这时起,直到 1925 年辞职前往纽约大学,默恩斯领导开展了以创意写作代替传统英语教学的"审慎试验"。但同温德尔一样,默恩斯也不仅仅是个创意写作教师,同时还是"以大规模'创意人员'进行文学教育改革"理念的鼓吹者。他的《年轻的创造力》(*Creative Youth*，1925)与《创意的力量》(*Creative Power*，1929)两本书在20年代流传甚广。默恩斯在书中公开了自己在林肯专科学校的试验发现，同时对追随他的其他教师提出了挑战。在前一本书里，"创意写作"一词被首次用于指涉一门研究课程。此前尚未有人如此为"创意写作"命名；而此后，这种命名也被固定了下来。

创意写作首次进入公众视野是在1922年，当时，威廉·斯坦利·布雷斯韦特在编辑《杂志诗歌选集与美国诗歌年鉴》(*Anthology of Magazine Verse and Yearbook of American Poetry*)时选入了一首凯瑟琳·科斯马克的诗，而凯瑟琳就是默恩斯的学生之一[4]。次年，默恩斯借势将学生们三年以来最好的作品结集出版，名为《林肯诗歌、小说、随笔集》(*Lincoln Verse, Story, and Essay*)。林肯学校的校长奥蒂斯·考德威尔在前言中写道，针对英语写作课"效果不佳"的抱怨声不绝于耳，尽管可能无法对这种抱怨做出"全面的回应"，但创意写作却能够成为一条出路。默恩斯自己也表示，出版这部合集的目的在于提供一种"检验诗歌教学成果的方法"[5]，收到的效果远远超出了他的预期。读者从《林肯诗歌、小说、随笔集》中学到了比教材更多的东西，他们将它视为一次宣言。道布尔戴-佩吉出版公司委托默恩斯写一篇关于创意写作教学经验的总结，这就是两年后出版的《年轻的创造力》。(具有讽刺意味的是，佩吉此前的出版公司本应出版一份关于创意写作的"独立宣言"。)默恩斯收到了来自国内许多学校的邀请，于是极力推广自己的理念，希望教师寄来自己学生的作品，他会择优收入丛书和论文中以作为自己教学方法的成功案例。他在各种会议讨论中进行演说，宣传创意活动教学，采用的是宴会发言人式的鼓动性语词，而非学术研究者毫无激情的强调。他在美国进步教育协会出版于1932年的《创造性表达》(*Creative Expression*)一书中发表了开创性的权威论文,而这为校园创意活动在全国范围内的开展奠定了基础。《年轻的创造力》将弗罗斯特与宾纳奉为创意写作教学的典范,该书出版后,各个学校纷纷设立弗罗斯特小组以代替文学班级,《学者》杂志也为学生作家设立了"威特·宾纳诗歌奖"[6]。默恩斯的著作及理念受到教师与家长的热情欢迎,《创意的力量》被弗罗斯特吹捧为"有史以来最好的关于教育事业的故事";他的资料也迅速在国内学校遍地开花,以至于受到来自国家英语教师委员会的官方认可,这距他的试验首次登报只有十几年的时间,而创意写作已经成为课程目录中最受欢迎的学科[7]。

有人质疑:如果进步主义教育理念没有形成洪流,那么创意写作是否同样能够吸引公众的注意力呢?20年代,进步主义理念就已经在校园范围内开始蔓延;到40年代中期,已经发展为美国主流的教育理念[8]。尽管美国进步教育协会成立于1919年(名誉主席是查尔斯·W.艾略特),但它赖以得名的改革运动在此前至少有半个世纪的历史。它的发端可以追溯至1894年约翰·杜威①被任命为芝加哥大学哲学、心理学与教育学系主任,因为从许多方面看来,进步主义教育可以定义为杜威实践个人理念的有组织的全国性运动。

但杜威之于进步主义教育的重要性并不仅限于个人理念。他在20年代就已经表示自己被相当多的进步主义教育家误解和扭

---

① 约翰·杜威(1859—1952),美国哲学家、教育家、心理学家,实用主义的集大成者,进步主义教育的提倡者。著有《哲学之改造》《民主与教育》等。

曲了。也许与杜威的见解相比，他在教育理念史上的地位要重要得多。1894年，美国教育理论界爆发了人本主义与发展主义之争。一方认为教育是对思维的训练，强调向人类文明的伟大作品发起智力挑战。这些人本主义者的代表是威廉·托利·哈里斯①，他曾于1868—1880年担任圣路易斯的地方教育官员，此后担任美国教育专员直到1906年；他认为知识是受意愿控制的理性行为，并使用了"自行活动"一词。尽管人本主义者部分地同意当时时兴的口号"从做中学"——这句口号最早的使用语境是哈里斯对于教育的历史性思考，但他们认为："做"只有在它能使个体自身通过人类遗产获利时，才会产生"学"。另一方则认为教育是儿童"兴趣"的演变，而"人类遗产"则通常意味着对儿童天性的束缚。发展主义心理学家的代表是G.霍尔②，他在1880—1889年间担任约翰斯·霍普金斯大学心理学教授，后来在克拉克大学担任校长直至1893年。他认为知识的增长可划分为多个自然阶段，这是放诸任意个体或人类全体皆准的，那么，就可以通过观察儿童的天性冲动而确定教学内容；课堂教学也应符合儿童的认知发展阶段[9]。

杜威在教育史中扮演了人本主义与发展主义矛盾调和者的角色。同样，他的教育理论在很大程度上都尝试将"自行活动"与"兴趣"联系起来，而实现这一目的，就要依靠"自我表达"。许多教育观点之所以错误，根本原因在于将知识看作独立于学生之外的材料集合，要么通过设计教学手法使之显得有趣，要么就强行灌输。

---

① 威廉·托利·哈里斯(1835—1909)，美国教育家、哲学家、词典编纂家。他对训练的强调一直饱受忽视和误读。

② G.霍尔(1844—1924)，美国哲学家、教育学家，主要研究儿童期发展与进化理论。

实话说,知识是表达、阐释自我的一种途径。只有通过对外表达及与他人产生区别,才能证明自我的存在(否则就是孤独症)。因此,自我表达对人类而言至关重要;除了精神病人,都不应该予以压制。如果学校认识不到这一点,杜威说,就无法充分发掘儿童的能力:

> 如果外部条件无法激发儿童参与的主动性,如果他发现无法在此过程中表达自我,那就会出人意料地学会对外部资料付出恰能满足老师要求的注意力,而将剩余的精力用于那些对他有吸引力的事物。[10]

杜威关于兴趣与自行活动的观点成为进步主义教育运动的宗旨。"兴趣"的内涵被定义为:教学内容应取决于儿童的个人经验,而不是前人传下来的知识。同时,新的教育理念借鉴了"自行活动"的形式:训导与背诵被后来的"工坊制"取代。现在这种对学习经验与活动的强调,有着与瑞士教育改革家裴斯塔洛齐的理念至少相当的历史。进步主义教育之所以重要,与其说是因为新的理念,不如说是由于学科在它的影响下产生了深刻、长久的变化。在英语学习中,"使学习材料从属于学生"的理念,不可避免地使文学重构:不再是对过去言论的记录,而变成了一种说话的途径;不再是充斥着历史学、语言学考试的学科,而成为一种新的自我表达形式。

这些理念如何被应用于实践,最好的例证就是林肯专科学校。为了响应弗莱克斯纳对学校"现代性"或"实用性"的号召,林肯专科学校于1917年成立。在一篇广为传诵的文章中,弗莱克斯纳表示,眼下需要的是这样一所学校:它的课程不是"由传统决定的",而是取决于"对现实需要的鲜活自由的考虑"。以人文学科为例,弗莱克斯纳说:"(在现代学校中)对以往历史学与文学的使用程度,不是取决于我们所说的历史价值、语言表现度或者经典,而是取决于与现实需要、兴趣或本领的相关度。"因此,建立在"现实相关度"基础上的课程决策就负责纠正对书本的过分强调。学生的"智力及审美水平应当在第一手经验的基础上得到提升"。教材的选派"只是为了将(学生)对于书本的真正兴趣尽可能地扩大、深化",而不是为了"让学生成为虚假的文学学者"。总之,在林肯这样的现代学校中,

我们希望将个体培养成真正热爱诗歌的人,而不仅仅是写诗或热衷于自己的历史地位的人——虽然这可能还不是释放创意天赋的最佳途径。[11]

林肯专科学校提供了机构性保证,默恩斯也将释放创意天赋当作自己的使命,更重要的是,他很清楚自己是杜威的追随者。他将《年轻的创造力》献给杜威,并在著作中仿效了杜威的见解——有时候是他自己的。据一位同事所言,默恩斯的教学系统——他本人称之为"创新教育"或简称"创新主义"——与进步主义教育是"齐头并进的,两者都源自约翰·杜威的哲学与心理学"[12]。但这还无法明确地解释为什么默恩斯的教学系统不属于"进步主义"的。评论家莱昂内尔·特里林曾讽刺进步主义教育"意味着以进步主义的虔诚态度进行思考,而不是保守主义的"。态度是否虔诚再明确不过了——那就是杜威和默恩斯共同的人道主义文化理

想。杜威认为这是不民主的、腐朽的。他认为,说一个人有教养,意味着"拥有一定的能够区别于他人的知识和能力,比如说更高的学历,即具备一定的优雅从容地进行公开演讲的能力,从而使他的知识展现出极好的效果"。在这个展示过程中,文化意味着"对文学与历史掌故的熟悉"。所以这既可以是"真正的文雅",也可以是"外在的虚饰"。默恩斯同意杜威的观点。他向一个按照过时的课程表教英语的人建议:"如果没有《论〈麦克白〉剧中的敲门声》(*The Knocking at the Gate in Macbeth*)、《〈朗弗尔爵士的幻觉〉调值分析》(*An Analysis of the Tone Values in The Vision of Sir Launfal*)这样的话题,学生的作文水平可能还高一点,那么你遇到的问题就是:'啊!那么文化呢?'"默恩斯很清楚文化的定义:

> 文化是与自然之间进行不可言说的交流;是干净的双手和洁白的衣领;是白种人基督徒祖先珍爱的财富;是隐忍之后的收获;是"必须"与"愿意"的恰当运用;是对黑格尔哲学的了解;是希腊语、拉丁语;是摆满五英尺高书架的书;是一年两千美元;是无尽的真相与智慧的气息;是礼服大衣和珍珠手套……没人见过它;也无法对它进行测量或化学分析;那些极力鼓吹的人并不拥有它;真正拥有它的人却绝口不道;想要获得它,只有通过某种教育的悉心培养——就是我这种![13]

如果进步主义教育被认为是不民主的、反文化的,那么当它将文学写作当作头号改革对象时,这一点表现得更明显了。正如林肯的校长曾说过,写作课的效果不够好。到了20世纪20年代(正如我在第三章中强调的),文学写作已经被改造成了基本能力课程,完全摒弃了创造性自我表达的想法。一种观点认为这是建立在任何学科都强调的理性观察基础上的民主改革,这种改革应当为全体学生提供他们所需要的教育。由此看来,创造性自我表达为了少数人的利益而忽略了大多数人,这就似乎有了些精英主义的意味。然而从杜威的进步主义立场出发,那些认为只有少数人有创造性自我表达能力的观点才是精英主义的。根据杜威的说法,这种观点反映了劳动与闲暇(这是希腊人对学校的说法)二重性的崩塌。许多类似的二重性已经让路于"人类的永久分化——一部分人能够理性地生活,并因此怀有自己的目的;另一部分人只有欲望和工作,他们的目标需要靠别人提供"。古时"艺术"与"手艺"的分化也是如此,这在当下看来是一种纵向的分化:"手艺"指的是那些被定义为"实用"的活动,因为它们的产品具有实用性;而"艺术"被提升到了一个独立的领域。在杜威看来,真正的分化是横向的:艺术仅指一切"通常能认识到自身意义"的工作形式[14]。艺术与手艺间唯一真正的区别,取决于个体对自身行为的认知。换句话说,任何以培养学生的实用性或者"熟练程度"为目标的教育,是由集体而非学生个人决定的,这是一种思维条件反射的形式,使多数人能够习惯按部就班的生活。

在《为学生的学校》(*The Child-Centered School*)中,拉格和舒梅克抨击了鼓励遵守、适应、配合社会准则的英语教育方式。他们指出,这种压倒性的体制

替代了写作,因为孩子们有话要说,要为未来而写作。他们重复固定的风格结构,日复一日地修改语法形式、标点符号、句式与段落结构,因为有朝一日,他们的书写能力会派上用场。

在基本能力课上，写作被简化成了要求学生遵守的一系列外在标准。正如弗雷德·牛顿·斯科特①说的，它变成了一种行为模式——一种纠正行为的模式。在这种理念之下，文学写作甚至成为压抑心灵的工具。斯科特是密歇根大学的教授，同时也是写作与新闻教学的先驱。他认为："存在一种冲突——一边是本能的、遗传的交流冲动；另一边则是语言研究、语法和修辞名义下的抽象的学术符号体系，这正被我们在学校中使用并当作不可或缺的文化媒介。"文化需求与交流之间的冲突并非如此尖锐，而是人们将两者之间的关系看成非此即彼。20年代写作教学的主要方法是为了文化而压制交流，或者像斯科特说的："在交际冲动这口热浪翻腾的大锅上，学校作为传统的掌控者，紧紧抓着语言惯例这个锅沿不放。"[15]

强烈的交际冲动提供了一种摆脱文化守旧态度的途径，这就是创意写作。默恩斯说，"儿童受到内在需要的驱使，希望表达自己的想法"，而并不特别在意诸如作品的准确性、美学价值之类的文化评价：

对他们而言，最佳的驱动力在于将（基本上）已经存在于内部感知、思考、情绪世界的内容呈现给外部世界；他们衡量成功或失败的标准是：最终成果与前期构思是否相似。[16]

若果真如此，那么写作教学就应当取决于内部的、表意的内容，而不是外部的文化标准。后来有支持者表示："在创意写作课上，基

---

① 弗雷德·牛顿·斯科特（1860—1931），美国作家、教育家、修辞学家。

本上随便写写都比不写要好。"[17]这里并没有明确的任务或要求。拉格和舒梅克表示,默恩斯根本不指望学生在第一年里写出什么像样的东西。写作教学必须摒除文化对创造性表达造成的障碍。这是基于默恩斯的"容忍理论"提出的。他将写作描述为

> 内部见解的外部表达,必须来源于对自我神秘世界的深入发掘。如此看来,这是不能教的。实际上,这种发掘都是不可能的。所以,就只能"容忍"了。[18]

或许阐释默恩斯创意写作计划独特之处的最佳方式就是将其与其他同名的方案区分开来。默恩斯公开个人观点之后不久,尤其在1925年《年轻的创造力》出版后,出现了几本标题类似的书。包括:俄亥俄大学的两位教授伯纳德·杰弗逊与哈里·佩卡姆合著的《散文创意写作》(*Creative Prose Writing*,1926),亨特学院教授阿黛尔·比尔德西的《虚构写作》(*Imaginative Writing*,1927),以及出版商威廉·埃尔斯沃斯在1929年发表的第一本直接名为《创意写作》(*Creative Writing*)的著作。然而这些书不过是用了这样的名字,却并未意识到创意写作预示着新的教学方向,只是"新瓶装老酒"。埃尔斯沃斯甚至不确定作家是否应当接受训练。他曾质疑:"难道惠特曼在哈佛待上四年就能写出《草叶集》(*Leaves of Grass*)吗?"[19]他认为回答显然是否定的,这说明他在根本上并不认同创意写作。他借用这个名字只因为它是20年代的热点话题,而并非赞成这一观点。

在杰弗逊、佩卡姆和比尔德西看来,不论创意写作还是虚构写作,只不过是为了解决文学写作中描写与叙述的问题[20]。但他们

并不满意时下的写作教学方式。杰弗逊和佩卡姆在前言中写道，尽管他们并不在乎"纯粹实用的写作形式"，却相信

早期的英语课程应当为学生提供合理的指导，使他们理解文学并产生兴趣，渴望从事创造性的工作，所以文学写作可能会取消纯粹正式的内容，也会逃避与纯文学不相称的培养责任。

总之，最终目标是培养鉴赏力。创意写作的学生要努力成为"有辨别力的批评家……并在严格要求下熟悉文学艺术"。比尔德西的视野相对开阔些（或目标没那么集中），她将现实与未来视作对文学鉴赏的补充。在她看来，目标有三："① 保持对生活敏锐的感知力与兴趣；② 能从书中获取作者想提供的内容；③ 具备在灵感产生时进行书写的能力。"她的课程组织相当大胆：免除了各自独立的作业，取而代之的是由学生们共同完成一部连续七章的自传体小说。如果这么写，她说："我们就不会感觉这种写作在本质上仅仅是一种课程练习——这从某种角度来看就是文学……"但它在一定意义上的确只是课程练习——七章完结后，这部小说就被抛到一边了[21]。

上述方案可看作使文学写作回归原初目标的尝试，但其内部隐含的问题从一开始就表现出一种矛盾，这使由语文学转向文学的每一次尝试都变得痛苦不堪。"创造力与鉴赏力应当成为英语学习的目标吗？"1894年《教育》杂志的一篇文章在标题中提出质疑。尽管"创造力的发展"提供了打破僵局的途径，但其意义并不明确。文中说，教育的目标并非培养"获得文学才能的野心"或者赋予学生"靠写作谋生"的技能，而完全是使他们学会"感知生活与

快乐。"[22]十年之后,还是这本杂志发表了曼荷莲女子学院的克拉拉·史蒂文斯教授的一篇文章,更为准确地阐述道:虽然文学首先是生活,其次才是艺术,但这并不是全部,

从培养学生发现、创造自己的作品以及运用基本艺术原理的角度出发,将文学作为艺术进行深入研究;因为这比其他做法都更具建构性。在高校中,大多数人(甚至全部)会按部就班地研究小说、戏剧结构,会为校园剧场写一部小说或改编一出戏剧,甚至写出原创的剧本。如果他们不肯花时间去写一些空洞的诗歌、戏剧或者小说,这并不要紧,重要的是他们得掌握运用一种艺术形式的能力。[23]

史蒂文斯在表述时选择了"建构性"一词而不是"创造性",这表明了一种本质上的不同。写作从属于鉴赏,并通过鉴赏得以实现。原因何在?为了替代抽象的文学结构原则的学习,学生被引导着在具体运用过程中对这些原则进行自主发现。重点在于课题,而非学生。"建构性工作"是一种达到目的的方法,而目的在于文学理解。

尽管从这一角度出发,创新主义表现出与建构主义的相关性,但两者毕竟不同。新课程的支持者指出,传统的"鉴赏"理念意味着以阐释和分析为目的的文学教学。"诗歌教学意味着探究其中的思想,确保学生能够理解每个词,从而使他们学会鉴赏。"约翰·胡珀说道,"他们可能只是喜欢诗歌的语调或意象,但普遍认为只有充分理解才能鉴赏诗歌,这种观点使原本可能存在的阅读快感

变得无趣。"同样,在美国进步教育协会资助下出版的第一本体现默恩斯理念的教师实用指导书中,劳伦斯·康拉德写到,创意写作应当

以自身为目的,追求自身的独特价值。教师不该抱着不可告人的意图,诱导学生热衷于语法、修辞或者文学。这些方面的英语学习是学术性的,而学术是一种精英教育。但是同为精英教育的创意学科并不受到英语教学其他方面的影响。而且,如果将写作当作致力于学术的一种手段,就无法达到创意学科的最佳效果。

除了"学科"一词,这本书可以说是默恩斯理念的集大成之作——因为默恩斯在表述中绝对不会使用这种他所抵触的人文主义的字眼。核心差异在此表现得非常明显。仅就名称来看,创意写作也不会仅仅作为一种促进文学理解的方式。它必然以自身的发展为目的[24]。

这种情况下的写作就排除了英语课堂练习的目的,将进步主义教学方法引入写作教学,旨在配合默恩斯提出的"努力消除学校教育中的大量无用信息"(比如说转喻与提喻之间的区别)的主张。新式教学强调"儿童的成长,而非一系列事实的提供"。那么,为写作而写作就意味着为个体发展而写作。于是,英语学习就完全变成了辅助性的。默恩斯对培养作家并不感兴趣,甚至不太在意年轻一代的文学教育。他解释道:"在课堂上或课外小组中,我的首要兴趣点从不在学习内容上,而是在野生的环境以及潜意识中不断涌现的不连贯想象片段。"换句话说,相对于经过表达的知识而言,他更关注表达的过程。尽管他教了一辈子英语,却很不愿意被

界定为教师。"我是个作家,"他抗议道,"不是写作课教师。"最早唤起他归属感的就是创意机制。至少在一开始,创意写作并不是他课堂教学中的主要内容。"诗歌写作一直没有出现在课堂练习中,而是作为在教学计划中没有明确位置的副产品。"他说道,"我们总是感觉自己为写诗而写诗,理所应当地在上面花费时间。"尽管"为写诗而写诗"在这里的意思与纽曼主教所表示的不同,但默恩斯的观点仍然充满了自由的意味。然而作为英语学习本身,它并不像批评者指出的那么功利。在默恩斯看来,传统的英语学习方式,不论是语文学的("讲求辨析'应要'与'将要'的用法")还是人本主义的("大量的事实与无尽的智慧"),其实是一回事。它将文化定位于个人的成长[25]。

　　潜在的不满产生了深远的影响。不论出发点是语文学观点还是人本主义观点,都无法使英语学习对现实生活产生真正的作用,只不过是"陷入故纸堆的书呆子气的教与学"。准确地讲,默恩斯表示,英语"不应该是一门独立的学习科目,在每天固定的几个小时里做一些具体的练习,而应该来源于学生日常活动、满足日常表达的实际需要"。但默恩斯并没有考虑英语学习的具体功能。更准确地说,在他的方案中,写作只是教育的直接原因,而根本目的在于个人的成长。默恩斯坚信,在自己对写作教学的表述中,讨论"作为一种成长手段始终体现为自我表达,而不是诗歌之类的东西……培养职业诗人是另一回事——如果作家对此毫无兴趣的话"。个人发展已经成为杜威式理念的教育模式。杜威认为,这种发展是"内在的",不应参照成年人的标准。成长意味着"成熟的动力",它对于儿童来说是主动而非被动的。默恩斯采纳了这些观点,并将其运用于创意写作教学,目的是"触及(学生)生命的神秘源泉;发现并激发他们已经具备却无法控制的力量(或许是因为羞怯,也可能是被忽视)。总而言之,发展他们的个性"[26]。

　　从这一点出发,文学教育的意义在于它可能是使人们触及自身生命神秘源泉的最佳手段。如果想要实现这一功能,就必须从内部着手。从创造性视角而非学术视角来看,其获取途径不是学习,而是第一手的体验。"创造性的生命是从内部激发的,"默恩斯说,"学术生命却是由外部条件构成的。"那么,文学课的学生就必须是"文人,一个文学的制造者"。这样说的理论前提是,"拥有诗意文化"的唯一途径(正如斯坦利·布雷斯韦特在给默恩斯的信中写到)是创作诗歌;接近诗歌的唯一方式就是诗歌本身。创造性学习所强调的,"不是把艺术原则当作经验之外的教学内容,而是通过持续体验敏锐地感知它们"。尽管一直强调"从做中学",但在杜威的影响下,这一信条被重新阐释为:文学课和写作课的学生最好通过"自发活动、自我认可,如果可能的话,甚至是自我创新"的方法来学习。简言之,学生学习写作既不直接通过教师,也不通过精确研究、大量阅读的人本主义方法,而是通过持续不断的体验,使自己成为文人、成为文学的制造者[27]。

　　教师的角色又是怎样?默恩斯的"容忍理论"似乎暗示写作课的学生并不怎么需要教师。这一理论很快成为创意写作的软肋。比尔德西总结了20年来的教学经验并得出结论:"创作艺术无法传授,只能习得。"埃尔斯沃斯相对乐观一点,他说:"虽然写作无法传授,但可以使一个准作家得到帮助与启发。"经过创意写作体系的此番调整,该理念在半个世纪后被爱荷华作家工坊沿用,它在向潜在的学生宣传时保证:"虽然我们一定程度上承认'写作无法传授'这一普遍观点,但'才能可以被发掘'的理念是我们存在和前进的动力……"这是一个折中的理念,与晚期古典主义和基本教育论的"作家天赋说"保持着远近适中的距离[28]。

只有一个问题困扰着进步主义教育家们。玛莎·波特是默恩斯在林肯专科学校的同事,负责三年级的教学,她认为教师的鼓励能对提升儿童创造力产生"最大的影响",其作用远远超过家庭或学校提供的书本。她始终留意创造性表达的机会,一旦有事物引起她的注意,她就立即布置学生写下来。批评家指出,在这种情况下,实际上是由教师提供写作主题,而学生只不过是进行某一特定领域或题材的集中练习。珀西瓦尔·查伯的一部著作曾是进步主义教育兴起前英语教学的标准指南。他注意到了林肯专科学校"集约型温室文化"所生产的"新式、时髦作品"表现出的"装腔作势"。为避免不当干扰的出现,或以遗忘的方式自欺欺人地"解决"问题,许多创意写作教师简单地不给学生提供任何建议,即使连杜威也在呼吁"精神生活中不存在自发现象"[29]。

默恩斯在教学上也产生了自我分化。一方面,他认为

虽然有点老生常谈,但儿童的艺术家潜质的最新发现与原态艺术之美的普遍认识相一致。儿童具备绝对的纯真,不怎么需要指导。[30]

另一方面,他又表示自己与其他开设创意写作课的教师并不打算"兴高采烈地放弃教学"。在写作学习中,有些指导是必须的;指望自然发展,即每个学生都具备的内在力量,虽然必要,但却不够。"如果新式教育的全部内容就是提供理想的自由的成长环境,"他

承认,"那么我就失业了。因为我相信自己的专业技能是辅助成长所必需的。"这两方面是如何结合在一起的呢?如果默恩斯真的认为写作课学生不怎么需要指导,那么对教学必要性的声明就只不过是诡辩。正如约翰·巴思多年后所说,如果写作真的不可以传授,那么我们就骗人说可以[31]。

让我们分别来看。默恩斯明确表示的对教育的轻视建立在对原态艺术的狂热的基础之上。原态的观念来源于孟德斯鸠和卢梭,是为庆祝天性"自由"摆脱了文化"束缚"。与默恩斯同时代的文学学者洛伊斯·惠特尼将当时流行的原始主义的历史追溯至18世纪的批评家,如休·布莱尔、约瑟夫·艾迪生、托马斯·沃顿、亚当·弗格森、托马斯·珀西和理查德·赫德。原态诗歌被认为是更直接、更富激情的,其摆脱束缚的自由独具特色,被布莱尔称为"炽热的风格"。它更加感人、更加真诚、更富隐喻性,最大特点是朴素以及沃顿所说的"奇思妙想"。原始主义者毫无例外地同意赫德的观点,认为原态诗歌是"纯粹的学习时代"的产物,"迄今为止,这个时代的写作始终没有成为一门艺术,但每个作家(尤其是那些才华横溢的)都乐于写下自己最初的思考"[32]。

因此,原始主义与教育发展主义是一致的,后者认为成长中的儿童代表了人类历史文化的新纪元。葛楚德·巴克论证了这两种理念的结合过程,例如,她认为隐喻并非高度发达、高度风格化的语言运用——既非"外部修饰",也非"人为曲解",而是语言发展过程的早期阶段,"是言语向彻底的写实主义发展的必经阶段"。与文明开化的成年人相比,原始状态的儿童的最大特点是:

> 那些野人部落虽然没有'大概'、'严格'这样含有抽象意义的

词汇,但是会有'像月亮一样''如石头一般'之类的描述,他们仍处于发展进程之中,就像儿童不再说一元硬币大、一角硬币小,一个是'妈妈'、一个是'宝宝'。只有通过隐喻转化,抽象的概念才会变成现实存在。[33]

这样看来,我们距离结论只有一步之遥了:修辞学是一门高级课程,而诗学(现在已经退化成了"隐喻修辞")却成了启蒙课程。默恩斯一面声称年轻作家不怎么需要指导,一面又在捍卫创意写作的发展空间。创意写作教学之所以属于中低年级的课程,是因为对诗意的追求远胜于对书写、语法、修辞及文学研究的需要。

在对创意写作的态度由捍卫转向批评之后,默恩斯的态度随即发生改变。他抱怨说自己总是收到

来自全国的数不清的蹩脚作品。随信而至的潜台词是:"看看学生在没有指导的情况下都写出些什么!"我对学生充满同情,显然需要有人为他们指明方向。

尽管一个人要成为作家就必须经历残酷的接受与认同的阶段,但整个过程不会就此停止。换句话说,如果过程停止了,那这个人就永远成不了作家。这只是最初的两个阶段,后面还有三个:文本批评、间接的原理指导以及"最终成就天才之作的艺术奇迹"。艺术天分的彻底展现只有在完成文本批评与原理学习之后才会达成[34]。

这证明了教师的角色与职能。教师指明方向,即帮助学生"对他们的直接经验进行深入发掘"。换句话说,教师提倡广泛的阅

第五章　创意活动的迅速接受

读。这里要读的既不是古希腊罗马名著,也不是默恩斯所不屑的"百提不厌的已故巨匠"。既然学生试图摆脱写作的困境,那么他们很容易在当代作家,如约翰·梅斯菲尔德、卡尔·桑德伯格、威廉·本内特、阿尔弗雷德·诺伊斯、艾德娜·米莱、艾米·洛威尔、詹姆斯·奥本海姆、维切尔·林赛、阿德莱德·克拉普西和弗罗斯特,以及包括T.S.艾略特①在内的"那些榜上有名的诗人"那里找到答案,不过默恩斯的学生们还是"对艾略特没什么兴趣"。是创意写作背景下的实用原则取代了教条,转变了传统的规范原则。学生只读那些对自己创作有帮助的作家作品,先开始写,然后再读。默恩斯说:"对文学的兴趣随着文学创作的开展而产生,并非相反。"他虽然时常推荐自己钟爱的伊丽莎白时代和拉斐尔前派的诗人,但他本人将这种推荐当作变相的文学批评。他只会将这些诗人推荐给那些由于缺乏技巧而止步不前的学生,而且只会在他们已经有写作计划以后才这么做[35]。

默恩斯认为,文学学习的"主要成果"一般在于

> 摒弃连贯的表达。因为倘若我的回答仅仅建立在个人经验的基础之上,那么我就会毫无顾忌地自由表达;但如果需要将其他人的经验同样纳入考虑范围,或表达对象是一个对我所使用的言语并不熟悉的外国人,那我从一开始就会失去独立判断的能力。

"独立判断"这个说法有点让人伤脑筋。默恩斯在这里是想表示

---

① T.S.艾略特(1888—1965),英国现代派诗人和文艺评论家。代表作有长诗《荒原》。

"原创性"。他认为，真正的诗歌语言"与世界上的其他语言不同"；"只要不循规蹈矩"，"就连诗歌形式"也是别具感染力的。真正的诗歌能够体现"个人鲜活独特的气质"。但作为文学评论家的布鲁尼尔在几年前的评论中指出，马修·阿诺德认为对"独立性"与"原创性"的渴求背后隐含着其他的内容：

> 从个人角度进行思考意味着忽略其他人的想法，过多考虑其他人的想法通常会造就思维主义者而非思想者——这是一个重要的区别。最终结果是（阿诺德的）文化惯例（他将此定义为对他人想法的了解）变成了极大的阻碍。

这似乎表明默恩斯早已认同对文学文化的忽略；同时，用他本人的话来说，教学目的也在于造就文学创新主义者而非文学创作者[36]。

事实恰恰相反，默恩斯打算根据创造性原则重新调整写作教学与文学教学。他将自己的文学学习方案称为"创造性阅读，赋予一门古老艺术以全新的名称"。这个名称实际上并不新，但他大概不知道它早已在爱默生手中创生了。默恩斯对该词的使用可以追溯到斯宾加恩，后者 1917 年出版的《创造性批评》（*Creative Criticism*）一书中同样收录了一篇作于七年前的文章——这是第一篇关于新批评文学思潮运动的文章。作为意大利表现主义哲学家克罗齐的信徒，斯宾加恩为这门古老的艺术定义了新的名称，断言批评与创意归根到底是一回事：

> 也就是说，为实现理解与评价，审美必须从艺术作品内部对其进行重述。与此同时，审美评价本身也恰好成为创造性艺术。达

成天赋与审美的一致性是艺术学科现代思考的最终目标,这意味着在某个重要时刻,创造与批评具有本质上的同一性。

尽管默恩斯也认为批评家和作者是同一个人,但他没有找到基于这种一致性的文学知识表述。或者对他而言,文学批评与文学知识都是相应变化着的:它们的价值有赖于(并从属于)作家对它们的需求,而且这种需求因人而异[37]。

因此,创意写作教师只提供建议却从不提出要求,甚至在建议阅读、复习时,教师的口吻都不是命令式的,而更像一个经验丰富的同伴。默恩斯说:"我们作为写作者与学生共同讨论创作过程中遇到的词义与效果问题。"大家普遍认为这重申了教育中反形式主义的基本原则,这种写作教学理念在温德尔时期就有所体现,它同样采纳了当时弗罗斯特的教学方法。进步主义教育主张基于教师的实践经验的教学方式,从而更新了教育观念。如默恩斯所说:"如果一个人是生物学教师,他同时必须是生物学家。"教师必须在该学科具有代表性——这一原则后来被罗曼·雅各布森嘲笑为"请大象来教动物学"。不过,其他人并不认为由全职从事这一行当的人教授写作是一件荒唐事,因为写作是具体活动而非抽象的知识集合。"教师本人应当是作家,"劳伦斯·康拉德说道,"他不需要功成名就或有著作出版。但对写作问题的理解和认同所发挥的作用,将远远超过他本人坚持不懈的写作。"总之,一个创意写作教师应当像威特·宾纳在伯克利分校尝试的那样,成为学生的朋友和同事[38]。

后来知名的"工坊制"正是由进步主义教育理念发展而来的。

约翰·胡珀表示,在新课程中,教师设法鼓励"集体诗歌创作"。玛莎·波特也在展示如何进行集体创作。在波特三年级的课上,一个叫卡萝尔的女孩大声朗读自己的诗作:

> 我喜欢看花车
> 沿街道跳跃而来。
> 它的颜色如此美丽,
> 红,白,蓝,黄。
> 点亮了城市的街道。

波特的建议是:"诗中的意象可能与她曾亲眼目睹的场景有出入。"卡萝尔还没来得及回答,班上另一个学生就指出这是说的第二行。卡萝尔当即改成:"沿街道缓缓而来。"默恩斯的课堂教学也遵循相似的原则。学生将自己打印好的作品"带到课堂,相互评论,由作者修改后再讨论,反复多次"。劳伦斯·康拉德说,创意写作课的"核心内容"是讨论学生的作品。这样做的目的在于培养批评的勇气——"提高每个学生客观评价自己的作品、甚至自我批评的能力",同时锻炼所有学生"将课堂评价当作自己作品所引发的'公众舆论'",而且"要将批评者戳到的每一个痛处铭记于心"。沃尔特·佩吉①曾经所谓的"辅助性批评"成了创意写作课上的集体批评法[39]。

工坊制或者集体诗歌创作,都是将美工教育原则运用于英语

---

① 沃尔特·佩吉(1855—1918),美国记者、出版商、外交官。一战期间曾担任美国驻英大使。

教学的尝试。美工教育运动出现于19世纪70年代,发起人是华盛顿大学的卡尔文·伍德沃德,经过杜威的重新阐释,对进步主义教育产生了极大影响。美工教育的首条原则就是在工作中培养工匠。杜威从这一点推论出,艺术的"习惯、方法及生产标准"构成了它的传统。尽管如人本主义者所言,想要成为艺术家,从传统出发是必要的,但仅仅依靠传统是不够的。传统是"个人成长的重要因素",年轻艺术家总是急切地盼望能够"进入这一行当……"。"微型社区,初期社会"——这也就是工作坊之所以成为杜威教学改革首选模式的原因。在工作坊中,大家忙着同一件事,"共同的需要和目标要求不断进行思想交流,增强彼此的认同感"。人本主义原则指导下的学校所遇到的问题正是"共同之处与创造活力的缺失"。人本主义学校在信息收集过程中采取竞争的方式挑选团队的领头人。"在生产活动开展的地方,一切都会发生改变。"杜威说,"自由沟通的理念,思路、建议、成果的交流,此前经历的成功与失败,已然成为发展的主流……"集体创作与集体批评被确定为工坊教学法[40]。

作为生产活动的手段,知识论撼动了自身的地位。忙碌代替闲适成为教育的先决条件。默恩斯指出,学校"发现了忙碌带来的福音及其作为教育推动力的巨大价值"。为阐明忙碌的工作如何激发学生的动力,他解释道,当学生在现代学校的工作坊中接受了一项任务,他表现出的就不仅仅是忙碌;这项任务同样是"逃避激烈教育竞争的借口"。原因在于老师们布置的"正是他感兴趣的事情,因此他就会希望得到更多的知识"。然而在知识缺失的地方,即那些将美工工坊制运用于人文学科教学的地方,生产活动会被创意活动取代。创造力被认为是填补空白的途径,暂时替代学术研究以及在今后可能得到发展的技能。例如玛莎·波特给三年级学生布置的课堂任务：让学生研究荷兰，并为今后对此有兴趣的学生编一本书。临近结束时，波特对学生说："你们既然没找到多少荷兰小朋友可能读过的故事，那么为什么不自己编一些你认为他们会读的故事出来呢？"在进步主义课堂上，经验主义教学法完全被集体工坊制或进步主义教育家习惯上所说的"设计教学法"排挤出去，同时，探究性学习也让位给了创造力[41]。

创造力与生产力不完全相同，其中包含了从产品到过程的转移。用文学术语表达就是：诗歌创作的影响力超过了诗歌本身。"坦白讲，我们并不关心作品本身，"默恩斯说，"我们向往的是由真诚的自我表达所带来的人格的形成。"《年轻的创造力》中有一件趣闻轶事，相当程度上体现了默恩斯的诗歌理论。一位母亲向默恩斯谈到自己为诗歌讨论课而苦恼的女儿。"尽管她一直在写诗，"那个母亲说道，

但我知道不要跟她谈这件事，可是她清楚我把这些诗都保留了下来。每写完一首，她就会放到我的梳妆台上。然后她就不再管这件事，又开始写新的一首了。

这也是默恩斯的观念：诗歌创作是一个持续的活动。作为创作或言论，作为已经完成的事物，诗歌已经与他无关了。这同样表现在他对创意写作的思考上。即使"创意写作"一词意味着发展、不完美、未完成，也比一些完结的、可能存在瑕疵的东西要好。他说："失败是可以避免的，所以只要学生坚持创作，我们就会坚持

教学。"[42]

　　理想的创造模式的建立前提是：创造性表达不需要特定的方式或准备。"鉴于诗人讲一种特殊的语言是因为悲观地认为只有这样才能继续诗歌创作，"约翰·胡珀在《新课程诗歌教学》(Poetry in the New Curriculum)中写道，"所以要消除词汇的分野，明白没有哪个词是特意为诗歌而存在的。"从理论层面讲，这仍旧是对诗歌措辞论的再次驳斥。但从教学实践的层面讲，意义就不止于此了。这几近于诗歌的社会、政治启蒙。诗歌与其他言语形式间不再有"分野"；诗歌也只被当作个人表达的契机。不难看出它是如何促成对诗歌技巧的抛弃——格律、韵脚、诗节模式、传统形式与种类以及一切认为诗歌语言与众不同的观点。最早的诗歌课程——我们称之为"儿童诗歌"——允许学生写任何形式的自由诗，但准确地说，它在套用坎宁汉所谓的"句法分析模式"后也有了"每日一题"的性质（即观察生活）：结构整饬的韵文被分割成句，加上标点，同时介词置后。因为诗歌与其他言语形式之间并无严格的区别，而这种区别本应是诗歌的题中之义。约翰·胡珀认为，韵文与诗歌之间的差别在于"本质和态度"。诗歌并不是一种特殊的表达形式，它没什么特别之处。"你是否曾与自己对话？"默恩斯问他的学生。当学生回答"每个人都会这么做"时，他会说："诗歌就是与自己的对话。"既然进步主义者将重心由课程转向学生，那么对诗歌专业性的消解就成了必然结果。虽然这样做的目的在于使诗歌能够满足日常表达的实际需要——避免让初学者畏缩不前——但结果之一是将注意力由诗歌形式转向了诗歌体验。创造力原则为这次转向提供了理论基础[43]。

　　讨论创造力，在20世纪初是老生常谈。"创意活动"或"创造性表达"之所以好（这是一定的），不是因为它的创作或言论，而是因为它对个人产生的影响。这种信念并不局限于进步主义学校的英语系。戴安娜·特里林①在自传中回忆道：20年代，许多人对"创意冲动"充满敬意[44]。

现在看来，"创造性"一词最初进入英语是在17世纪70年代。到18世纪30年代，它常常出现在文学批评中，通常与"力量""想象力"或"天赋"共同使用[45]。到20世纪，由该词生发出了文学批评，同时有了新的用法，比如：海伦·莫洛特的《工业中的创意冲动》(*Creative Impulse in Industry*, 1918)和马克斯·普罗曼的《战争与创意冲动》(*War and the Creative Impulse*, 1919)。许多近代作家都曾嘲笑过诸如创意销售、创意电路设计、花园改造创意等滥用该词的现象，但这样做时，他们只不过暂时表现出对该词以往精英含义的浓浓追忆。随着1920年前后创意理念被赋予了民主的含义，该词得到了广泛的传播。

在反驳基本教育论关于艺术天分来自"先天"或"遗传"的观点时，创造力学说承担了重要责任（见第二章）。这种观点一方面是非民主的，另一方面是非现代的。在《创意精神》(*The Creative Spirit*, 1925)中，罗洛·布朗反对现代心理学确立的"（人们的）创造力存在差异"的观点[46]。在强调创造力作为心理健康的标志方面，连最新的心理学都只是在证实别人在20世纪20年代就已经提出的假想：每个人都富有创造力[47]。对许多像布朗这样的人来说，"有创意的头脑"与民主教育改革密切相关，因为它不同于"保守""中庸""压抑""条理""过剩""尊贵"或"无趣"[48]。从文化思想

---

① 戴安娜·特里林(1905—1996)，美国文学批评家、作家。

的角度,它区别于布朗所谓的"博物馆式的思维习惯",即热衷于将各种艺术作品混作一团,被动地鉴赏它们。这种思维习惯"影响到了高等教育机构",布朗说:"以至于它们中的大多数不会尝试开设解放创意精神、以参与的方式激发艺术活力的课程,而是开设'博物馆鉴赏课'"[49]。

"创新主义"理论体系采纳了19世纪的文化民族主义,并以政治性的进步主义术语对其进行了重述。爱默生认为美国文化不能只是温驯地从外界接受,而应当另辟蹊径——这成为创新主义的开端。之后,他又将创造力重新阐释为民主性参与。20年代的创新主义正处于充满了政治与教育意味的文化复兴背景之下:首先,创新能力必须是民主化的;其次,教育必须获得自由。然而有两个问题尚未解决:难道任何对象(包括一种新的文化)的创造仅仅为了实现创意天赋的解放吗?即便如此——即便创意天赋如创新主义者所说,是民主化分配的——难道文化不是建立在非民主的创新成就有大有小这一事实基础上的吗?难道批评(这里说的既不是辅助性批评,也不是集体批评,而是毫不留情的价值批评)也不重要吗?民主性参与大概是文化复兴的第一个阶段,但对精英分子成果的鉴赏似乎是不可避免的。通过将注意力由审美客体转向审美经验,创新主义试图回避这一问题[50]。虽然参与和鉴赏之间的区别是不可避免的,但创新主义者通过强调艺术的益处,妥善处理了这个问题。广泛的参与将会带来广泛的鉴赏,尽管选择前者的人远远多于选择后者的人。"当诗人的数量无法通过教育来增加的话,"默恩斯以诗人詹姆斯·奥本海姆为例,说明自己在林肯专科学校所做的努力,"我们只能寄希望于惠特曼所预言的'无尽的读者',一个有着活的艺术的美国。"[51]

虽然在20世纪20年代早期的大多数高校里,文学艺术还没有完成从鉴赏对象到参与对象的转变,但这在一些专科学校里却得到了实现——而且快得惊人。到20年代末,创意写作甚至开始被吸纳进高校。1925年,《年轻的创造力》的出版成为一道分水岭。此前的文学写作教学被局限为追求实用性、指导性的短篇小说、戏剧课或格律课(布兰德·马修斯的"格律修辞"),培养目标就是提高学生的鉴赏能力。在默恩斯之后,教学内容变成了创意写作。这是一门以自我表达为手段,致力于个性发展的课程。它以自身发展为目的,而不再是为了掌握英语言文学中的各种观点。但它是有缺憾的,虽然所有学生都被邀请亲手创作诗歌,但培养职业诗人的任务——也是默恩斯从来不感兴趣的事情——被忽视了。虽然其他人对此很感兴趣,但他们并不相信仅仅解放年轻诗人的天赋就足够了。他们仍旧坚信文学批评的必要性。因此,为了培养职业诗人,他们在文学批评与创意写作之间建立了联系。尽管这种联系只存在了很短的时间,但它却带来了新的文学学术机构——研究生作家工坊的建立。我们接着往下看。

第六章　批评的时代

1925年，即《年轻的创造力》出版当年，文学性写作教学（或创作型文学教学）分化为短篇小说实践课程与休斯·默恩斯的英语试验课，后者率先打出了"创意写作"的旗号。一种是为热衷于商业化文学的人服务，另一种则彻底放弃了对作家的文学训练。这一年，小说家威廉·麦克菲①在现代语言协会做了一次演说，斥责了那些训练学生进行文学创作的行为，哀叹"当今时代所迷恋的小说写作训练'课程'"通常都是由那些函授学校所开设的，而这类学校从事的是"以作品市场为导向的创作原则、成功范例教学"。文学是一门艺术，麦克菲恨恨地说。他既不接受以理性的商业方式组织文学，也不认为通过文学民主化就可以使更多的美国人具备文学创作的能力：

> 文学不是多数人控制下的民主，而是崇尚理解力、原创力的精英艺术……（它）不是仅具备广告阅读水平的热血青年通过学习便能掌握的行当，而是强调在传统和体验两个方面都具有特殊才能的神圣的奥秘。

---

① 威廉·麦克菲（1881—1966），英国小说家，擅长海洋题材短篇小说。

这其实是以现代的方式重述了文艺复兴时期意大利人文主义者卡斯特尔韦特罗的灵感说：始终将试图探究诗人创作方法的门外汉拒之门外。麦克菲论证了鼓吹"写作无法传授"这一特权观念与19世纪末、20世纪初以伍德贝利和庞德等作家为代表的向往自由的反职业化相联结。这种合并鲜明地体现了美国文学思想的高雅传统。然而有趣的是，20年代中期，麦克菲在此呼吁的高雅的唯美主义表现出了越来越强的防御性，似乎处于腹背受敌的状况。文学创作无法传授的传统观念（即认为不应该教授任何人进行文学创作）即将被颠覆[1]。

在《学校与社会》(School and Society)中，美国华盛顿大学英语学一位教授毅然提出了挑战。保罗·考夫曼说："在古往今来的课堂上，大学教师不动声色地无视这一观念而学生则暗自庆幸的状况随处可见。"考夫曼强烈建议高校提供创意写作的环境——他中立地使用"创意写作"这个词，只是指代一门学习课程和一种特定的写作类型，就像"历史"一词也可以这么用。他说，哈佛的写作计划，特别是布里格斯的班上已经培养出了许多优秀作家。那么，是什么原因造成了"美国高校对创意写作采取极端敌视的态度"呢？考夫曼指出两点原因：一是资深创意写作教师的缺乏，二是文学信仰的缺失，而后者在英语教学方式中凸显出来。一方面是写作，其唯一目的是"训练明晰、准确的英语表达的基本功"，然而，"经过这种标准化打磨之后，（学生）还能剩下多少极富激情的创作欲望呢？"另一方面是学术的存在，"由于反复、普遍地过度强调对已有文学的研究、鉴赏，"考夫曼说，"我们已经剥夺了年轻一代人创作属于他们自己的文学的宝贵机会。"他总结出了问题的解决方法：聘请"功成名就"的职业作家教授写作。其他的专业学校"都聘请该行业或门类的杰出人才来传授经验,唯独文学创作在高等教育体制中不是如此"[2]。

正如考夫曼所提出的,在1930年之前,全美高校中没有一个正式设立的创意写作计划。《英语专刊》的一篇评论指出,41所高校已经将"某种形式的创意写作纳入了课程计划"。但此时的高校创意写作仍没有明确的目的:一半是写作,一半是创造性自我表达。其形式是由温德尔提出的,而内容却是默恩斯的。例如,在宾夕法尼亚大学,能称得上是"创意写作"的那门课程并不叫这个名字。它由阶段性致力于"创造性试验"的高级写作课构成。宾夕法尼亚大学的写作教师,按照他们其中一人的说法,"根本兴趣点在于学生在艺术方面的心智发展过程,而非艺术本身"。即使在以创意写作传统著称的爱荷华大学,也有一位小说写作方面的教授坚持认为"创意写作的任务不是培养、训练职业作家……真正目的在于提高学生创造性体验的能力"[3]。

虽然这些先例非常重要,但它们并不是高校创意写作的开端。尽管到处开设课程使创意写作显得有些随意,但作为一门高校课程,它的创立不同于那些为数众多、花样百出却前途未卜的盲目试验。它是在特定地点、有明确目的的情况下出台的,其创建者是诺曼·福斯特。作为一名批评家和批评史学家,福斯特于1930年接管了成立不久的爱荷华大学文学院——使这里成为创意写作最初的阵地,而不是爱荷华作家工坊;最初,创意写作在高校中只是围绕文学批评的研究、实践而展开的一门不起眼的研究生扩展课程。它只是方案的一部分,更长远的计划在于为了达到改革目的而实现对文学研究的掌控。

福斯特出生于美国匹兹堡,父亲是一名活跃于当地音乐生活的二流的作曲家。他在高中时代师从著名小说家薇拉·凯瑟①。多年之后,他回忆道:"她发现了我的天分并建议我从早期的文章中挑一篇投给高中期刊。从此,我走上了这条道路。"[4](他后来将自己的《走向标准[Toward Standards]》一书献给了她。)在职业道路上,他最先去了哈佛,并在那里受到了欧文·白璧德的影响。1910年毕业后,他受聘为威斯康辛大学的英语文学讲师,并在两年后获得了该校的硕士学位。尽管非常热爱文学研究,但他表示,在那样的情况下,必须"在博士学位和一无所有之间做出选择"[5]。福斯特选择了一无所有:他想成为作家,而不是学者。1914年,他被提名为北卡罗来纳大学副教授;1919年又晋升为正教授。他的史学著作《美国批评》(American Criticism)于1928年问世;此后又相继出版了抨击文学学术的《美国学者》(The American Scholar, 1929)以及随笔集《走向标准》(1930),这使他声名鹊起。由于对传统文学学术的轻蔑,福斯特被认为是北卡罗来纳的"赤色分子"(他是保守党的支持者)。1930年,爱荷华大学没费多大力气就挖走了他。尽管当地的反对者断言他的到来是"狼入羊圈",认为他"无非是替欧文·白璧德跑腿的,野心勃勃地要大干一番",但福斯特却认为在爱荷华的几年是自己事业的顶峰[6]。他分别于1937年、1938年出版了《美国州立大学》(The American State University)与《文科学院的未来》(The Future of the Liberal College),又在1941年编写了《文学学术:目标与方法》(Literary Scholarship: Its Aims and Methods),

---

① 薇拉·凯瑟(1873—1947),美国女作家,曾任中学教员、记者和杂志编辑。她的作品被誉为美国文学中的"珍珠"。代表作有《雕刻家的葬礼》《亚历山大的桥》《百灵鸟之歌》等。

其中包含了他本人关于"文学学习"的观点以及他在爱荷华的同事约翰·麦克加利亚德关于语言学习、勒内·韦勒克关于文学史、奥斯汀·沃伦关于文学批评、威尔伯·施拉姆关于创意写作的论文——这本合集展示了文学院发展的全貌。1944年辞职之后,他还会偶尔回到北卡罗来纳大学,直到去了杜克大学并最终在那里退休。

福斯特在爱荷华所取得的成就是公认的——在1941年的一本评论集中,他被认为是"美国高等教育体系创意与批评活动关键试验"的开启者,然而,他更知名的身份是新人文主义者[7]。作为白璧德和保罗·摩尔①的学生,他编撰了这场运动的集体宣言——《人文主义与美国》(Humanism and American, 1930)。此外,关于新人文主义的争议性言论也为他招致了诸如艾伦·泰特、伊沃·温特斯、T.S.艾略特等人的唾骂,他们极力要推翻他作为创意写作奠基者所做的一切努力。新人文主义历史学家形容他是"白璧德理念最忠实的拥趸,也是白璧德和摩尔在30年代去世后最主要的人文主义者"[8]。他作为最忠实的拥趸的成果,就是爱荷华作家工坊。爱荷华作家工坊历史的研究专家史蒂芬·威尔伯斯曾提出:如果没有福斯特的"贡献和影响",工坊是否还能成立?经过简单思索,他便得出了结论:"它最终还是会成立,但可能要迟些时候。"[9]除却一些相当明显的问题不看,他是如何得出这种结论的呢?历史是关于既成事实的知识,而不是关于其他可能性的空想。他的结论忽视了创意写作在福斯特最初的文学教育计划中的地

---

① 保罗·摩尔(1864—1937),美国记者、批评家、散文家。早在1900年之前便与欧文·白璧德共同致力于后来所谓的"新人文主义"事业。

位。然而这就使我们无法明确爱荷华创意写作背后的最初理念（且不论这种理念如何变成现实）。但创意写作并非目标不明确，相反，却带有某种历史必然性的意味，像一个游荡的幽灵在寻找某个高校管理者，并通过这个人实现自己的愿望。它之所以存在于爱荷华（后来又扩展到了美国其他高校），只因为它是福斯特理念的重要内容。它是宏大的重建研究生英语教学计划中的一部分，并从属于这一计划。

这一计划被列入他宣言式的《美国学者》一书，并于次年福斯特成为爱荷华大学文学院主管之后付诸实施。他对自己的目标非常明确："我们必须着手重建学术与批评之间的传统联系，它们的分离对两者同时造成损害，也给教育带来浩劫。"重建的时机已经成熟。他断言："语文学与精确的历史研究的时代已经接近尾声。"文学批评的时代即将到来，而创意写作（如他一位助手所说）将成为文学批评的天然盟友。福斯特希望爱荷华大学文学院成为文学批评的阵地——这是他早已表明的意图，至少事先告诉过他的朋友们。正如1930年4月，奥斯汀·沃伦在一篇文章中祝贺他得到了爱荷华的新任命，"我相信，你将会把研究生院建设得像《美国学者》中所描述的那样，充满极富表现力的文学批评"。沃伦说得没错。尽管福斯特的月薪翻番之后能拿到9 000美元，但他后来表示，这并不是他进行改革的动力。"我来，只因为这里是实现人文主义试验的最佳场所。"[10]

文学院改革背后的理念，如爱荷华文学院院长乔治·凯所说，在于创建一个集中的部门，从而促进并发展文学学习的共同领域。争议性作品《文学史领域》(*The Province of Literary History*, 1931)

的作者埃德温·格林劳①被认为是新学院主管的最佳人选,但他不愿放弃自己在约翰斯·霍普金斯大学的教职。他推荐了福斯特——至少福斯特一直这么认为。"你不该还没见见福斯特就回爱荷华。"他应该是这样对爱荷华的招聘人员说的。既然已经拜访过了一个争议性人物,他们似乎也就没有理由不去考虑另一个。实际上,福斯特与新人文主义的密切联系所引发的争议显而易见,——至少爱荷华的校长沃尔特·杰塞普这样认为。福斯特同样打算将创意写作纳入文学课程体系。宣布任命后,杰塞普告知福斯特他所要承受的压力:福斯特被寄予"通过强调创意活动与新人文主义,使学校整个艺术方面得到强化"的厚望。正如福斯特在1937年的进程报告中向乔治·凯汇报的,对创意活动的强调将会很快导致"尽可能地远离传统"。但正如他在接受任命之初发表于《爱荷华人日报》的一篇文章中指出的,文学院并不打算成为"培养作家、批评家的职业学校";"使研究生教学脱离传统"的真正目的,他说道,"在于为各种类型的文科学生提供严谨、适当的教育"[11]。

重点落在了"适当"一词上。20世纪二三十年代的文学学习仍处于白璧德所戏称的"语文学垄断组织"的控制之下。尽管其已经在大多数人心目中名誉扫地,但这种体制仍旧力量强大。举例来说,1921年,道格拉斯·布什②在考上哈佛大学的研究生后痛苦地发现:16门必修课中只有2门不是"由中世纪语言学和语文学(其中不仅包括盎格鲁-萨克逊文学,多种中古英语、苏格兰语方言,还

---

① 埃德温·格林劳(1874—1931),美国学者,斯宾塞研究专家。1913年开始担任北卡罗来纳大学英语系教授,1925年转入约翰斯·霍普金斯大学。
② 道格拉斯·布什(1896—1983),美国文学批评家、文学史学家。他对莎士比亚和弥尔顿的文本批评产生了广泛的影响。

有古法语、哥特语和其他一些深奥的语言)构成的"[12]。对一个态度严谨的人而言,15 年之后,语文学成了唯一的学术事业——除非他能够在文学写作教学中得到满足。1936 年,珍·斯塔夫①从科罗拉多大学硕士毕业后,接受了海德堡大学的奖学金。尽管曾受到来自《故事》杂志的玛莎·弗利的褒扬,是学校夏季作家会议上的风云人物,尽管德语基础并不扎实,但她还是打算成为一位语文学家。在德国的最后一年,斯塔夫写信给以前的老师艾琳·麦基罕,希望对方能够帮助自己申请到哈佛的研究生奖学金,却遭到了断然拒绝。麦基罕严肃地表示,斯塔夫不适合做学者。1976 年,斯塔夫表示:"迄今为止,我以写作为生已经 30 年了,很大原因是由于麦基罕老师毫不留情地打破了我不切实际的白日梦。"她一直渴望成为小说家——她曾向朋友表示过"我想当小说家"的意愿——但是无处寻求严谨、适当的训练,斯塔夫只得退而求其次地接受了一份在密苏里的专科学校教写作的工作。[13]

　　斯塔夫不切实际的白日梦对于一个想要成为作家的人来说是至关重要的。语文学已经吓退了大多数想要从事学术事业的人:"一代有创造力的年轻人",《星期六评论》的主编亨利·塞德尔·坎比在 1929 年这样回应了默恩斯的名言,"出于幻灭感而被迫放弃学术,这远比出于经济压力的放弃更痛苦。"只有通过填鸭式的学习才能获得知识——这样的观点值得我们重新思考。"什么方面的知识呢?"坎比问道,"不是生活,因为诗歌、小说,甚至文学散文或当代文学批评都必须是学术进步的题中之义。"正如福斯特在

---

① 珍·斯塔夫(1915—1979),美国小说家,1970 年凭借《珍·斯塔夫短篇小说集》获普利策奖。

同年的《美国学者》一书中所苦恼的，问题在于文学学者已经与文学创作脱节。造成的结果是，诗人（以及诗人的视角）被排除在文学学术研究之外。"诗人应当出现在高校之中，"坎比说，"因为文学学者理应从诗人的角度进行思考，即便他们一行诗都不写。"[14]

到 20 年代，研究生英语学习已经意味着科学研究方法的习得，这同样被称作对德国式的学术研究和文学史调查时代的怀旧之情。即使在语言学分化为两科之后（我在第一章已经提到），"语文学"一词仍然是指历史研究活动。来自哈佛的乔治·基特里奇曾在 1915 年至 1916 年间先后出版过关于乔叟（1915）、莎士比亚（1916）以及《高文爵士与绿衣骑士》（*Gawain and the Green Knight*，1916）的研究著作，他是历史学、语文学学术研究的重要人物。20 年代，就像范德堡大学的一位教授说的，"基特里奇实际上主导了全国所有高校的英语系"[15]。基特里奇的名字有时会被当作语文学的代名词，但无论怎么称呼，这种学术研究都无法为文学事业提供适当的准备——至少在其反对者看来是如此。"我们今天的文学学习，"艾伦·泰特说，

> 就像今后不会再有人这样做似的。普遍的学术观点认为，所有的文学都已经创作完了，现在进行的是历史学的分支。如果一首诗只是作为其历史的例证而存在，那么年轻的作家就无法研究诗歌本身。他顶多知道怎样研究诗歌的历史背景。

虽然动机可能不同，但历史文学研究的影响在很大程度上趋同于基本教育论认为文学创作是"神圣的奥秘"、无法被传授的观点——以文学为对象的文学研究的大门就此关闭。这是一种本质

上的困惑。福斯特说，文学学者"声称文学需要潜心研究，而不明确研究它的初衷"。对自然科学研究方法的偏向——格德斯利夫将此比作植物学家与花匠的观念分歧——使他们在历史事实与文学价值之间更倾向于前者。他们将自己限制在文学调查的范围之内而放弃了独立的观点，因为这（在他们看来）是科学的典范。在福斯特看来，自然科学的胜利本应教会他们根据具体问题调整研究策略——"这实际上是人文学科应向自然科学学习的第一课。"真正需要的是文学研究方法，他说，对"与创造性、批判性文学兴趣关系更加密切的学术研究"的需要高于一切[16]。

创造性、批判性的兴趣合力反抗语文学垄断组织。从20年代末到40年代初，双方之间的冲突被认为（怀疑）是原则之争。大多数学校的英语系分成了两派：坚持语文学的右翼与反对语文学的左翼。"这已经相当明显了，"布兰德·马修斯在40年前就指出，"一个人根本不可能同时作为语文学家和文学批评家。"而一个人兼有批评家和作家双重身份则是有可能的，因为这两种职业都致力于坎比所说的"生成性文学"。坎比说：

> 每个杰出的英语系中都应当有一名现代英语学的教授，他应当具备相应的学习经历、个人体验、教学态度以及对同时代生成性文学的理解。没有哪个英语系在不具备一个批评家（可能同时也是作家，并能密切把握虚构性文学理念）、学者的情况下能够有条不紊地运作。

这是一个令人向往的提议，也是像马修斯、白璧德这样的语文学反对者在19、20世纪之交就开始呼吁的。早年的努力之所以失败,(1914年,W.C.布鲁尼尔指出)是因为"批评的技巧在许多情况下成了批评的任务,以至于从一般观点来看,两者可以互换"。美国批评并未成功地与书刊营销划清界限。但到了30年代,一种不受商业束缚的新批评出现了。新批评的推崇者是一个不可思议的混杂的群体——从约翰·克罗·兰瑟姆①、唐纳德·戴维森②这样怀旧的南方人到菲利普·拉夫、威廉·菲利普斯这样的犹太裔马克思主义者,从R.S.克兰、约瑟夫·毕治这种科班出身的学者到自学成才的肯尼斯·伯克、布莱克默,从和善的马克·范多伦到好斗的伊沃·温特斯,以及其他的新人文主义者,主要是福斯特——通常情况下相互敌对的团体结成联盟,除了确信文学批评将会为文学教育奠定比语文学、历史文学研究更牢固的基础,他们几乎没有别的共同之处。至少在一段时间内,他们搁置争议,共同努力使新批评获得学术认可。据戴安娜·特里林回忆,1930年之前,"文学批评并没有获得高校的支持;当年轻的马克·范多伦在哥伦比亚大学谋求晋升之时,需要得到别人对他此前发表书评的谅解"。到20年代末,杜克大学教授杰·哈贝尔说,"研究方法"已经"不再是文学批评的一部分",尽管两者一度"关系密切"。文学批评与文学研究已经走上了各自不同的发展道路,成了死对头[17]。

新批评运动在30年代发展壮大。1927年,兰瑟姆被范德堡大学聘为正教授,此时的他已经完成了一生中的大部分诗歌创作而转向了文学批评。伊沃·温特斯也在这一年加入了斯坦福的英语

---

① 约翰·克罗·兰瑟姆(1888—1974),美国文艺批评家、诗人,文学理论"新批评"派的领军人物。代表作有《诗歌:本体论笔记》。
② 唐纳德·戴维森(1917—2003),美国哲学家。主要研究领域为语言哲学、行为哲学。

系，创作风格也于次年从自由诗转向了格律诗，开始强调诗歌的理性要素并撰文阐释自己的观点。布莱克默在1929年成为文学期刊《猎犬与号角》的主编，随即将总部迁往纽约，开始出版哈佛学生的作品。作为重农主义者①以及新人文主义者宣言的《我要坚持我的立场》(I'll Take My Stand)、《人文主义与美国》(Humanism and America)于1930年出版；前者的作者之一罗伯特·潘·沃伦也在同年得到了自己的第一份工作——在孟菲斯的西南学院任教。第二年，伯克出版了自己的第一本评论著作——《反叙述》(Counterstatement)。拉夫和菲利普斯于1934年在纽约共同创立了左翼文学刊物《党派评论》。次年，罗伯特·潘·沃伦与克林斯·布鲁克斯就效仿他们，在路易斯安那州立大学创建了《南方评论》。R. S. 克兰在1935年发表于《英语专刊》的《高校文学教学中的历史与批评》(History vergus Criticism in the University Study of Literature)也许就是对这一系列事件的核心陈述。新批评运动的纲领性著作《理解诗歌》(Understanding Poetry)也于1938年出版。克林斯·布鲁克斯在1939年出版的《现代诗歌与传统》(Modern Poetry and the Tradition)通常被当作是新批评的最佳导论。两年后，新批评运动取得了胜利：基特里奇去世的同时，兰瑟姆闻名于世，也使这次运动得名的著作——《新批评》(The New Criticism)问世在即[18]。

这个名称最初并非特指某种批评方法，而是指1941年以前该

---

① M. 托马斯·英吉在《美国文学中的重农主义》一书的导论中，对重农主义的基本方面作出如下界定：一是土地耕种提供了与自然直接接触的机会，通过与自然的接触，重农主义者获得了"光荣、刚毅、自恃、勇敢、节操与好客"的美德。二是农民"获得对本体及历史、地域传统的感知，觉得自己从属于具体存在的家庭、场所、区域，从而在心理和文化上受益"。这种生命的和谐引发对破碎化的审视，逐渐远离指向非人道的现代社会。三是相比之下，农业活动能提供更多的独立性和自足性，使世界秩序更加具体、稳定，而城市生活、资本主义与技术革命打破了这种独立性，滋生劣行与软弱。

第六章 批评的时代

学科的学术状况。重点强调的不是"新",而是"批评"。"新"的是将文学批评当作最佳的文学研究方法,而不是批评类型本身——就像半个世纪后一个相似论点的提出:需要的不是一种新的历史主义类型,而是将文学研究由"自主性崇拜"以及对"独立的审美境界"的盲从还原到历史背景之下[19]。虽然新批评家们比任何人都更推崇自主性,但他们对自主性的理解——且不论所采取的具体方法——被严重误读了。《理解诗歌》在附录"致教师的信"中提到了这一点:"尽管人们会将诗歌当作历史、道德事实的例证,"布鲁克斯和沃伦说,"但如果将文学当作文学来研究的话,最终的研究对象仍旧是诗歌本身"[20]。这里所说的"将文学当作文学来研究"正是新批评的根本前提。许多评论家最大的错误正是将它当成了次要前提,并认为新批评家的工作是确保文学不受其所诞生的社会历史背景的沾染。

这种方式虽然不能准确地界定文学,却可以充分地对其进行研究。新批评首先是一种教育理念。"用历史学术语讲,"门罗·斯皮尔斯①说道,"新批评与更自由的文化建设密切相关:包括提高读写能力、推广通识教育,尤其是作为高校课程的英语文学的兴起以及随之产生的对有效教学方式的需求。"因此,在摆脱"浪漫主义印记"、将文学视为"违逆极端谨慎的科学事实的成熟而非幼稚的坚定事业"的同时(兰瑟姆语),要探索出一种能够抗衡自然科学式的严谨分析的方法。他们所寻求的探究文学的方式,是将它当作关于其自身传统、原则、标准、条件、规则或类规则主张的科目。

---

① 门罗·斯皮尔斯(1916—1998),美国教师、批评家,南方作家联盟成员。曾任教于威斯康辛大学、范德堡大学等高校,1952—1961 年担任《西瓦尼评论》主编。

这种尝试的目的是使文学更加纯粹，并不是将它推回到独立的审美境界，而是像兰瑟姆所说，提出一套"行之有效的专有术语"。那些崇拜文学自主性的人其实是打算通过专业、有效的批评话语来研究文学——兰瑟姆称那些理论研究者的普遍做法是"将世界孤立起来，从而使它更加纯粹"。孤立地看待研究对象具有实际的必要性，是那些有选择地进行研究的人做出的权宜之计[21]。

新批评家将关注点转移到了诗歌的内部结构。所有批评家的共同点，布莱克默说，在于"希望使诗歌形式与技巧方面可分析的特点，既成为走进诗歌的唯一手段，又在一定程度上等同于诗歌内容"，对技巧的强调在他们那里表现得非常明显；另一个共同点在于他们中大多数人都是进行实际创作的诗人。兰瑟姆、戴维森、范多伦、伯克、温特斯、布莱克默、沃伦、芭贝特·多伊奇、路易斯·博根、马尔科姆·考利、贺拉斯·格里高利、艾伦·泰特、罗尔夫·亨弗里斯、西奥多·斯宾塞、路易斯·朱可夫斯基、霍华德·贝克——活跃地撰写文学评论的诗人（或进行诗歌创作的批评家）不在少数。即使像阿兰·斯沃勒和詹姆斯·劳克林这样的出版商，同时也是诗人。当像布鲁克斯这样重要的新批评家出现在公众视野之中，如果他不是个诗人，那么人们难免会有所不安。尽管他们是否在文学批评方面比在诗歌创作方面表现得更优秀仍有待商榷，但重点在于他们的文学批评产生于实际的诗歌创作兴趣。后来被称为"实践批评"或"文本细读"的方法是基于一群诗人关于诗歌技巧问题的讨论而形成的。这类诗人群体中最核心的是逃亡者派①，他们最初聚集是在

---

① 逃亡者派，第一次世界大战后由美国田纳西州范德堡大学青年诗人和评论家组成，领导人是该校教授兰瑟姆。他主办了《逃亡者》杂志，该派以此得名。所谓"逃亡"，是指避开北方工业文明的"祸患"，捍卫南方的农业传统，因而又称"重农派"。

第六章 批评的时代

1919—1920年,那时,兰瑟姆与戴维森刚从一战战场回到范德堡大学。戴维森这样讲述他们的聚会过程:

  首先,我们从一开始就全神贯注于诗歌的结构。我们每次会谈实际上都在助推并强化这一点……每首诗都由作者大声朗读出来,而其他成员也事先人手一份……接下来进行讨论,诗歌在韵脚、格律、意象、隐喻等技巧方面的缺点会暴露无遗,并接受细节上的认真推敲……显然,我们的审视充满了质疑。一首诗必须展现自己各个方面的感染力,还要尽可能地表现出完美性。越好的诗歌,就越需要完美的结局。

  审视一首诗歌就是审视它的遣词造句——来自一个可能会采取不同表述方式的人的不留情面的质疑。诗人批评家不会刻意进行科学分析,一个有素养的人也不会忽视诗人的专业性失误,但这丝毫不影响他们评价的纯粹性。正因为他们忠实于诗歌的完美性,所以,评价的纯粹性就成了他们的职责。"他们最初处理诗歌的方法因此变得纯粹,"泰特说,"那种匠人的纯粹。我犹豫是否可以称这种方法是审美的。"他接着说:"因为这个词有争议。强调的重点被放在了结构与形式上,或者更准确地说,这一点是由人们指出来的。"[22]

  事实证明,为批评家在美国高校英语系谋求一席之地的努力是相当成功的,以至于二三十年后,美国文学评论家卡津会认为批评家"本就属于那里",仿佛这一点是不证自明的[23]。而作家就不一定就属于那里。批评家这么认为,并不仅仅因为他们中的大多数不是作家,更重要的原因在于:他们相信批评和写作是同一种行为的两个方面,就像用餐和交谈是与人共赴晚宴这一行为的两个方面一样。自从斯宾加恩首次提出"新批评"这一概念,它就体现出了对文学批评和文学创作独立品格的坚定信念(见第五章)。就连新学院派批评家中最瞧不上诗歌技巧的R.S.克兰也认为,新批评必须立足于实际的写作经验[24]。这或许就是新一代结构主义者进行文学研究的核心理念。而早在20年代中期,这就已经成了教师教学的正统理念。在一本高校教材中,位于卡拉马祖的西密歇根州立师范学校(今西密歇根大学的前身)的一位教授说,优秀的学习诗歌的学生

如果想评价一个诗人的作品,就必须能够体验和分享作者的体验。他需要在自己内心发现已经存在或即将产生的诗绪……这样,批评家就可以依照他所掌握的灌注了艺术家理念的表达形式而变化。[25]

30年代末,在正式的高校英语教育理念中,批判性与创造性之间的界限已经变得模糊了。"被冠以'创造性'头衔的与不具备如此夸张名号的两种思维活动之间的鲜明界限本就不该存在。"哈姆莱大学的一位教授在一次关于"创意人生"的报告中如是说,"'创意写作'与'非创意写作'之间的界限尤其大错特错。"[26]与其说它接近结构主义理念,不如说它与默恩斯的创新主义关系更加密切。新批评家并不是说文学批评与创意写作其实是一回事。在他们看来,写诗是众多创意方向中的一种批判性选择,读诗是对这些选择的重新展示。那么,撰写文学评论则是以一种不同的方式复制诗

人的体验。布莱克默说:"一首伟大诗歌的创作,实际上所做的是严格的批判,而文本细读程度稍弱;……批评活动就是所谓的'创造'活动,并且不论是诗人、批评家还是认真的读者,都要在这个过程中保持敏锐的判断力。"[27]

文学批评与创意写作之间的界限消除了。欧文·白璧德曾提醒道:"批评家与创意作家之间的划分,体现出了对前者的轻视。"追随他的批评家以及他本人都希望消除这一划分并提高批评家的地位。他们相信,文学批评可以与诗歌、小说创作一样具有创造性。后来,福斯特基于新人文主义与创新主义的共同基础,建立起了爱荷华大学文学院的研究生院。虽然他认为"创作与批评是一体的",但他在这里却有所特指。既然两者都源于人的个性,那么,文学批评与创作就都是个人的表达。"从这一点来看,"他说,"创作与批评是一体的。"因此,批评就可以看作是将多种不同类型的文学活动融为一体。爱荷华大学文学院的教育目标在于文学思维的整体提升。他认为,一套完整的文学教育意味着

> 在文学学习中行之有效的一系列能力的提升。即不仅要发展(语文学的)现实感知力和(历史学的)时间意识,还要提高审美感知、整合思维、价值评判的能力以及适用于书面或口头文学讨论语境的语言的运用能力。[28]

为证明全面整合的文学个性,福斯特列举了文艺复兴时期的人文主义者——彼特拉克、波利齐亚诺、伊拉斯谟——他们将全部文学研究都纳入了自己的领域。他说,人文主义者与"当代专家学者"之间的分歧得到了总结,用著名历史学家雅各布·布克哈特在

《意大利文艺复兴时期的文化》(The Civilization of the Renaissance in Italy, 1878)中的话说就是：他们是"诗人学者"。他们不仅关心学术，也"同样关心诗歌创作"。就连古埃及亚历山大博物馆①的编撰者和训诂学家——像卡里马库斯和李雅努斯这样的人，通常被视为学术堕落的寓言——"也在他们的知识架构中一定程度地表现出'创意写作'的形式"。其中的寓意非常明确：现代批评家"需要一种类似于创意写作者式的头脑"。话又说回来，作家也需要批评家式的思维[29]。

文学批评与创意写作在爱荷华文学院并驾齐驱。正如福斯特在他的就职演说中解释的，文学研究应当从创造性和批判性两个角度同时出发。从创造性角度出发，是指"我们应当从内部进行研究，尽可能地以创造性艺术家的眼光审视它"。而终极目标，正如他在《美国学者》中提出的，是"促成对艺术的内部理解"。但目标在于理解：创意写作致力于由文学实践情况所决定的批判性理解。这是对特定类型实践所必需的特定知识的习得。这不单单是一种当下谋生技能的专业基础知识、一种被福斯特蔑称为"有效捷径和行业技巧"的善辩、肤浅的训练。福斯特引用《剑桥美国文学史》(Cambridge History of American Literature)的话，指出新人文主义的基本原则之一，即是出于对"人类传统"研究的偏好，而排斥每日一题或使创意写作有所裨益的那类"自然主义的'心智教育'"。那些

---

① 亚历山大博物馆由托勒密二世在公元前280年左右建成，有图书馆。该机构的教育兼研究功能一直持续到5世纪，是埃及古代经典学术中心。下文的卡里马库斯是古希腊著名诗人，学者及目录学家，曾在亚历山大图书馆工作过，被认为是古代最早的评论家之一；李雅努斯是希腊诗人、文法学家，最初是一名在角斗场做监工的奴隶，后来获得良好的教育并重新修订了《荷马史诗》。

第六章 批评的时代

对文学抱有严肃态度的人,不论他是教师、批评家、研究者还是作家,"都需要通过各类书籍,尤其是深入介绍该类艺术传统的著作,获得基本信息"。福斯特非常赞同罗洛·布朗在《创意精神》中的观点:没有哪门艺术可以仅仅"在工作坊中就能学透"。爱荷华的创意写作也不是一个独立于课程之外的体系、一个自由组建的"工作坊",也没有资格单独授予学位。它只是安排不同类型(想成为教师、批评家、学者或者作家)的学生掌握文学传统的分支学科[30]。

作家需要更加系统的文学教育。按照坎比的说法,大多数"美国文学的惨剧"都可以归因于作家几乎没有接受过恰当的训练。特别是爱伦·坡和惠特曼,如果他们接受过文学艺术训练,可能会少一分华丽,多一分超然。坎比说,甚至在近几年,

> 都不难举出一些不够清楚如何发挥自己天赋的美国作家的例子,他们不知道怎样控制自己的思维或处理眼前的素材。美国的长、短篇小说家普遍表现出教育上的匮乏……许多知名作家并不了解自己的行业。他们对文学的认识远不及律师对法律认识程度的1/4。

福斯特在《美国学者》中表达了相似的观点,他形容当代作家是"没受过教育的可怜人"。高校应当将改变这一悲惨状况视为己任,因为高校的全部目的在于确保"建立比之前更强有力的国家的文化"。而事实就像他在1931年10月开幕的首届"爱荷华作家会议"上的演讲中所指出的,"几乎没有迹象表明我们的高等教育机构考虑过'仅仅'为那些作家提供相应的学习体系或适宜的理性与情感氛围",尽管他们"明显需要高校教育"。作家永远无法自学。

他们非常渴望充分了解当今时代的文学现状——或者像福斯特提出的,他们"为自己的时代而欢欣鼓舞"。在蔑视那些"郁郁寡欢地对当代文学漠不关心"的语文学家的同时,他们自己也表现出"郁郁寡欢地对当代文学漠不关心"。结果是,他们开始"日渐满足于技巧性的问题",对展现"人类卓越品质的迷人图景"的任务越来越不感兴趣[31]。

福斯特虽然并不认可"写作无法传授"的基本教育论观点,但也排斥实用的职业化倾向。离开爱荷华大学后,他在一次题为"作家的培养"的非公开演讲中指出了两种常见观点:① "作家可以培养——只要他有潜力,并接受足够的多样化写作课程训练,他就会在事业的道路上自然而然地不断前进";② "常规教育对作家毫无用处,他的发展得益于自身在实际生活(尤其是未经处理的原态生活)体验中的不断成长"。尽管看起来相互冲突,但这两种观点实际上是同一种理念的不同方面,共同表现出不愿意承担培养作家的责任。福斯特在两种极端之间找到一种解决途径:"虽然我会将作家引入高校,"他声明,"但我不会把他们变成所谓的'学院派。'"[32]

尽管作家对高等教育有明确的需求,但他们并不需要不成体系的创造性自我表达实践。"表达是唯我论的一种形态,"福斯特斥责道,"它的基础理念是:一个人只能了解并描绘自我的存在状态。"这种唯我论的哲学谬误在文学领域则表现为:"当展现个人的感受或体验时,(自我)表达必然含糊不清,除非作者另作解释。"这就解释了他为什么要将创意写作与批评活动紧密联系在一起。福斯特的文学教育计划招致了来自创新主义的批判。他在描述这一理论时说:"似乎每个学生都具备惠特曼所说的'宝贵的自主支配力'——如果对世界而言不宝贵的话,至少对学生来说是宝贵的——学生也因此有了获得'创造性'的机会。"他认为每个学生,至少每个英语系的研究生,都应有获得创造性的机会。但为了真正拥有创造力,他相信,一个作家必须将生而有之的"宝贵的自主支配力"与系统化的理念——批判力——相结合。保罗·摩尔在建构人文主义理论体系时写道:"现实状况表明,教育必须采用训练的手段,因为没有训练,思维就会像缺乏锻炼的肌肉一样,松弛无力。"[33]

作为一个人文主义者,福斯特相信,作家需要的是能为他们提供持久的文学传统意识的人文主义教育,或是他的支持者一直鼓吹的"标准"。更大的目标,即福斯特整个文学教育计划背后的动力,在于重新发现批评的标准,并将美国文学带上一个新的起点。人文主义者认为,美国正在经受布鲁尼尔所说的"标准空置的危机"。"美国所面临的状况不仅是标准的缺失,"白璧德阐述道,"而且是普遍的对标准的曲解或倒置。"这种曲解或倒置在教育领域尤为严重,他说——"尤其表现在我们的高等教育中"。通过对标准的探讨,人文主义者公开向创新主义者发起挑战。人们会想起进步主义教育此前的论点:在写作教学必须遵从一系列外部标准的条件下,学生从一开始就被剥夺了独立判断的能力(见第五章)。或用白璧德对这一问题的说法,创造性自我表达的精神内核是"让想象力从对标准的愚忠、集权的掌控下解放出来"。这时,创新主义者"摆脱了条条框框,随即陷入了无秩序的混乱",同时被无趣的习惯所包围。正如福斯特指出的,"自然随性的行为很少见,如果有的话,也已经朝着传统或社会习惯的方向发展了"。如果创新主义者非要找出真正存在于传统或习惯之外的选择,就只有从外在体系的内部挑选出的标准了。因此,人文主义者对新标准体系的要求就没有重复新古典主义者追求条条框框的错误。也就是说,他们并没有一味遵守外部强加的各种限定。他们只是认为作家除了确信自己的创造力,还需要些别的东西。福斯特说,"在新作品而不是对已有作品的文学评论中",过分专注于自我表达其实是封住了自己的嘴巴。这其实是学习过程中的一种弊病,因为这样做意味着学生为了使自己专注于"自身独特性"而不再尝试理解他人的想法。这就从人文主义者的思考角度解释了为什么当时的写作教学存在缺陷:从文学写作开始,它始终强调创造冲动的极端重要性。白璧德难过地说:"本科生在完成每日一题时,通常对自己的天赋相当自信。"有课程、有标准,却没有创造性的表达——这正是作家作为"早熟却未受教育的儿童"想要获得的东西[34]。

那么,正如福斯特认为的,创意写作与默恩斯所构想的学科相去甚远。学习写作在人文主义者看来,不仅是学会自我表达,同样要学会吸收利用隐含在写作形式之中的文化意义。白璧德认为,创新主义者在探索过程中的缺点,"在于它导致了典型特质的缺失"。它迫使无聊的写作(或表达)服从于作者之外的一切人,这些人可以是老师、父母,也可以是同学。创造性自我表达在福斯特看来恰恰是一种错误地思考创意写作的方式。他说道:"那些践行被随意定义为'自我表达'的理念的人,是无法获得自由、力量和快乐的。"一个仅拥有创造冲动的教育体系不可能使作家获得艺术自由,艺术自由源于超越自我进行表达的能力[35]。

路易斯·曼福德①和范·威科·布鲁克斯曾说过,作家被物性

---

① 路易斯·曼福德(1895—1990),美国历史学家、社会学家、哲学家,也是极具影响力的文学批评家。

价值给毁了——他们认为"社会对艺术家、批评家创造力的萎靡负有不可推卸的责任"(福斯特语)——但他们并没有改变现状的"确切计划"。福斯特有这样一个确切的计划:"包含更多文学训练内容的试验",他是这样描述该项试验的——"'包含更多内容'是指它在原有的、由其他学会专门开设的语言学、历史学课程的基础上,增加了两门新课程:文学批评和创意写作。"这种学校课程计划不是单纯的两年期写作研讨班(如现在的爱荷华作家工坊模式),而是关于各个时代的文本、作家、文论、文学史(甚至语言学发展史与结构)的一系列课程。创意作家要研究学术,学者也要从事创意写作。一份由高校发出的声明表示,要将创意写作与文学批评纳入高等学位授予范畴;其中,福斯特的话被转述为:"洞察文学创造过程的绝佳途径,就是尝试去做艺术家所做的事情,即进行诗歌、小说、戏剧的创作。"接下来是他的原话:"对文学学者而言,最棒的研究室或许就在钢笔、稿纸和废纸篓之间。"这与R.S.克兰在芝加哥大学所提出的计划相似。在创意写作开展的地方,芝加哥计划(正如克兰在信中告诉福斯特的)倾向于"阐释非虚构类型的散文作品"。然而,他并未说明这种阐释是否从语文学、历史学、实用性、审美性之类的角度展开,区分的依据是作品类型,而非研究方法。福斯特的计划更加彻底、明确。创意写作与文学批评一样,都被当作独立的文学创作课程。这项计划的激进之处表现为将两者都当作独立的课程。在福斯特看来,这种理念在高等教育中首开先河,其优点在于:文学批评与创意写作背离了"高校不成文的规定,即任何有价值的学科都必须由专家采用自然科学的方式进行研究"。换句话说,文学批评与创意写作是尚未被研究专家涉足过的领域[36]。

福斯特的明确计划涵盖了三个主要方面：① 这是一个针对研究生的计划。② 对硕士研究生来说，计划的"核心"是讨论会——"一类由热衷于解决作家困惑的教授主持的文学俱乐部"。③ 可以修到博士学位，最终的毕业论文可以是"一篇虚构性作品"或此后所谓的"创意写作学位作品"。对这类论文提出的唯一要求是：它必须体现作者对文学技巧的掌控，证明他是一个充满"创意激情"的作家。然而，在硕士研究生看来，没有论文最好不过。取而代之的是在结业之前会有一个"研究成果综合考察"，通过考察之后，想继续深造的人就获得了攻读博士学位的资格——他们可以在四门学科中任选其一，其中就包括创意写作[37]。

正是通过文学批评与创意写作——"新学科"或所谓"迷失的领域"——实现了研究生文学教学的改革。尽管从未表示得如此绝对，但福斯特似乎已经预见到了新的英语系的建立，其成员不再是研究英语文学诸领域的学者，而是各种学科的实践参与者——语文学家、文学史家、批评家及作者。他认为，文学的划分依据不仅可以是历史时期，也可以是中世纪学术心理学的"功能"。实际上，福斯特的观点表明了他对如何组织有效的文学学习的思考：

> 任何划分人类天性的术语，必然多少有些牵强，且有争议。被"老古板"们指责的文学批评，具有其存在的合理性。但值得注意的是，现代心理学在摒弃了这些"功能"之后，并没能找到替代它们的方法。就像"时期"之于历史，它们对于有效思考具有实践上的必要性。

创意写作与文学批评，或创意写作与语言学研究之间的界限

第六章 批评的时代

划分并不死板。虽然创意写作是独立的,但它无法彻底脱离——就像判断不能脱离常识或记忆一样。无论如何,它是一门学科。威尔伯·施拉姆认为,福斯特选择做爱荷华创意写作的第一任领导者,使它成为"一门体面的学科",它也因此"应该在研究生院中得到与语言学、文学史学、文学批评同等的地位"[38]。

福斯特所做的文学教育规划,既是学术改革,也是白璧德所说的"人文主义的反攻"。其目标在于寻求自由主义与职业化之间的精巧平衡——这种平衡同样存在于作家与具备扎实的人文学科基础的批评家,以及教师与对所从事的学科保持敏锐觉察(如内部的技巧性问题)的学者之间。每个人都要为未来的事业做好准备,但这种准备是自由的、非功利的——着眼点是体现在一切伟大的文学作品中的恒久标准,而不仅仅是赖以为生的把戏或捷径。

就像福斯特在向爱荷华大学管理层提交的报告中所保证的,文学院"试图引领全国的文学教学改革……"[39]美国诗人埃德温·派珀的遗孀曾在福斯特到来之前担任爱荷华大学的写作学教授,她的言辞更加激烈:学校是一个"垄断组织"。她认为,当时的一切简直是现代主义者的夺权。有组织的国家行动将文学指向了新的目标,文学院的变革只是其中一个组成部分。这场运动中的失败者是那些"中间代"作家,比如詹姆斯·奥本海姆和伦道夫·伯恩,用派珀夫人的话说,他们是那些执着于精神分析理论、社会主义,热衷于人道主义运动、自然主义小说、印象派批评和充满青春热情的抒情诗的人[40]。如果派珀夫人在提到"现代主义者"时,指的是第二代现代主义作家,也包括新学院派批评家,那么她的见解就是有道理的。20世纪30年代,他们从高校英语系入手,逐渐掌控了美国文学生活体系。30年代初期,学院派评论家阿尔文曾抱怨说:"美国的文学生活彻底是一派分裂场景:典型的美国作家一边在自己的行当中缄口不语,一边又舍不得放弃自身的才华,像中世纪晚期的自由市①一样在自由与顺从两种状态间犹疑不定。"没有"指向重要目标的系统组织",就不可能发挥作家的个人天赋——阿尔文将这一发现归功于派珀夫人所说的"中间代"[41]。尽管阿尔文提倡普罗文学,但像兰瑟姆、戴维森、范多伦、泰特、温特斯、布莱克默、沃伦、布鲁克斯以及福斯特这样的作家则将关注点集中在了教育方面。他们意图突破纯文学领域,"把文学当作文学来研究",并将文学引入社会文化机构——比如高校。同普罗文学一样,创意写作与新批评也在试图终结美国文学生活的分化——所采取的方法不是将文学社会化,而是使社会文化机构的文学研究更具文学性。

到30年代末,他们已经着手实现自己的目标。大萧条的出现使他们暂时放慢了步伐。一些教授离开了爱荷华,其中就有约翰·弗雷德里克,他既是短篇小说家,又是《米德兰》杂志的编辑,从1921年起就在爱荷华任教。1930—1936年,英语系只进了一个人——语言学家约翰·麦克加利亚德。但在其他地方,庞大的力量联系在了一起。密歇根大学曾在1928年得到来自剧作家艾弗里·霍普伍德32万美元的捐赠,这笔钱被用于设立一个学生创作奖而没有投入创意写作项目。该校声明,将从1938年起开设"文学写作研讨课,最终会授予英语学硕士学位",这样做的目的是"让我们的学校为前来学习的年轻作家提供一个实现他们梦想的场

---

① 自由市即由于存在国家间利害冲突,经相关国家协商宣布拥有独立政府和独立主权的城市。它们名义上独立,实际上仍是其他国家争夺的对象,受制于他国。

所"[42]。在哈佛,小说家西奥多·莫里森于1939年接替罗伯特·西里尔主管新生英语课——他同时也是布瑞德·罗芙作家会议的领导人。他开始尝试聘请像戴尔莫·施瓦茨、华莱士·斯特格纳、霍华德·贝克及约翰·贝里曼这样有才华的年轻作家教授一部分课程。普林斯顿大学在卡内基基金会资助下开设了创意艺术项目,1939年将泰特纳入旗下,次年又聘请布莱克默做泰特的助手。虽然美国作家纷纷涌入高校是二战结束之后的事情,但这一趋势在此时已经露出苗头。尽管福斯特因为与管理层的争执,于1944年辞去了在爱荷华大学的职务,但已有的文学院体制并没有随着他的离开而解除。他已经将创意写作当成了首要任务。"它居然蓬勃地发展起来,"他在60年代惊叹道:"而且在今天变得如此广泛。"[43]

福斯特和新学院派批评家试图提供一种更全面的文学教育,并在重要方面取得了成功。在创意写作兴起之前,女性很难进入文科教育体系,因而在很大程度上被排挤出了文学行当。创意写作从两个方面终结了这种状况:① 文学研究从语文学到文学批评的转向,同时也是从过去到现代的转向——文学从僵化到活跃的转向,这为女性提供了一次机会。虽然曾饱受传统文学研究教条的压迫,但结构主义的兴起,即坎比所谓"生成性文学",拓展了新的道路。② 实践批评的出现,通过转变旧的文学教育体制的分类和价值评判标准,破除了文学中的性别成分。虽然搞文学的女性仍然将艺术感与男性联系在一起——用一位女作家的话来说,男性天生是"搞艺术的料"——但形式技巧批评出现后,文学不再为上流社会的男性所独占,而成为一种客观的结构技巧,包括女性在内的每个人都可以习得。她们接受传统男权批评家的陈词滥调（天赋是学不来的，女人生来就是懒惰、饶舌的动物），并撰书传授将女性弱点变为文学优势的实用技巧。

通俗小说家玛格丽特·迪兰曾凭借小说《牧师约翰·沃德》(*John Ward, Preacher, 1888*)一举成名。她质疑道："这种教育形式是不是对批评家没有起到太大作用？如果始终抱有批判性思维，会不会使创新主义者无法脱离束缚，从而丧失创意冲动？"随后她总结道："我此刻想不出一个有伟大作品问世的文学教师。"如我们所见，文学教学中文学批评与创意写作的分歧在30年代逐渐和解。迪兰应该指出的，与其说是文学批评与创意写作之间的对抗，不如说是文学领域中男性与女性的对抗。即使他们分属不同阵营，毕竟，长久以来掌控文学批评与文学教育体系的是男性。起初，像迪兰这样的女性作家始终得不到男性群体的接纳，家务和宗教活动被当作是她们的正经事。尽管后来她们写出了自己的作品，却依然被排除在严肃考虑的范围之外，因为男性群体认为她们关于家庭、宗教题材的小说毫无批评价值。艾米·卡普兰教授在论及小说家伊迪丝·华顿[①]时表示，女性作家通过20世纪初的文学职业化，实现了自身与家庭题材小说创作传统的剥离。但同时，男性批评家也可以借此将女作家排挤出由他们所掌控的文学领域。抛开发生在文化与高等教育中的其他一些变化不谈，文学已经因为女性作家的存在而改变。批评家伊莱恩·肖瓦尔特在《姐妹的选择》(*Sister's Choice*)中指出："对那些在20年代成长起来的

[①] 伊迪丝·华顿(1862—1937)，美国女作家。她一生共完成19部中长篇小说以及11本短篇小说集。代表作有《纯真年代》《月亮的隐现》等。

女作家而言,战后对女性抱负的敌对情绪以及女性形象典范由女权主义者转为轻佻女郎,尤其是高校和专业组织对美国文学中女性话语的抵触,使这个十年变得前所未有地艰难。"[44]

但到了30年代,在男权控制文学批评与文学教育的同时,女性最终也能够站出来维护自己的主张。这一时期出现了数量惊人的由女性出版的关于学习如何写作的书籍,比如:阿黛尔·比尔德西的《虚构写作》(1927)、多萝西娅·布兰德的《成为作家》(*Becoming a Writer*,1934)、艾斯特·施瓦茨的《你渴望写作!》(*So You Want to Write!*,1936)、玛格丽特·维德莫的《想写作吗?》(*Do You Want to Write?*,1937)以及布兰达·尤兰的《缪斯的帮助》(*Help from the Nine Muses*,1938)。文学批评的发展过程就是消解高雅传统及语文学卫道士权威的过程,女性在其中发挥了引人瞩目的作用。在《创作方法》(*The Way of the Makers*,1925)一书中,玛格丽特·威尔金森从诗人创造冲动的视角入手研究诗歌;文艺批评家尼姊从20多岁起就在马里兰州的古彻学院教授文学批评,她出版《文学批评》(*The Criticism of Literature*,1928)这本教材的目的,在于为学生提供文学批评训练——就像他们能从其他门类所获得的一样,尼姊说。这些著作表明了创意写作助成美国文学女性化的几个阶段:先是将女性纳入文学教育体系;紧接着破除由官方反对意见造成的障碍。爱荷华大学在1931年所通过的第一篇创意写作学位作品的作者,是一名女性[45]。

我在第五章提到的比尔德西的《虚构写作》一书表明,当代文学的发展(其中也包含创意写作教学)对文学领域面向女性开放产生了极大影响。比尔德西的白名单,即向学生推荐的一系列代表作家,带有浓郁的性别色彩:丽贝卡·韦斯特、艾米·洛威尔、康斯坦丝·史密斯、安妮·帕里什、安妮·塞奇威克、薇拉·凯瑟、温妮弗雷德·桑福德、玛丽·弗里曼、爱丽丝·布朗、佐娜·盖尔、凯瑟琳·杰罗尔德、梅·斯坦利、范妮·赫斯特、阿尔玛·霍维、桑德拉·亚历山大、海伦·波尔斯顿、萨拉·哈尔特、赛拉·温斯洛、亨利·杜德尼夫人、多萝西·费希尔、玛格丽特·林恩、艾德娜·费伯、凯瑟琳·曼斯菲尔德、伊迪丝·华顿、伊内兹·吉尔默、约瑟芬·培根、伊丽莎白·乔丹、玛丽·卡廷、凯思琳·诺里斯和弗吉尼亚·麦考密克。这被认为是比尔德西对失落的女性传统的恢复，在某种程度上也的确如此。比尔德西的这一举措还可归因于她在亨特学院（当时是一所女子学院）的教学经历。不过，这只是一部分原因，因为她并非不可以按照外界的期望，循规蹈矩地列出一张以男性作家作品为主的阅读书目，但她选择了向女学生推荐女作家。更重要的是，不论是学生还是作家，她们都是生活在当今时代的女性。这种当代性，至少作为一项明确的原则，其意义丝毫不次于女权主义。因为她同时推荐了海明威出版仅两年的《在我们的时代里》(*In Our Time*)中的选段。她是最早在书中引用海明威作品的人，帮他迈出了经典化的第一步。她对女学生提出了更加明确的要求：

只阅读当代人或近代人的作品，因为写作潮流也像其他事物一样不断变化；学习写作本来就已经够困难了，此外还要摒弃那些听起来很书呆子气、不真诚的写作习惯，因为这种要求不是当下环境提出的，而是过去时代留下的。

尽管对当代性的强调并不是典型的女权主义，却不可避免地带有女权主义的意味,因为这是对男性作家文学传统(至少表现在推荐代表作家的方面)质疑的结果。像是为了强调这一点,她引用了对玛丽·弗里曼的短篇小说《母亲的反抗》(The Revolt of Mother)的褒扬之词;在这本书中,她说道:"在经过多年的忍让驯服之后,母亲的意愿终于与父亲的发生了冲突……"有一点值得注意:作为一名犹太人(她曾写过关于后圣经时代的犹太人的传记史),比尔德西大概在某些方面与英语传统有疏离感。例如,她曾要求作家"通过人物姓氏体现种族",因为从她的经验出发,这些内容往往"奠定了小说的必要基础"。无论如何,学生响应了她的号召,从时代角度出发去考虑女性的体验与创作——以她们的说明性文章为例——内容包括做针线活、做布丁、去熟食店买白鲑鱼肉[46]。

施瓦茨的《你渴望写作!》、维德莫的《想写作吗?》、布兰德的《成为作家》以及尤兰的《缪斯的帮助》都不是高校教材,但现在却被归类为自学参考书。眼下,这类书的作者也主要是女性。尤兰明确阐述了这类书籍的本质:"大部分女性的生活都或多或少令人不满。"这是为什么呢?

她们认为,如果你总是像一个仆人或者护士那样为别人做事,从来不考虑自己,那么,别人的事情也不可能做得太好。你可以使别人获得感官上的舒适,却丝毫无法感染他们的情绪。为了教育、鼓励、振奋、安慰、取悦、激发或建议你的丈夫、孩子以及朋友,你必须实现自我。那么,怎样实现自我呢?只有积极进取地去做一些你热爱、在意并认为是重要的事情。

30年代,写作瞬间成为女性实现自我的一种途径。尽管尤兰的书在很大程度上只是对默恩斯关于"创造力"理念的重述,但书掺杂着呼吁读者逃避责任(例如,其中一章的标题为"女性应当为了写作摆脱困扰自己的家务活")、变得懒散的内容。这本书的受众不只是女性,但它传递的信息类似于诗人、批评家桑德拉·吉尔伯特在后来提出的观点。吉尔伯特对"女人反复无常"这一由来已久的谬论做出了解释,她并不认可"女人的反复无常,即是拒绝被男性话语操纵和'扼杀',固执地坚持自己的信念"的观点。尤兰接受长期以来对女性懒散、颠覆的指责,并对其进行重新评价,使之成为一切创意活动的必要条件[47]。

所有教女性如何写作的书籍的作者,都在寻求某种颠覆的手段。多萝西娅·布兰德在《成为作家》中论证了许多观点,例如,任何人都可以通过学习而成为创意天才。《学者》杂志的编辑、知名出版商苏华德·柯林斯是白璧德、摩尔和新人文主义的狂热支持者。作为他的妻子,布兰德从一开始就对各种类型的"天才"充满反感。她的丈夫与其他人文主义者将"天才"与浪漫主义联系在一起;她则认为,"天才"与"作家同盟"的关系密切,作家团结在一起,共同盟誓:"天才不是教出来的。"在论证"天才其实是可以教出来的"这一观点时,布兰德试图打破作家联盟对文学的束缚。《成为作家》是一次文化的祛魅。隐藏在写作背后的"神圣的奥秘"无非是这样的:一个新手必须学会引发"艺术昏迷",这种真正的艺术家在创作时产生的半昏迷状态,却被误以为是"天才"状态。而女性尤其擅长引发这种艺术昏迷:长时间的洗澡,躺在阴暗的房间,甚至在做家务时都可以产生。"一个学生告诉我,'即使在擦地板都没问题',她的丈夫是位教授,所以她只能在照顾大家庭的间隙进行写作。后来,她发现自己在厨房工作时的写作状态是最棒的。"[48]

《想写作吗?》一书,从标题开始就在表达对男性视角的不屑,拒绝接受男性针对缺乏自信、犹豫、拖延问题给出的建议。书中,玛格丽特·维德莫对高雅传统的标准予以迎头痛击。除了在1919年凭借《通往天堂的旧路》(Old Road to Paradise)一诗获得了普利策奖,她完全被批评家所忽略,被认为不值一提。作为回应,维德莫将批评家的评价标准踩在脚下。就像近来的语言学家黛博拉·坦纳一样,她认为,文学评价标准说到底是文化差异的问题:男性和女性在叙事风格上有所不同,对小说题材的偏爱也是由性别差异决定的。许多批评家是男性,而男性总是固执地追问原因。那么,以下现象也就不奇怪:

> 那些比过去更能主导写作潮流的作家和批评家,那些比50年甚至100年前更逆来顺受的大众读者,他们自然偏爱那些内向的或含蓄的见解,因为他们本人正是持有这种见解。所以,在过去的20年里,作家和批评家更崇尚探讨"为什么发生"的含蓄型小说,而不是探讨"怎样发生"的张扬型小说。

维德莫将杂志市场划分成三类:通俗杂志、学术杂志、低俗杂志。她呼吁自己的读者从事第一类和最后一类的创作,避免"思想尖锐的学术化"。她蔑视那些刊登试验性文艺作品的非商业性的小杂志所表现出的品位的同质化,因为这些杂志普遍青睐含蓄型的作品。这种蔑视在使她失去赞誉的同时,也为她带来了回报:张扬的作家能赢得"更多的读者",她笑道:"因为读者的思维往往是张扬型的。"而读者中的大多数是女性：一项关于书刊发行销售的经济调查发现，不仅"女性普遍阅读量更大，其中大多数会选择阅读书籍"，而且女性"阅读速度更快，因为她们能最快地'把握'词语的含义，而不是'抗拒'意象所传达的内容或者停下来对其进行推理；因此，"女性更容易'陶醉'于阅读内容之中"[49]。

对于大萧条时期的多数女性而言，从事严肃文学创作几乎是不可能的。艾斯特·施瓦茨那本仅有 52 页的小册子指出了实用（非艺术）创作的积极方面。《你渴望写作！》是一本针对家庭主妇的书。虽然它的封面明确指出：这本书的读者——女性作家——是现有文学教育权威体制的局外人。但同时表示，对于想写作的女性而言，一切仍有转圜的余地：

> 本书作者能够利用照顾孩子、整理家务以外闲暇时间进行写作，每周能赚到 50 美元。本书就是在告诉你怎样做到这一点。

于是，艾斯特·施瓦茨从实用经济的角度出发，即将文学当成一种可以增加家庭收入的乐趣，用平实的笔调向读者娓娓道来。她说，自己用两个小时写成的小说，每篇稿酬从 15 美元到 100 美元不等。"我真的想不出还有哪份工作可以让女性在家里舒适地赚到这么多钱。"她接着写道：

> 当然，如果你打算跻身《故事》《哈珀》《斯科莱布诺》这类知名杂志的作家队伍，就必须寻求我这样的人的建议和帮助。我并非生来就是搞艺术的料……

实用、坦率的态度令人耳目一新。更重要的还在后面,果断地排斥"才能"与"艺术气息",意味着对文学教育体制排外性的反抗,是一种通过否定"天才论"而实现自我肯定的手段。艾斯特·施瓦茨形容自己是一个现年 45 岁、从事写作已经 8 年、同时发行诗集的小说家。在《你渴望写作!》动笔时,据她本人统计,已经完成了大约 1 500 个短篇小说,其中卖出了 300 个。在批评家看来,她可能只是个不起眼的、微不足道的作家,但照她自己的标准,她显然已经取得了极大的成功[50]。

30 年代中期,女性渐渐不再需要采取颠覆的策略。批评与教育体制转向生成性文学,使施瓦茨这样的女性作家能够实现自我,尽管她们仍然没有进入批评视野和文学体制(这并不是她们的错)。在一篇文章中,施瓦茨感叹自己没受过高校写作教育。"你不需要接受高校写作教育,"一位仰慕者在给她的信中写到,"你应该去教写作!"[51]许多女作家,像尼姊、比尔德西、尤兰、布兰德、维德莫、杰罗尔德(曾任教于布林茅尔学院)等,在这一时期都在教课;在那些地方,她们要么教课,要么听课;通过参与写作与批评教学,她们帮助纠正了高校中普遍存在的、在她们看来并不正确的文学观。文学既不是神圣的奥秘,也不是记录细微的学术发现的历史数据库。它虽然是一门可以传授的手艺,却又不仅仅是一门手艺。它还是一种自我界定的手段,一种扫除老派文学文化教育评价标准的途径——不论作家是否认同新人文主义者、新批评家或新兴的女性作家,新的、更适当的标准必然会取代旧的。

1934 年前后,莱昂内尔·特里林在纽约为女青年会的学生开设创意写作课。他在 10 年后的一篇名为《课程与秘诀》(*The Lesson* and the Secret)的小说中记述了这段经历。标题中的"课程"既是指一堂课(小说讲述的是在一堂课50分钟内发生的故事),也指作为教师的特里林对写作的巧妙构思——这以体验为基础,要求精通文学,必须经过训练,其评价标准也由对思维产生的效果而定。简言之,它涵盖了"文学批评"一词所暗含的各个方面。"秘诀"则是指:课上的女学生认为写作是有秘诀的,她们想知道这个秘诀。她们"分为两派,一派认为秘诀在于如何畅销,一派则认为秘诀在于如何写好"[52]。女性的这种想法可以理解,因为男性将写作的秘诀隐藏得太久了。但课程的理念是:写作不能仅靠秘诀,成为作家要比学会写作付出更多的努力。如果这种课程在随后的创意写作发展史中被人遗忘——如果与文学批评联合的时间长到足够使创意写作立住脚的话——也同样可以理解了。无论文学学术研究朝着什么方向发展,经过了批评家与作家占主导的30年代,绝对不会有人再认为"文学创作已经结束","谁也别指望能写出新东西"。从那时起,文学的产生过程就不再是秘密了。

第七章　超级机器

爱荷华大学以外的第一批研究生创意写作项目在二战结束后的几年里纷纷建成。1946年,艾略特·科尔曼①在约翰斯·霍普金斯大学创立了写作研讨会。1947年,斯坦福大学设立了写作项目的奖学金,同年,阿兰·斯沃勒在丹佛大学也开启了这个项目。1948年,巴克斯特·哈撒韦②在康奈尔大学做了同样的事。这样做的目的,在华莱士·斯特格纳看来,是想为创意写作教师设立一个独立的硕士学位——创意写作课在战后的高校中风行一时。斯特格纳在斯坦福也开设了这一项目,他认为:"如果学位申请者通过了一定的筛选和训练,他们一定能够胜任任何一所高校的写作教学工作,而且会做得比以往更好,这是学术体系培养出的博士也做不到的。"[1]

20年中,这几个项目成果显著。1942年,诗人保罗·恩格尔被任命为爱荷华大学创意写作的主管。在他的带领下,爱荷华的创意写作课场场爆满,招生人数在1965年到达顶峰——250人。据说恩格尔曾为这份工作精心准备过一番,也正是他见证了爱荷

---

① 艾略特·科尔曼(1906—1980),美国诗人、学者。从1936年第一本诗集问世起,一生共出版诗集十余部。1945年加入约翰斯·霍普金斯大学,次年组建写作演讲与戏剧系(即下文"写作研讨会"的前身)并担任该部门主管直至1975年退休。

② 巴克斯特·哈撒韦(1909—1984),《新纪元》杂志的创办者,1946年来到康奈尔大学,旨在建立创意写作项目。该杂志起初是在英语系基础上创办的文学季刊。

华大学创意写作的发展壮大：他是一个学术型企业家，其才华同样表现在作为新闻广告员和资金筹措人的方面，因为直到 60 年代中期，爱荷华作家工坊一直靠捐赠维持运作。此后，爱荷华转而依靠国家拨款，这也成为创意写作项目真正发展的开端。1970 年，项目总数攀升到了 46 个，到 1980 年则超过了 100 个。战后的创意写作史，也即是创意写作发展成为遍布全美的产业的历史，这一产业被称作"超级机器"，即能制造其他机器的机器。创意写作项目成了一个能够制造更多创意写作项目的机器。早在 1964 年，艾伦·泰特就警告说："由获得学术认可的创意作家去教授创意写作，培养其他的创意作家，但这些创意作家并非传统意义上的作家，而是能够培养更多非传统作家的创意作家。"[2]

整个发展过程分为两个阶段。首先是文学批评的时期。其间的批评家，像斯特格纳、科尔曼、斯沃勒、哈撒韦和恩格尔，虽然不是批评界的佼佼者，但他们进一步巩固了前代学院派批评家留下的成果。继而，创意写作刚站稳脚跟，文学批评就整个地被卷入了高校内部的扩张时期。在前后两个阶段中，创意写作可以说一直走在"职业化"的夹缝之中。不过，我倒是认为，创意写作在前一个阶段仅仅是一门课程；只有在第二阶段，负责该门课程的教师才真正使它成为一种职业。

第一阶段的创意写作是对批评传统的完善。它致力于通过接受一整套理论体系来解决特定的人类话语问题。这是一场指向结构性知识的批评运动——"方法"既被理解为实现目的的唯一手段，又是也被等同于"内容"。对这一问题的看法使得第一批全职驻校作家（正如泰特的一个学生对他的描述）"将教学视为职业作家创造性活动的一个必要组成部分"。在战后最初的几年将自己定位为职业作家,意味着他要承担文人所要承担的一切责任,包括贺拉斯所说的"起磨刀石的作用"。这就要求作家努力寻求知识的完整性和一致性,同时进行文学创作实践。文学职业化是一条自我重视的途径,而非一场谋求特权、权威的运动。相比之下,许多其他行业——如商业、教育和军事——是先有标准化职业训练的尝试,后有训练的具体内容的。就这一点而言,战后的驻校作家更接近于工程师和商业艺术家,他们都必须在没有衡量标准的工作环境中,掌握不断发展的知识或技巧。与此同时,作家正在实现更普遍意义上的职业化:他们不再介意外界的看法,即便是一般读者的看法;他们越来越关心来自同行的评价。但就在这里,对自主性的坚持也是教学意义上的,而非职业意义上的。就像斯特格纳曾经鼓励一个"格调独特"(斯特格纳语)的作家,(并保证)她的读者数量会"随着时间的发展不断增长,而不能寄希望于某个出版季";又如索尔·贝娄①在区分"流行小说"与"精英小说"时表示:"不佳的作品与优秀的、艺术的作品之间是相互补偿、相互证明的关系。"在战后的第一个发展阶段中,创意写作的任务是实现知识的系统化和传播,为的是满足长远的审美需求,而非一时的发行状况[3]。

到了第二阶段,创意写作成为助力战后美国高校扩张的主要动力之一。虽然创意写作的繁荣与高等教育的空前发展同时出现,但这并不仅仅是巧合。创意写作是扩大高校社会影响力的手段和确证。从 40 年代末到 70 年代初的这一时期,高校突破了教学、研究的传统职能,进而为包括文学在内的多种艺术提供场所。

---

① 索尔·贝娄(1915—2005),美国作家。曾两次获得全美图书奖。1975 年凭借《洪堡的礼物》获得普利策奖,1976 年获诺贝尔文学奖。

埃兹拉·庞德在 1950 年说道：

有一点是确定的：美国如果想要成为艺术活动的中心，就必须学习托勒密王朝对文化的重视。通过政府补贴，各种艺术才汇聚到了（托勒密王朝的）亚历山大图书馆；美国想要实现这一点，无他法可寻。

才过了短短十年，庞德提出的难题就开始得到妥善解决。1961 年，恩格尔表示："现在可以想象，到 20 世纪末，美国高校的文学发展将会获得更多的理解和帮助，这在那些传统悠久的欧洲国家是从未有过的。"他还可能会说，"这在传统不那么悠久的美国也是从未有过的"，因为此前由古根海姆、洛克菲勒、福特家族基金会以及麦克道威尔文艺社区、布瑞德·罗芙作家会议所承担的责任，转到了高校的身上。正如我在第四章中提到的，像布瑞德·罗芙夏季会议和麦克道威尔文艺社区、雅斗艺术社区，它们都在尝试资助和鼓励艺术生活，但它们最多只能提供暂时的食宿。二战之后，高校有了长足的发展，为美国艺术活动提供了长期稳定的场所，对高校历史使命的赞誉似乎可以从其规模的扩张上得到充分的证明[4]。

诗人西奥多·维斯向我们展示了战后创意写作发展的两个阶段是怎样结合在一起的，但顺序是倒过来的。在说明自己在高校任教的收获时，维斯说：

高校为我所从事的工作提供了正式的职位，这是一种社会认可。工作坊也要求我不断强化、调整自己的写作态度,使之更加合理、可信。因此,我的自我认知变得更加成熟——或者说,更明确自己未来的发展方向。

但维斯在高校中究竟做过或想做些什么呢?自己写诗,还是教别人写诗?抑或两者兼有?这指向了战后创意写作的最本质的困惑。每当有人质疑"写作是否能教"时,这个困惑就会出现。小说家沃尔特·克拉克认为,问题的答案是唯一的。"写作教学只有一个目的,那就是培养作家。"他在 1950 年说道:"毫无疑问,这是核心目的,就像法学、工程学、医学教学的核心目的是培养律师、工程师、医生一样。"而且应由作家去教。克拉克所说的作家,是那些致力于"'严肃的诗歌、小说创作'、基本上远离商业化或程式化写作"的人。除了培养作家,创意写作的其他内容都是次要的。实际上,"核心目的"以外的其他内容,都无法使战后建立的诸多研究生写作计划变得合理、可信[5]。

但是,项目的目的似乎与课程并不一致。例如 80 年代初,西密歇根大学的创意写作本科课程的计划人数超过 100 人/学期。这就有理由在该门课程基础上建设硕士生项目——这些课上的学生就可以成为项目的参与者——但有点难以置信的是,这些学生都是被当作作家来"培养"的[6]。如果仅仅作为一门课程而不是一个完整的项目,创意写作只能凭借其作为结构性知识——从创作者的视角对文学进行观照——这一次要意义而存在[7]。项目与课程在目标上的分歧表明了创意写作职业化的真正本质,而这种本质直到 60 年代末、70 年代初才显露出来。直到那时,创意作家——创意写作项目的研究生——才获得了教授这门在课程体系

217

中极富争议的科目的专有权。在创意写作职业化的本质显露之后，职业化本身已经与文学无关了：与其说他们是职业化的作家，不如说是职业化的写作教师。如果他们作为作家的目标与作为教师的目标发生分歧，如果他们获得聘用和提拔的标准取决于他们的同事而非学生，那么他们就与其他专业的高校教授没有什么区别了，都要（像布里格斯若干年前指出的那样）痛苦地使自己的学术才能适应通识教育的需要。这才是学术职业化的真正含义。创意写作作为高校课程达到全盛，是在其研究生项目（培养严肃作家）的目的与本科教学（从内部认真检验写作水平）的目的分化之后实现的。

抛开不断有批评家、诗人、小说家涌入高校任教不看，美国作家的生计问题仍未得到妥善解决。一位写作史研究专家称，二战结束时，全体作家大致可分为五类：

首先是独立的自由撰稿人；另一类作家是在自由写作之余偶尔打些零工补贴生活；第三类作家全靠写作为生；第四类作家的主要收入来自别的工作，只是偶尔凭借写小说或诗歌赚些稿酬；最后一类则是人数众多却几乎卖不出作品的业余作家。

批评家、编辑马尔科姆·考利于1949—1950学年在爱荷华作家工坊的一次演讲中提醒学生，只有五六个严肃作家能够获得成功，这种状况能把不少学生逼到法学院去。"写小说并非事业或者职业，甚至连行业都不是。"1950年，作家文森特·麦克休在《小说入门》(Primer of the Novel)一书中表示了对考利说法的赞同，"它只

第七章 超级机器

是一场赌局,胜算甚至比不上赌马,而赌注却大得多。"[8]

尽管 1950—1973 年,国内生产总值以每年 2% 的速度增长——这即是被历史学家约翰·布鲁克斯形容为"在其他国家从未发生过的、短期内戏剧性重新分配收入"的时期——但美国作家并没有从中直接获益。比如,有研究者发现,1953—1957 年的五年里,

> 职业作家无法靠单纯的写作收入维持生计的情况非常普遍……有成千上万的自由作家或想成为自由作家的人,而真正能够以此为生的却寥寥无几。

全职自由作家的平均收入是 3 400 美元——此时,全国人口总数上升了 11%,年收入低于 5 000 美元的人数减少了 23%。同时,那些在写作之余兼职其他工作补贴生活的作家额外赚到的钱相当于稿酬的 5 倍:单纯依靠写作,一年赚不到 1 500 美元;而从事其他行业,一年差不多能赚 7000 美元。从事其他行业的人中,每 20 人中只有 1 人保有第二职业;而在作家中(权当写作也是一项"工作"),这个比例是 1/3[9]。

随着写作收益的不断下降,有愤世嫉俗者断言:作家会转行做教师。事情并非如此简单。早在电影业兴起和一度保障作家凭借发表短篇小说为生的低俗杂志市场逐渐衰落之前——也就是大萧条和二战之前——就像我在第四章说过的,教书是作家的一种选择。然而,除非他们像威廉·沃恩·穆迪、阿尔弗雷德·诺伊斯和罗伯特·弗罗斯特这样"在多个领域为人所知""誉满全国"(弗罗斯特语),否则不可能得到一份教师的闲职。在获得爱荷华大学的

博士学位之后、前往哈佛大学之前的一段时间里,斯特格纳先后在几个高校任教。1937年,他在犹他大学写道:

> 遵守教学惯例,在工作时间忙于解决标点错误、主谓不一致、并列排比滥用的问题,在写作技巧学习过程中保持紧密、纯粹的艺术整体性——这是有可能的。不论教学初期对一般人来说有多么困难,都是可以忍受的,而且不会击垮一个真正的艺术家。虽然可能会对他有所羁绊,但却可以在他苦苦纠缠于基本原理时为他的日常开销买单——值得注意的是,作家们一旦解决了燃眉之急,总是果断地放弃教学。

但20年后,诗人对教写作的态度发生了转变。在1958年的一份美国社会诗人调查中,哈佛大学社会学家罗伯特·威尔森发现,诗人们在诗歌以外的谋生手段这一问题上仍有分歧。显然,这时的教学仍只是诸多选择之一,其他选择包括从事与法律或医学相关的工作、经商甚至干体力活。但诗人们逐渐认为,教学是"一份更接近诗歌的工作",因为这要求他们"不断强化自己的杰出才能——对语言的熟练运用"。威尔森发现,有许多诗人在高校教英语,"摒弃了传统观念,不再排斥将教学与创作混为一谈,而表现得愉快且积极"。是什么让他们变得愉快而积极呢?威尔森认为,

> 诗人教师的存在表明,现今许多高校的任命比过去更能满足诗人的需求,因为许多管理者逐渐意识到,作家需要自由时间,不希望为教学任务所累。

就像驻校诗人使管理者相信，标点错误、主谓不一致、并列排比滥用并不是最迫切要解决的问题[10]。

作家境遇的改变表现在经济和教学两个方面，这取决于坚持"严肃"作家与"商业化、程式化"作家之间的区分，这样看来，与此密切相关的是创意写作与实用写作之间的区分。正如我在第三章中讲过的，这些区分可以追溯到 20 世纪初，关乎作为制度与思想体系的创意写作的发展。创意写作至少在一定程度上努力解决长期困扰美国写作的问题：经济生存能力的缺失。然而，这并不意味着严肃写作与商业写作、创意写作与实用写作之间的区别完全是意识形态层面的。对经济的忽视只是最终结果，其源头在于根本上的有意为之。诗人霍华德·奈莫洛夫曾说："诗歌的主要乐趣是教师或批评家很难理解的"——他恐怕会认为买书的人同样无法理解——"这是一种由赞颂美好事物本身而产生的快乐"。但"乐趣"与"严肃性"——赞颂美好与价值期许——之间，是思想主张与理性分析的区别。1959 年，斯特格纳在一封给年轻作家的建议信中解释了两者是如何相互掩盖的。他坦率地说，不以成功为目的、"不慌不忙、审慎地坚持写作，多花些时间思考和修改"，必然需要"一定的经济补贴……而可行方案中最合适的就是当老师，因为它的工作时间是弹性的，还有三个月的暑假"。每个人都可以专心写作，却并非每个人都能拿到工资和三个月的假期。这就形成了对以特定作家为主体的特定写作类型的认同。历史学家芭芭拉·塔克曼对此表示反对，认为这是对"文学"一词的狭隘理解。1966 年，她在一篇文章中说道："我不明白为什么谈到'文学'总是局限于小说家和诗人，而我们其他人却统统被'非虚构'这样的字眼涵盖，好像我们是多余的。"原因当然是作家、诗人受聘于高校,使得他们所教授的"严肃写作"与"文学"变狭义了。作家本人却并未意识到这一点。相反,他们对文学充满激情,视它为最重要的人文学科,尽管他们把文学限定为了小说和诗歌。索尔·贝娄不久前在回顾他那一代人的全盛期时说道:"与我同代的人基本都不在了,我们对文学满怀热情,把它当作揭示现实、反思当下不可或缺的源泉。"[11]

第一代全职驻校作家既不忙于纠结于具体的语法问题,也不着意培养严肃作家,他们只是教授文学。诗人、批评家兰德尔·贾雷尔在北卡罗来纳大学任教时,该校建成了创意写作硕士点,但据他的同事弗雷德·查普尔回忆,"兰德尔当时明确表示,自己对研究生阶段的写作教学不感兴趣"。虽然并非所有的驻校作家都像贾雷尔一样,但他们中的大多数还是喜欢教文学的。1950年,正如批评家雷·韦斯特说,

多数'写作'课教师也会开出比较优秀的'文学'课。他们的确常常将自己限制在一定领域之中(比如说近代批评与文学、外国文学或当代形式研究),这些领域是传统英语课程体系所不包括的。这通常不是由于他们的偏好,而是因为这些课程满足了他们的需要——这种需要是文学学者意识不到的。

作家教文学,是因为文学始终被学者忽视——至少作家是这么认为的。随着越来越多的作家在战后进入高校,文学性质的确定也更多地取决于他们的身份及所作所为[12]。

他们的确是大批涌入高校的。1910年以后出生的一代诗人几

第七章 超级机器

乎全都是驻校诗人。约翰·贝里曼，1939—1955年间断断续续任教于韦恩州立大学、哈佛大学和普林斯顿大学，从1955年直到1972年自杀，其在明尼苏达大学担任全职教师。约瑟芬·麦尔斯从1955年开始在伯克利分校工作，直到她1985年去世。二战期间，约翰·马尔科姆·布瑞宁在瓦萨尔学院教了五年，后来又先后在康涅狄格大学和波士顿大学分别工作了十年和两年。J. V. 坎宁汉在1945年获得博士学位后，先去了夏威夷大学，后又到了芝加哥大学和弗吉尼亚大学，1953年转到布兰迪斯大学，并一直工作到1985年去世。奈莫洛夫从1946年开始在汉密尔顿大学执教，先在本宁顿学院工作了较长的一段时间，又在布兰迪斯大学稍作停留，最后于1969年去了华盛顿大学，直到1991年去世。罗伯特·海登在1946—1969年间任教于费斯克大学，1969—1980年又去了密歇根大学。约翰·希亚迪在1946—1961年间先后执教于哈佛大学和罗格斯大学。战后，威廉·梅雷迪思在普林斯顿大学工作了四年，即1946—1950年，1955—1983年，又是在康涅狄格大学度过的。贾雷尔从1947年直到1965年去世，一直待在位于格林斯博罗市的北卡罗来纳大学。1948—1979年，约瑟夫·朗兰一直待在怀俄明大学，后又去了马萨诸塞大学安姆斯特分校。安东尼·赫克特在多所学校工作过，先是在肯尼恩学院（1947年），40年后在罗切斯特大学退休。1947年，西奥多·维斯来到纽约大学巴德学院，直到1966年被普林斯顿大学聘为创意艺术教授，并最终于1977年在那里退休。1947—1982年，埃德温·霍尼格先后任教于新墨西哥大学、哈佛大学和布朗大学。1948—1950年，卡尔·夏皮罗待在约翰斯·霍普金斯大学，从1956年直到1985年退休，他先后执教于伊利诺伊大学芝加哥分校、加州大学戴维斯分校和内布拉斯加大学。1949—1986年，菲利普·布斯的教师生涯中，先后去过鲍登学院、卫斯理学院、锡拉丘兹大学。1950—1986年，理查德·威尔伯执教过哈佛大学、威斯理安学院和史密斯学院。埃德加·鲍尔斯于1952年在杜克大学得到了自己的第一份教职，1991年在加州大学圣芭芭拉分校退休。1953—1992年，唐纳德·贾思提共执教过包括爱荷华大学、佛罗里达大学在内的多所高校。1954—1982年，威廉·麦哲提一直在华盛顿大学任教。1955—1959年，路易·辛普森一边在哥伦比亚大学教书，一边攻读博士学位，在伯克利分校待了八年后，又去了纽约州立大学石溪分校，并于1991年被评为该校杰出教授。这份名单还可以列得更长。值得注意的是，他们开始执教的年份集中在二战结束之后。这一点我在后面还会提到，不过眼下还有另外一点值得注意：虽然这些诗人中的大多数都有硕士及以上学历，其中几个人还有博士学历，但他们没有一个是创意写作专业硕士，尽管其中两人（朗兰和贾思提）在爱荷华大学参加过该课题研究，还有一人（鲍尔斯）在1948年获得了斯坦福大学的创意写作研究基金。

驻校诗人都做了些什么，或想做些什么呢？奈莫洛夫说："早年，前辈常常告诫我们，必须把文学当作文学来教，而不是历史学、心理学、哲学甚至其他社会科学的附属物……"即使没有人完全理解这话究竟是什么意思，但对整整一代驻校作家而言，这的确是第一戒律。战后，作家受聘任教的地方几乎都已经成了新批评的阵地。1950年，当罗伯特·洛威尔在爱荷华市生活和工作时，（他说）新批评已经与流浪狗、高雅电影及当地谋杀案共同成了该市的标志。这个时代被贾雷尔称作批评的时代。1950—1970年，文学批评著作在新出版物总量中的比重从42.1%逐渐攀升到了67.5%。

文学批评成为当代文学主要类型之一：像理查德·切斯、卡津、欧文·豪和休·肯纳这样雄心勃勃的年轻作家，他们几乎仅凭文学批评写作就可以扬名立万。此外，文学批评在一段时间里似乎成了美国高校中最具影响力的学习模式。据批评家、《评论》的编辑波德霍瑞茨对40年代末跟随切斯、莱昂内尔·特里林和杜皮学习经历的回忆，

在课堂上，这些批评家不仅将我们引向文学的神秘宝库，同时也指导我们研究哲学、神学和政治学。作为复杂文本的阐述者，他们传授阅读的方法并帮助我们认识和感知真正的力量；作为文学理论家，他们引导我们走向激动人心的玄学世界——由于逻辑实证主义的胜利，它被驱逐出了哲学的范畴——为文学批评开辟了新的领域。

实际上，这是对文学批评的过分要求——正如詹明信所说，"文学批评，是从乌托邦的视角评判当代社会的一门学科"——这些要求从新批评及其对文学重要性的狂热信念中受到的影响，远远多于它们所承认的[13]。

驻校作家是第二代新批评家。他们很好地平衡了小说、诗歌写作和复杂文本分析之间的关系，甚至连小说家贝娄也是如此：当1946年罗伯特·沃伦从约瑟夫·毕治那里申请到明尼苏达大学副教授职位时，贝娄终于"从一年级新生写作的纸堆里逃离出来"，将余生致力于高校文学教学，并以小说写作的方式表达自己的批判思想。斯特格纳也一样：尽管他坚决反对自己在哈佛的同事伊沃·温特斯关于文学"既非概念性真理，也非命题性真理"的论断，

但却认为文学是"寻求真理的手段",并且这种真理可以"在相当长的时间里经受,至少能缓和对人性的质疑"。任何读过他的小说的人都无法相信——在作品中如此质疑人性的斯特格纳居然是从福斯特的人文主义盛行的文学院中走出来的。其他学科奠基人的名气要小一些——是一些二流的批评家和作家——但毕竟也是从事文学的人。在发行20多本诗集之余,艾略特·科尔曼写了几本关于现代法国批评主义的著作。在密歇根大学读书期间,哈撒韦就凭借此后得以出版的小说《坚定的方向》(*The Stubborn Way*)获得了该校的霍普伍德奖;后又前往康奈尔大学任教,写下了另外一部长篇小说以及两篇关于文艺复兴批评的论文。除了是温特斯和J. V. 坎宁汉的出版人,并因此成为"文学既是概念性真理,也是命题性真理"观点的提出者外,阿兰·斯沃勒本人写下的诗歌足够出一本小的诗集。其中一首诗(正如其副标题所说)是对"落基山作家工坊"的思考:

> 那些温暖、微笑的面孔,笑声驻留
> 如鲠在喉。有什么
> 比笔端的梦魇更庄重?
> 这儿蔓延着阳光、溪流、山间绿树——
>
> 却又如此漠然,多么奇怪!
> 一只我们无法辨识的手掌控一切。
> 我们肃穆——迎接文字的拜访
> 措辞驱使思维在头脑中飞速运转。

其实,壮丽不属于我们。它
在坡上,在滋润地衣的流水之间。
当忘却了梦中的迷狂
反讽的字眼会恰如其分地出现,困境终结。①

  斯沃勒反对作家工坊中高度严肃的氛围,所以选择了"反讽",当然,"反讽的字眼"——至少在那些最具影响力的新批评家那里——不过是现代诗歌的代名词。1949年,尽管克林斯·布鲁克斯承认,"'反讽'已经难以成为我们这个时代的口号了"——新批评家总是滥用"反讽"来表述现代诗歌的结构问题——但原因在于:以反讽为特征的现代诗歌随时可能是行程无法确证的"真理",这一问题有待解决。所以,对新批评家以及受新批评家影响的作家来说,反讽即是一种对待经验的态度。斯沃勒提倡的是:创意写作遵循新的批评模式——一种使其自身免于被严肃性狭隘化、局限化的方式——这一模式表明,别看它叫这个名字,其实创意写作并不能创造整个世界。因此,他得出了与艾伦·泰特在此后不久得出的相似结论:"这种行为的名称及行为本身被普遍接受,即便它会对假装信奉天赋论的学生和教师造成极大的恐慌。"[14]

  通过对战后文学产生的研究,作家、文学批评家贾德森·杰罗姆发现了"敏锐的判断力在当代诗歌中的支配地位——不仅是对作品,也是对作家的事业……"驻校诗人的敏锐判断力表现为诸如

---

① 引自阿兰·斯沃勒《圣言》《无名的景象:1937—1956年的诗歌》。由俄亥俄大学出版社及雅典斯沃勒出版社授权转载。

怎样写作和规划文学事业，同样也表现在创意写作方面。"我想，"历史小说家、文艺复兴研究专家，同时也是创意写作教师的海伦·怀特说，"接受过系统的课程训练的人，可能会在文学生活的程式化方面花费更少的时间，将自己的主要精力放在锤炼技巧上，避免对作品和自身过度感怀，更别说对周围人了。""敏锐的判断力"以及"较少的多愁善感"，可以用不这么夸赞的方式来定义。近来的一个文学史学家称，新批评使 50 年代的诗歌"恢复平静"，而诗人里德·惠特莫尔讽刺地将当代诗歌创作比作流水线生产：

统一切割过的诗行变得更加平整
越平整越好
诀窍破窗而入
诗句滚出门去。

如今连菜场上的每个人
都知道他的新作可靠
仿佛国家需要它们：
统一，稳妥，纯粹。[15]

"诀窍"也许不能最准确地描述 50 年代诗歌表现出的技巧训练的痕迹——（能够充分理解华兹华斯诗歌的序言中某个词的含义）对未解决的问题做出判断能力——但惠特莫尔刻意夸大了这一点。这得到了充分的证实：斯特格纳觉得自己必须使当代文学免受"语义实证主义"的指责，杜绝"用量化方法进行写作和阅读"的倾向。虽然第二代新批评家（或驻校作家）并非语义实证主义者,但他们的确倾向于将文学批评精简到只剩下工具主义甚至是职业教育主义的功能,辅助当代文学创作实践。这种倾向表现在各个方面:从对文学灵感非理性来源的蔑视,到确信诗歌的影响可以简化为理性陈述。《当代诗歌阅读》(Reading Modern Poetry)是保罗·恩格尔与沃伦·凯瑞合编的一本1955年的校园作品选,恩格尔在书中声明,灵感说是

大错特错的,因为它相信诗歌写作不是一种意识活动。诗歌奇妙的真相、使之富有生命力并成为人类艺术的一切根源,在于它既来源于尚不明确的最遥远的意识深处,又来源于这种不明确本身——开放的思维意识活动。它通常是涌现在诗人笔下的"潜意识"与作用于材料的意识活动的结合……

在最终形式中,这样的理性训练会最终蜕变为对细节的过分痴迷。例如,在1959年犹他大学的夏季作家会议期间,约翰·贝里曼分析了斯帝芬·克莱恩的短篇小说《海上扁舟》(The Open Boat)的第一句。他花了一整个上午,指出这句话是用五步抑扬格写成的,通过变换逻辑重音一遍遍重复:

None of them knew the color of the sky.
None of **them** knew the color of the sky.
None of them **knew** the color of the sky.
None of them knew the **color** of the sky.
None of them knew the color of the **sky**.
(他们中间没有一个人知道天空的色彩。)

这种研究的最终目的何在呢？当时在场的诗人约翰·马提亚斯虽然不太清楚，但他证实，"这是对教学技巧与批评才能的精彩展示"。另有评论者可能会为贝里曼在分析过程中的审慎和不遗余力所触动。他似乎认为，通过将全部注意力集中在某一细微要素上，克莱恩的写作风格就会如他所愿，主动展现自己的秘密。尽管这种研究是新批评"文本细读"的变体，但已经开始愈行愈远。文本细读最初是一种将有意味的文本限制在文本本身的研究方法。它的主张是，在细读之前不会有任何关于文本的了解；文本是理解的全部基础。在贝里曼手中，文本的范围缩小至一句话，根本没有其他的内容；意义也不在讨论的范畴之内。批评家的全部精力都倾注在了技巧细节上[16]。

文学被当作其自身的终结，与此同时，对细节的关注也就无法避免了。人们没有从文学的"次要价值"——道德影响——的角度进行研究，而是为了弄清文学影响是如何获得的。正如诗人卡尔·夏皮罗呼吁的，这种转变指向的是职业教育主义：

让我们放弃"诗歌对世界有益"的传统的教育理念。认为诗歌可以使人变得更好，与相信诗歌会使人变得更糟的观点一样狭隘。让我们换种方式来考虑。不妨把艺术创作当成一种职业，仅仅是某一类人所从事的职业；然后将它与其他知识技能平等看待。

不管怎样，文学职业技能仍然是创意写作项目的基本要求，而这一专门知识的名称依旧是"文学批评"，尽管人们已经开始以新的方式定义它了。30年后，短篇小说家唐纳德·巴塞尔姆给出了更明确的判断。他认为,单独的写作项目可能无法将学生塑造成严肃作家。"但是,你可以教他们理解什么是死板,什么是鲜活,"巴塞尔姆在休斯顿大学的课堂上说,"你可以教他们如何批评自己的作品。"即使在50年代,这种职业批评的观念也是逐渐确定下来的。从1949年开始雷·韦斯特在爱荷华大学任教,他回应了福斯特关于使写作项目成为文学批评的场所的观点。因为"每个作家都应该尽其所能学到最好,"韦斯特说,"从而准确判断自己作品何以成功";又由于这种辨别优劣的能力——批判力——"对创造过程中的各个方面都起作用,"所以,"写作项目可以通过对这种能力的培养获得最佳效果。"然而,如果这种强调是职业上的,那么意味着职业化的程度还不够。"作品认同与出版的问题始终是第二位的,"韦斯特说,"它们是写作的结果"——也就是说,作品完成后,这些问题才会出现——"而不是写作的目标,即鼓励学生在创作过程中刻意迎合某个出版商。"[17]

写作教师反复强调"写作本身无法传授",但与之相关的文学批评却是可以的。比如说,小说家珍·斯塔夫认为写作课上的内容远远多于实际写作所需要的,她说:

在课堂上,如果一个学生想要分解小说、拆解组成部分,从而看懂作家是如何将它们统合为一个整体的,那么他自己永远也写不出可以出版的作品。但他可以更好地了解写作,而且他阅读的乐趣——以至于生活的乐趣——将会得到极大的丰富。如果你会打网球,那么观看比赛会变得更有趣。但即使你不会打,只要懂得比赛规则,就能够分辨出个别选手的独特风格,当一个精明的观众。

并非每个人都像阿肯色大学的约翰·怀特海德一样坦率。他说:"我教阅读,而且我是按照作家的阅读方法来教的。""像作家一样读书"是创意写作的意外收获。30年代中期,多萝西娅·布兰德在《成为作家》中最先提出了这个说法,但将这一说法提升为理念,则是 R. V. 卡西尔在《小说写作》(Writing Fiction, 1962)中完成的。小说家卡西尔曾是爱荷华大学的教授,1966年,他在布朗大学建立了写作项目。他把"像作家一样读书"定义为一种文学学习的类型,它使创意写作一方面区别于新闻职业培训,另一方面区别于文学学术。好的作家不仅对商业程式的运用感兴趣,还必须在创作原理之外研究具体文本。但与学者不同,作家不需要在判断文本源头上花太多工夫。总之,他们关心的是文本的生成问题——各个部分是怎样统合为一个整体的,这意味着他们要从文本的其他构成方式的角度进行考虑。卡西尔逐字强调说:"作家阅读必须明白,一篇小说之所以以这种形式存在,是因为作者从诸多可能性中选择了这一种。"而且,这种职业化的知识观念显然已经深深印入高度集中的创作训练了。但同时,又不是完全的职业化观念,因为它所关涉的文学内容或具体问题并非只针对专业人士。"你知道吗,"一个60年代初的创意写作专业的本科生对詹姆斯·福尔松教授说,"这是耶鲁大学开设的所有文学批评课中最棒的。"经过对这个学生的话的深思,福尔松断定,这门课程

通过让他意识到其他作家之所以成功、自己之所以失败的原因,使他能够洞察文学分析的技巧。这门课通过实例而非规则教会他在文学阐释中,什么才是真正的问题——不是"这个故事表达了什么",而是"这个故事是怎样表达的"。

尽管创意写作仍然是一门文学批评课程,但这种批评既不是"诀窍",也不是对技巧细节的关注,也许连"职业主义教育"这样的说法也太过生硬。创意写作是关于文本如何生成、如何表达的知识,是一门传授结构性知识的课程[18]。

霍华德·奈莫洛夫解释了自己成为高校教师的原因。他当时26岁,虽然已经接受过哈佛的教育,却没有拿到高等学位。他是一个刚从欧洲战场回来的飞行员,曾服役于陆军航空队,在北海执行过抗击德国舰队的作战任务。他还是新婚燕尔,必须设法谋生。"1946年,"他说道,

政府出台的《退伍士兵安置法案》是慷慨的典范,使得高校为(20名军靴还没脱掉的)退伍士兵提供了一些闲职,我由此当上了教师,无论如何只是负责一些杂活,讲《圣经》、莎士比亚以及现代小说、诗歌之类的课程——我的第一本书《意象与原则》(*The Image and the Law*)出版之后,他们认为我对这方面的内容有一定的了解——或者其他一些需要做的事情。

为退伍士兵提供一些闲职——这在很大程度上解释了战后大批诗人、小说家涌入高校的现象。在1944年《退伍士兵安置法案》之下,老兵可以自主选择高校并接受两年的免费教育。尽管退伍军人事务部的主管曾预计顶多有70万人会这么做,但法令条款促使223.2万名退伍士兵在战后涌入美国高校,仅1947—1948学年就有超过100万人入学。大批退伍的热血青年需要得到安置——还很急迫。这对课程计划造成的影响已经被反复强调过了——创

意写作作为一门课程，早在战前就已经开始发展——但《退伍士兵安置法案》还是以其他的方式在大学中留下了它的痕迹。"《退伍士兵安置法案》造成的主要现象，是对大规模群体执行的宽泛的入学标准，"历史学家基思·奥尔森说道，"这种现象反过来为六七十年代高等教育的膨胀奠定了智力基础。"与此密切相关的另一个现象，是对作家的宽泛的准入标准——人们认为那些出过书的作家有一定的学识——他们被聘来教授现代写作。正是战后高校的扩张，产生了对作家的需求[19]。

美国高等教育的大规模扩张得到了政治支持——1946 年 6 月，由 28 人组成的高等教育校长委员会成立，负责人是美国教育委员会主席乔治·祖克——这在真正意义上建立了高校扩招与高校社会作用扩大之间的联系。"美国高校必须展望高等教育在国家生活中发挥更加重要的作用，"委员会报告中写道：

> 它们（高校）不能再仅仅把自己当作培养知识精英的工具，而必须成为一种手段，使不论老幼的每个公民都能够并被鼓励在自身能力范围之内接受正规或非正规的教育。

虽然高校尽了全力，但我们必须注意到：它们的发展仅仅是规模上的。1930—1957 年，高校招生人数翻了不止一番，从 110.1 万人增长到了 263.7 万人。而这一人数在 1960—1969 年又提高到超过 700 万人[20]。

尽管高校扩招在政治角度看是民主化的表现，但学校内部却把这当作扩大自身影响力的契机。大规模扩张的代言人是加州大学的校长——克拉克·科尔。科尔高度赞扬了他所谓的"综合大学",即能够为不同人群提供多种教育的社会文化机构。仿佛重演了经济学家卡尔·波兰尼在1944年对市场经济的出现做出的判断,科尔表示,大学正在经历一场巨大的转型。"知识的膨胀伴随着人口的增长。"他说道,"同时扩大的还有对专业技能的需求。"创造性艺术是一个"即将繁荣"的领域——他并未指明这一领域是知识方面的还是技能方面的——但"目前为止,它还是学术界的丑小鸭、灰姑娘"。科尔承认:

在文科领域,高校对历史学家和批评家的态度一直比对创作者更热情;创作者只能在别处寻求庇护。但正是自然科学上的创造性使自然科学在高校中获得了声望。创造性也许会在人文学科中发挥同样的作用,但大概需要创造的东西没有自然科学中发生的那么多,而且对价值的评判也没那么精确。以往富有创造性的历史学家和当代的批评家,他们仍扮演着十分重要的角色。但是,美国的时代舞台正上演着一出文化发展的大戏,高校如果想在台前幕后寻求一席之地,就必须想方设法为真正的创造活动提供支持。[21]

虽然科尔的分析引起了大家的注意,但过度的修饰使意义变得有些模糊。他最后一句话的论点差不多是这样的:如果高校想在美国文化中扮演主要角色(这是大前提),如果艺术正居于文化的中心位置(科尔表示,美国文化正处于"文化繁荣的伟大时期"),那么,结论就是——高校必须成为艺术的中心。通常情况是大多数论证会在小前提上迷失方向,但这是个例外。科尔假设大前提是无懈可击的——或许这最能揭示科尔的思考。他是作为高校代表来说这番话的——这没错。招生名额的"膨胀"说明,高校注定要在未来的美国扮演主要角色——这也没错。但在科尔的论述中,包括文学在内的创造性艺术要服从高校寻求公众瞩目的需要。它们只是变成了高校在美国时代大潮中占据核心位置的手段。所讨论的问题并非是人口、知识和技能的增长,关键在于高校文化作用的扩大。

19世纪,高校完成了从学院到研究机构的转型。20世纪下半叶,它又增加了为文学艺术提供避难所的功能。像科尔这样为第二次转型辩护的人,他们的依据是:艺术与自然科学研究并无太大差别。"在最具创造性的方面,"斯特格纳说,"科学和艺术都代表了最初的追问——纯粹的研究——两者也都依赖于刺激性的、原发的直觉。"虽然最后一个词试图为诗歌灵感做理性辩护,但这种尝试是微不足道的。更引人注目的是驻校作家所获得的一系列奖项和荣誉——恩格尔在1961年爱荷华工作坊作品选中列入了两篇拉蒙特诗歌奖获奖作品、一篇普利策奖获奖作品、两篇美国国家图书奖获奖作品,它们都出自工作坊的教师或学生之手——这表明创意写作带来的真正益处,在于它可以为高校带来声望。(恩格尔慎重地将这本作品选献给爱荷华大学,并称赞该校为"创作的发源地"。)艺术创作与科学研究之间的对比也说明了其他的问题。就像高校在19世纪出现的对教学的偏离,如果写作也是一种研究,那么探讨"写作是否能教"就跑题了。斯特格纳认为,这种观点的假设是:与生俱来的文学天赋足以成就一个作家,但事实并非如此,天赋同样需要发掘。"这意味着在文学发展过程中,"他解释道,"运气、经济和社会压力、个人喜好以及几乎没有人再提及的性格因素,与天赋发挥着同样的作用。"一个有天赋的作家想成就自身,就必须解决一系列问题,包括"允许实践和提升的经济条件、以金钱为成功标准的社会压力,等等"。因此,高校成为作家摆脱经济困境、社会困境的最优选择。斯特格纳还说,对作家而言,在高校生活和写作至少可以暂时忘却因缺乏经济保障而造成的惶惶不安。或像恩格尔在解释为什么如此多的作家在战后选择成为驻校诗人或作家工作坊研究生的原因时所说,"他们发现校园能提供机遇与工作的双重保障"。创意写作研究生项目的首要职能被反复强调,即为年轻作家提供自我发展的机遇。其潜台词是:高校正展现出一种新的文化作用。它不再是单纯的研究机构,现在也成了作家文艺营[22]。

如果高校能够为作家提供机遇与工作,那么作家能为高校带来什么呢?互惠义务是最起码的。斯特格纳在描述斯坦福大学的创意写作奖学金项目时说:

(该奖学金)对研究生没有任何学术要求。不论他们的学业成绩有多差,只要他们获得了奖学金,斯坦福就会毫不犹豫地接受他们,而且不用去上写作工坊以外的课。这种情况下,不论他们是否需要(甚至并不需要),都必须修够学分,因为教学计划毕竟需要一定的体现形式。如果他们想的话,可以申请学位,但大部分人并不想。他们反对书本、讲座、音乐、戏剧和联谊会,拒绝做创作之外的任何事情。

斯坦福的项目并不特立独行。诗人马克·贾曼在一封信中这样描述自己在爱荷华两年的求学经历:

我们总共有 48 课时,平均每学期 12 课时——至少我是这样的。虽然这些时间并非一定要在工作坊度过,但工作坊是让我获益最多的地方……我真的只想写诗,并愿意为此放弃学术上的努力……你有 6 课时在工作坊里度过,3 课时用于讨论会或独立学习。到最后一学期,有 6 课时准备作品。因此,我在爱荷华的生活是这样度过的——1974 年秋季学期:马文·贝尔的工作坊,斯坦利·普拉姆利、查尔斯·赖特的研讨会;1975 年春季学期:查尔斯·赖特的工作坊,斯坦利·普拉姆利的研讨会,查尔斯·赖特指导下的独立学习;1975 年秋季学期:唐纳德·贾思提的工作坊,桑德拉·麦克弗森的讨论会,斯坦利·普拉姆利指导下的独立学习;1976 年春季学期:桑德拉·麦克弗森的工作坊,作品创作。除了学生的诗歌创作,工作坊里没有教材,只有学生自己写的诗歌。这些诗歌每周讨论一次,那也是我们唯一见面的机会……

在贾曼的描述里,研讨会的主题是当代诗歌:诗歌形式、长诗、"有意味的诗歌"、女性诗歌。教材选的都是当代诗歌:西奥多·罗特克的《远野》(*The Far Field*)、罗伯特·洛威尔的《生命的学问》(*Life Studies*)、詹姆斯·赖特的《两个市民》(*Two Citizens*)、戈尔韦·金奈尔的《梦魇之书》(*Book of Nightmares*)、菲利普·莱文的《1933》、马克·斯特兰德的《我们生活的故事》(*Story of Our Lives*)、露易丝·格丽克的《湿地小屋》(*House on Marshland*),等等。但即使在这里,研讨会也会发挥辅助创作的功能:贾曼的研究引发了关于叙事诗的反思,这"启发他写下了后来的《死神》(*The Reaper*)一文",这篇他与罗伯特·麦克道威尔在南印第安纳大学共同完成的关于叙事诗的著名评论写于 1981 年[23]。

第七章　超级机器

根据大学英语协会提供的一份《创意写作项目名录》(*Directory of Creative Writing Programs*)，到1970年，全美国共有44所大学有创意写作硕士授予资格，授予标准要么是文学作品，要么是创意写作学位作品。这些学校是：阿拉斯加大学、亚利桑那大学、阿肯色大学、奥本大学、波士顿大学、鲍林格林州立大学、布朗大学、加州大学欧文分校、加州州立大学多明戈斯山分校、加州州立大学长滩分校、中央密歇根大学、科罗拉多州立大学、哥伦比亚大学、康奈尔大学、丹佛大学、佛罗里达大学、霍林斯学院、爱达荷大学、印第安纳大学、爱荷华大学、约翰斯·霍普金斯大学、马萨诸塞大学安姆斯特分校、蒙大拿大学、新罕布什尔大学、新墨西哥州立大学、北卡罗来纳大学格林斯博罗分校、北达科他大学、北爱荷华大学、俄亥俄大学、俄勒冈大学、旧金山州立大学、南达科他大学、南卫理公会大学、西南路易斯安那大学、斯坦福大学、纽约州立大学布罗克堡分校、锡拉丘兹大学、犹他大学、范德堡大学、华盛顿大学、韦恩州立学院、西华盛顿大学、威奇塔州立大学和威斯康辛大学密尔沃基分校。名单中另有27所学校能提供"较为完善"的课程体系，它们是：比洛特学院、伯米吉州立大学、加州州立大学东湾分校、卡内基梅隆大学、迪堡大学、东俄勒冈大学、埃文斯维尔大学、路易斯安那州立大学、马歇尔大学、迈阿密大学、密歇根州立大学、新学院大学、北卡罗来纳大学教堂山分校、北卡罗来纳大学威明顿分校、北亚利桑那大学、俄亥俄州立大学、宾夕法尼亚州立大学、匹兹堡大学、圣地亚哥州立大学、南阿拉巴马大学、南卡罗来纳大学、奥斯汀州立大学、斯蒂芬斯学院、纽约州立大学布法罗分校、美国国际学院、西卡罗莱纳大学和西密歇根大学[24]。

现在，其中的21所已经成为州立大学中的"旗舰"（15个有研究生项目,6个有完善的课程体制),另有30所属于政府支持的研究机构(第一类中18所,第二类中12所),17所是私立的非教会学校(第一类中11所,第二类中6所),还有3所是教会学校(第一类中1所,第二类中2所)。从这些数据中至少可以发现三点问题:第一,不到30%的州立大学旗舰学校仅有完善的创意写作课程体制而不能授予学位——也就是说,非研究生项目是研究生项目数量的2.5倍。这表明,名校对支持创意写作并没有太大兴趣,除非它可以通过成为所在区域的创意写作总部而获得更大的声望。至少有两个州出现了一所不太知名的学校的创意写作走到了名校前面的情况。1965年,欧文分校在加州大学诸分校中最早授出创意写作高级学位,该校公开声明自己会"满足本州(而非所在地区)的需要"。虽然威奇塔州立大学首次关于授出创意写作硕士学位的提议在1967年被驳回——那一年没有批准任何新设的研究生项目——但这一提案在五年之后获得了批准。此后在1978年,堪萨斯大学董事会否决了类似提案,使威奇塔州立大学依旧保持该州唯一创意写作项目开设者的地位。这就导致了第二个问题:《名录》中42%的学校都是集群编制——如政府赠地机构、新建分校、前师范学校、走读学校——而不是独个王牌。大量高校是战后不久刚刚成立的:北卡罗来纳大学威明顿分校(1947年)、加州州立大学长滩分校(1949年)、美国国际学院(1952年)、威斯康辛大学密尔沃基分校(1956年)、加州州立大学东湾分校(1957年)、加州州立大学多明戈斯山分校(1960年)以及南阿拉巴马大学(1964年)。其他一些也是由过去的公共机构刚刚转为大学。据弗雷德·查普尔回忆,1964年北卡罗来纳大学女子学院转为格林斯博罗分校,直接结果是写作项目的建立:

虽然英语系没有一个人——尤其是那些作家本人——想建创意写作研究生项目,一旦州政府按下"命令执行"键,将稳定的女子学院转为前途未卜的大学,他们也不得不建立某种研究生项目了。

在同样的趋势下,伯米吉州立大学在1957年放弃了"师范学院"的身份,并于1967年决定开启全日制创意写作项目,聘请土生土长、受教于爱荷华大学的诗人威廉·道格拉斯·艾略特负责这个项目。中央密歇根大学在1959年完成了从师范学院到大学的转型,九年后——作为对这期间招生人数激增233%的回应——该校建立了创意写作硕士项目。从大学英语协会所给出的《名录》而得出的最后一点发现,是教会学校几乎集体缺席——除那些隶属联合卫理公会的,没有一所宗教机构出现在名单中——也就不奇怪这些学校会给创意写作强加进步主义和人文主义背景(更别说为纯粹的创意写作者提供庇护)了。[25]

许多写作项目是通过一定系统化的引导而建立的。1984年,终身致力于创意写作教学并领导过爱荷华作家工坊的唐纳德·贾思提指出:"一些人从爱荷华走出来,又去参与其他写作项目——现在看来,这就像是某种金字塔骗局。"爱荷华的毕业生向全国扩散,建立了至少25个新的项目:哈里·巴贝(斯基德莫尔学院)、乔·大卫·贝拉米(圣劳伦斯大学)、杰瑞·邦珀斯(东华盛顿大学)、詹姆斯·克拉姆利(科罗拉多州立大学)、布鲁斯·卡特勒与菲利普·谢德(威奇塔州立大学)、斯图尔特·迪贝克与赫伯特·斯科特(西密歇根大学)、威廉·道格拉斯·艾略特(伯米吉州立大学)、詹姆斯·霍尔(俄勒冈大学)、威廉·哈里森与詹姆斯·怀特海德(阿肯色大学)、约翰·赫曼(蒙大拿大学)、摩根·吉布森(威斯康辛大学密尔沃基分校）、约瑟夫·朗兰与安德鲁·费特勒、理查德·金姆、罗伯特·塔克（马萨诸塞大学）、丹尼尔·马德与S.雷纳德·鲁宾斯坦（宾夕法尼亚州立大学）、约瑟夫·尼克尔森与文森特·斯图尔特（洛克海文州立大学）、菲利普·F.奥康纳（鲍林格林州立大学）、诺曼·皮特森（西南得克萨斯州立大学）、托马斯·瑞比特（阿拉巴马大学）、克努特·斯金纳（西华盛顿大学）、理查特·G.斯特恩（芝加哥大学）、沃尔特·苏利文（范德堡大学）、劳伦·泰勒（北爱荷华大学）、埃里克·托格森（中央密歇根大学）、路易斯·图尔科（纽约州立大学奥斯威戈分校）、罗伯特·威廉姆斯（加州州立大学东湾分校）。在如此众多的学校中存在一个有争议的问题：创意写作的建立是对内部冲动的回应，还是由其他原因引发的？创意写作的建立逐渐表现为——至少在贾思提这样的人看来——一个有组织的国家计划[26]。

"金字塔骗局"（贾思提语）或"文化繁荣"（克拉克·科尔语）都是政府逐渐控制公共机构这一大趋势的组成部分。二战末期，有一半的美国学生就读于私立院校。从那时起，私立院校的招生人数每年下降大约一个百分点。这一趋势背后，是政府教育支出的不断增长，直接以奖学金或贷款的形式补贴给学生。财政补贴开始于大萧条时期，1933—1941年，共有62万名学生在政府扶持下支付大学学费，先是从联邦紧急救济署，后又从全国青年总署。助学金的真正增长发生在战后，是由三方面因素共同作用形成的。首先，苏联人造卫星Sputnik于1957年10月4日成功发射，这引发了提升美国教育的呼声，国会立即通过了《国防教育法》（the National Defense Education Act），增加自然科学、数学、外语在全国课程体系中的比重。其次，英语及社会科学的教师要求知道为什么自己的专业被排除在了财政支持的范围之外;1965年,他们在《国防教育法》扩大支持范围后也被纳入其中。最后,战后声名狼藉的第一波"婴儿潮"在60年代中期开始袭向大学校园。从这时起,国家在助学金上的财政支出像雨后春笋一般迅速增长(见图7-1)。助学金的增长,正如经济学家托马斯·索维尔指出的,事实上保证了高校项目的扩张,因为助学金的额度超过了教育净成本。因此,政府财政支持有力地激发了创造性项目的发展,使它可以通过增加开支进一步获得政府的资助。其中,创意写作项目格外引人注目,因为正如弗吉尼亚大学英语系向该校管理层指出的,他们利用现有资源,在业已完善的学术课程体系中得到了发展。经费可以不断增长,但设备不需要更新,甚至人员有时也不需要增加,至少短时间内不会[27]。

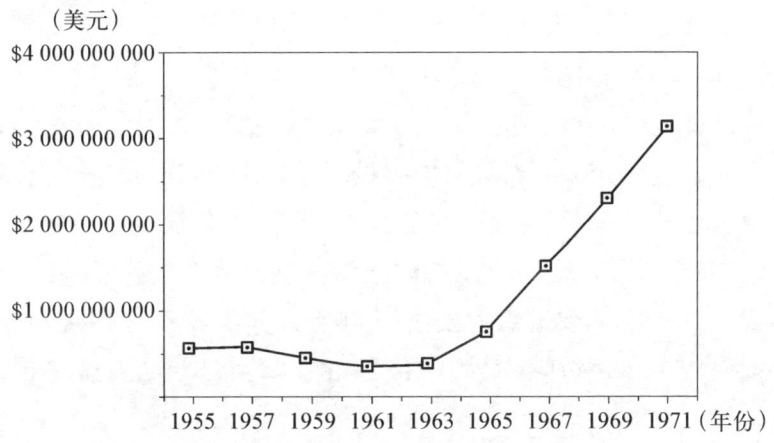

图7-1 助学金财政支出(1955—1971年)

(来源:根据卡内基高等教育委员会:《高等教育:受益者、承担者及本应承担者》,约纽:麦格劳-希尔出版公司,1973年版。)

创意写作的发展与助学金的增长表现出了惊人的一致。1965年——加州大学欧文分校创意写作项目建成的第一年——新生班级中的12个空缺让他们很是为难。1966年，就在西奥多·维斯来到普林斯顿大学之后，该校启动了创意艺术项目，此后短短几年时间内，驻校作家由1人发展为23人的团队。20多年过去了，创意写作已经成了一项产业。1971—1989年间，该学科授出的学位数从345个涨到了1 107个[28]。

等到60年代末、70年代初，创意写作已经做好了职业化的准备。因此，专业组织——全美作家写作协会——应运而生。全美作家写作协会始于1967年的布朗大学，后由于经济状况不佳导致经费缩减，该协会在1971年迁往马里兰州的华盛顿大学。第二年，协会收到了国家艺术基金会10 000美元的资金支持，从而可以聘用全职员工并拥有自己的办公场所。1972年秋，50位作家在该协会的帮助下找到了工作；又过了不到两年，这一人数增长到了300人。1975年1月，该组织在丹佛大学举办了第一届年会（此前的会议是与现代语言协会合办的）。这一年的首版《全美作家写作协会名录》成了81个创意写作项目之一。次年，谋求工作的作家的数量攀升到500人。1978年，全美作家写作协会的办公场所再次迁移，来到了欧道明大学，此时在该组织挂名的作家人数已经增加到了950人。该组织的发展可以通过其财政预算体现出来：1972—1974年短短两年内翻了一番，1974—1978年在原先基础上又增长了一倍[29]。

1979年，全美作家写作协会提出了创意写作项目与创意写作教师的指导方针。这些指导方针尝试对作家与高校之间的关系进行明确的限定。比如，该协会表示："学位不应该是必备条件。如果有最终学位要求的话,那么建议将艺术硕士定为创意写作教师的资质标准,而不是博士学位。"全美作家写作协会并没有将自身定位于评审机构,仅仅是就事论事。就在提议建设创意写作项目学位体系的第二年,弗吉尼亚大学英语系认为,艺术硕士学位已经成为"高校聘用创意写作课程教师的普遍前提"。在向高层主管论证这一提议时,该系表示,有"充足的就业机会对获得该领域艺术硕士的人虚位以待"。比如,他们发现现代语言协会 1979—1980 年的就业信息表上,51 所招聘创意写作教师的四年制学院中有 19 所明确要求教师有艺术硕士学位。由此可以得出结论:"在创意写作领域,艺术硕士比普通硕士有明显优势。"这种优势似乎表明高校创意写作试图并已经开始获得评判其他事物的专有权。全美作家写作协会在其指导方针中同样指出了这一点,方针写道:"协会认为,写作项目的教师,他们作为作家,有资格对研究生的作品作出评估;同时也有责任对自己的同事做出专业评价……"[30]

创意写作的最初目的只是想将文学理解与文学运用纳入同一体系。基于这一目的而制定的计划并不总是指向完成任务。同样,不能完全把握任务实质的情况也时有发生,负责这项任务的人的粗心程度足以使他们忽视其中的一些方面。然而即便如此,奠定创意写作基础的一致观点并没有遭到废除,只不过是被忽视了。创意写作的理念,是将文本研究与文本创作联系在一起。只要这两方面还处于分离状态,创意写作就无法得到文化的认可。

1976 年,距巴雷特·温德尔首次在哈佛大学开设高级写作课差不多一个世纪之后,美国哲学学会进行重新分类,"创造性艺术"

就此从艺术批评中独立出来[31]。一方面,这标志着创意写作摆脱束缚,使自身成为课程体系中一个完全自主的分支;但在另一方面,它表明创意写作的初衷已经不见了。"照目前的状况看,"R.V.卡西尔说道,"即使最好的创意写作项目也无法与文学研究的其他方面相结合。'创意写作'(往往)被认为可能会取代'文学批评'或'学术研究'。"起初是取代文学研究分裂局面的尝试,却只是以另一次分裂而告终。诗人、批评家罗伯特·平斯基在谈到创意写作与传统文学学术研究之间"可能存在的鲜明界限"——对双方同时造成损害的界限——时更加尖锐:一边是"阐述详尽的写作技巧"与"要命的对以往(作品)的无知";一边是"精细复杂的诗歌理论"与"毁灭性的对创作的无知"。这样的结果,在他看来,就是"诗人夸张地卖弄学问,批评家无谓地胡乱质疑"。技巧与理论——当下创作与以往作品——已经产生了分化,似乎英语领域的每个方向都在努力使自己的专长日臻完善[32]。

职业化的神秘性模糊了创意写作最初的教学目标。对许多人而言,创意写作作为一种手段,并非为了通过揭露"文学是'神圣的奥秘'"这一谎言,教给人们它并不神秘的创作方法,而仅仅是在对其本质没有明确把握的情况下盲目进取。"创意写作是美国文学教育中唯一实现真正发展的领域,"阿肯色大学创意写作项目的创始人、小说家威廉·哈里森说道,"以前,英语教师培养的是更多的英语教师。但我们不同。我们培养的是作家,不是批评家。"随着创意写作项目不断扩张,其培养对象的范围却在逐渐缩小。哈里森在阿肯色大学该项目的自述中回应道:"那些拿到艺术硕士学位的作家已经做好了准备,在高校领域广泛地开设课程。这一项目适合于那些想要成为教师的作家。""成为教师的作家"——多么生动的说法！它同时标志了一个时代的终结。"最后,"华莱士·斯特格纳说,"我们聘请到的都是作家——不是从事写作的教师,而是从事教学并将写作视为终身事业之根基的作家。"终于,创意写作成为由作家培养作家、代代相承、遍布全国的庞大系统[33]。

再版后记

不弄清文学理论如何取代文学研究,仅谈论创意写作后来发生了什么,这几乎是不可能的。本书的结尾就是另一段历史的开端,即20世纪70年代中后期。如果创意写作,按其奠基人所说,在"语文学与精确的历史研究的时代已经接近尾声"(见本书第六章)之时,即作为一门高校研究学科而出现,那么,文学理论(以及此后温德尔时期的文学批评)占据学术环境的时代就宣告结束了。

理论时代的故事太过繁复啰嗦,以至于我们无法在这里谈其细节。但有些话是可以说的:1976年是事情的转折点,正如一位批评家所说,诺斯罗普·弗莱在这一年成为"第一位持结构主义观点的现代语言协会主席……"[1]的确,弗莱最重要的理论著作《批评的解剖》(Anatomy of Criticism)已经出版将近20年了——比《耶鲁法国研究》(Yale French Studies)特刊将新理念引入美国高校还要早9年——而且弗莱对文学的过度强调也不太像结构主义的做法[2]。比他对法国理论的忠诚更具说服力的,是弗莱提倡对他本人与贾雷尔所处时代的文学批评的根本性突破,即推翻被他蔑称为"美学视角"的、巩固创意写作地位的传统观点。他的当选代表了文学研究对文学价值的反抗。弗莱认为,价值评判无非是某种艺术欣赏的主张,而"在艺术欣赏史中,"他说了这样的名言,"已见不到客观的事实。"[3]

这一观点在现代语言协会的出现,标志理论时代的开启。尽管他们会在接下来的几年时间里坚称自己理论的多样性,但那些出现于70年代中后期、在80年代成为权威的文学理论家被统合在一个观点之下:意蕴与价值并非文本的客观属性,而是被批评家虚构出来的。这一发展轨迹可以追溯到斯坦利·费什①——他将关注点由文本转向了对文本的阐释("并不存在客观效果与主观阐释之间的抉择,但是存在有效果的阐释与无效果的阐释之间的抉择");还有后来的芭芭拉·赫恩斯坦·史密斯②,她极力反对客观价值,认为那些强调客观价值的人实际是为了实现他们所希望的"赋予特定(而非普遍)的条件与视角以主导地位,同时否定其他条件与视角的具体性及相关性,压制其论调"[4]。无效果阐释的缺点与其他视角的优点至少可以说明,有些价值标准之所以被接受,是鉴于它们代表了其所用于评价的对象的属性[5]。然而,对此后的创意写作发展进程而言,重要的不是在反抗价值评判时所表现出的逻辑性与合理性,而是它在体制中的地位。80年代末,文本不包含意蕴与价值——长短篇小说、诗歌既没有意蕴,也没有价值——的观点已经占据了主导地位。

对那些熟识文学史的人来说,这样的结果无疑是讽刺性的。一流的英语教授偏爱自然科学式的语文学研究方法,与文学价值相比,更注重历史事实。因而从一开始,事实/价值的二分法就被系统化了,成为文学研究要解决的首要问题。事实是客观、可靠

---

① 斯坦利·费什(1938—),美国理论家,提出了"意义即事件""介绍团体""反对理论"等重要概念。代表作有《为罪恶所震惊:〈失乐园〉中的读者》《这门课里有没有文本?介绍团体的权威》等。

② 芭芭拉·赫恩斯坦·史密斯(1932—),美国文学批评家、理论家。代表作有《意义的偶然:批评理论的其他视角》。

的;价值则是主观、可疑的。对事实的阐述本身即一种价值表达,是应受质疑的。但这种二分法在整个学术体制中占据了稳固的地位。所以,随着文学批评时代的终结,文学理论家只是调转方向,重新用语文学的讽刺腔调来针对文学价值。当巴兹尔·格德斯利夫嘲笑"审美意趣"是"花匠的文学观念"(见本书第一章)时,理论家将此归结为对权力的欲望,表明了文化精英阶层妄图通过阴谋建立并扩大自己霸权的意图。这些"花匠"俨然成了操纵文学的学术权威。

这样的结果并没有给创意写作的前景带来好的预兆。毕竟,无论这些文化精英有什么主张,创意写作者所创造的文学价值和美学理念就都成了上不了台面的东西。有时评家质疑"英语蜕变为一门激进的社会学分支",这激起了诗人对诗歌的捍卫,尤其表现为他们在课堂上提供给学生机会,"在自己与文学之间建立更理想、更直接的关系",至少作家工作坊"不会培养出对这一文学观怀有敌意的学生"[6]。虽然有零星诗人用作品为诗歌证明——保罗·赫德恩①和我在《严苛的读者》中收录了其中一部分——但接下来没有出现集体的反抗[7]。而驻校作家一如往常,按部就班地从事创意写作教学,整个行业逐渐丧失改革的动力。有人提出,创意写作被按照文化研究的方式进行重组——"作家最好先认清自身的处境,明白诗歌和文学是如何在与自身生活密切相关的社会中发挥作用的"——这种建议没能引起人们的注意[8]。号召学生"打破沉默、见证生命,参与社会并担负责任,将个人才能与批评探

---

① 保罗·赫德恩(1953—),英语学教授,开设多门写作课程(创意写作、议论文、说明文写作),同时从事电影及现当代文学文化研究。现任教于沃特堡大学。

索相结合"的创意写作项目以及社会行动主义已经不再常见[9]。大多数创意写作教师开始抵触使自身变得激进的压力,也就见怪不怪了。他们中的大多数都受雇于政府,为政府工作。"此后(1965年之后),爱荷华大学转而依靠国家拨款,这也成为创意写作项目真正发展的开端"(见本书第七章),我在一个句子中这样写到,其重大意义令我印象深刻。创意写作是美国公共部门在过去40年中全面扩张的一部分[10]。这样的结果是,作家工坊不可避免地变成了政府机构。一个批评家对所受到的指责进行总结,以便予以反驳:常见的罪证是"全国高校中写作项目的激增,以及高校培养的作家都是一个模子刻出来的",这使美国当代文学陷入了"'千篇一律'的工坊式生产"的困境[11]。但更加明显的罪证,是自从十年前本书初版以来,围绕创意写作反复进行论争的本质。

那时候,论争围绕创意写作是美国文化的"灾难"还是"辅助"(见本书导论)展开。也就是说,创意写作是否应该继续存在。然而到了80年代末,这场论争已经偏离了原题。超过200个创意写作项目每年授出将近1 200个高等学位。实际上,在本书初版后的头五年,又有50所高校将创意写作增设为研究生课程,使四年制学位项目总数超过了300个。如果没有其他原因,学生对该学科的热情就可以确保创意写作未来的发展。任教于欧柏林大学的短篇小说家丹·肖恩说:"我们收到的申请数目是课程容量的三倍。"[12]克里斯托弗·毕治在创意写作存在之争中做了最后的决定性一击,他指出,美国作家"作为自主的艺术家在充满个人接触与审美接触的精英世界中获得合法地位"的自我概念,与作家工作坊的社会实践之间发生了直接的冲突:

> 在创作过程中,合法地位不是来自同行的诗人精英阶层,而是来自高校体系的机构网点。在这里,诗人以空前的无法想象的数量被培养出来,诗歌创作与其说是形式或审美方面的革命,不如说是如履薄冰地朝打动老师或强化技能的目标发展……

既然创意写作项目不会消失,那么唯一的问题就变成了作家能否以创意写作教学为生——是该接受高校支付的薪水,还是依旧保持经济上的独立。克里斯托弗·毕治总结道:"现在的问题已经不是创意写作项目是否应当存在,而是作为一个整体,在英语系乃至高校的学术体系中如何才能存在、应存在于何处。"[13]简言之,虽然对创意作家来说,这是个人选择的问题,但对整体事业来说,这是体制的问题。

确保存在无忧之后,论争转向了创意写作与英语系其他分支的编制关系问题上。对此提出的观点各有千秋。大卫·拉达维奇在现代语言协会的行业刊物《同行》上发表文章,号召创意写作者抛开"自主"的虚伪面具,完全整合进英语系("驻校作家需要有传统的博士学位,需要表现得更像学者");而全美作家写作协会执行理事 D. W. 芬扎坚持认为创意写作应继续保持独立,共同反抗理论家意图将作者降格为"毫无自主性的传声筒,社会、市场、宗教、政治以及对真正艺术技巧的成见可以通过他们实现对文本的操控"[14]。然而那些呼吁整合或独立的人,不仅认为创意写作在英语系的位置是理所应当的,而且创意写作对英语研究所做的独特且无可替代的贡献也是理所应当的。对许多人来说,有一个更迫切的问题需要回答:"创意写作学科究竟是什么?我们如果开设这门课,应该教些什么内容?"[15]因为与教育体系的直接目标不同,所以对教育体系终极目的的不确定性,是创意写作在转变为政府机构的过程中表现出的正常反应。甚至没有人能绝对肯定地说创意写作就是一门学科。一方面,女作家弗兰欣·普罗斯在她的长篇小说《蓝天使》(*Blue Angel*,2000)中嘲笑写作工坊"不是学术学科,而是互助会的恶作剧";另一方面,保罗·道森教授认为,创意写作在课程体系中的位置是应得的,它必须先成为一门学科("一个知识体系外加一整套传授这些知识的教学技巧")[16]。

《创意写作与新人文学科》(*Creative Writing and the New Humanities*,2005)首次以一本书的篇幅尝试提出对该学科进行彻底改革,而不仅限于重组为政府机构。在这本书中,道森试图阐明创意写作成为知识学科的可能性。有两件事情必须完成:其一,工作坊中自由表达的氛围、创意写作教师和学生的共同观念——诗歌和小说是对个人深度体验的独特表达——都要废除,并代之以"社会诗学"与认为文学是对"活的社会话语"冲突进行"有意识的、艺术的戏剧化处理"的观点(第209页)。其二,创意写作必须承担社会责任。道森同意沃尔特·克拉克等人的观点,后者认为"写作教学只有一个目的,那就是培养作家"(见本书第七章)。道森违背普遍共识之处在于,他认为那些能够通过作品"在公共领域引起注意"的作家在自我表达之外还担负其他责任,他们应卸下社会责任。创意写作必须相应地培养同时作为社会知识分子的作家。他并不是说作家应放弃创作小众小说和限量发行的诗歌,而投身于社会评论和专栏写作。道森说:"作家的责任并不在于他们向谁致辞或为谁代言,而在于意识到文学如何在社会中发挥作用。"(第204页)再强调一次,文学作用的发挥不是通过表现艺术家的自主性实现的,而是通过戏剧化地表现不同社会视角间的冲突。既然

如此，作家工坊的目的也就不在于为文学艺术家提供个人发展的环境，而是"作为连接学术与公共领域的纽带……"（第203页）

虽然道森的论证中有许多值得称道之处，但创意写作却似乎并未按照他的设想进行自我重组。其原因，我认为是他过分低估了自由表达的氛围对创意写作的影响力，这种力量完全可以阻挠创意写作重组为一门知识学科。下面，我会通过列举他对本书提出的几处纠正来说明上述阻力是如何发挥作用的。

道森质疑我对"创意写作"这一概念起源的论述。我将该名称的首次使用定位于1837年爱默生在美国大学优等生荣誉学会上所做的题为"美国学者"的演讲，但道森并不同意，他认为"定位于此是没道理的，根本没有证据证明这一点……"他认为，1815年，华兹华斯在一首十四行诗中谈及"创造性艺术"时首次使用了该名称。他同样没考虑我之前的声明——名称的学术用法比字面用法更具历史优先权——指出批评家欧文·白璧德的《卢梭与浪漫主义》（*Rousseau and Romanticism* 出版于1919年，比休斯·默恩斯在林肯专科学校着手学科建设要早一年）一书提到伦理想象"赋予创意写作以高度严肃性"。而华兹华斯用该词指代一种"特定类型的写作"，而白璧德却是用它来表述"高等"文学（第33—34页）。这一点非常重要，因为道森想要指定某种文学理论——具有高度严肃性的权威主张——作为该学科的问题根源，也就是创意写作有朝一日进行改革所必需摒弃的那部分内容。

但是，同样没有证据为白璧德作证。白璧德并非将"创意写作"用作"高等文学"的同义词，因为"创意写作"从未表示过这一意义。恰恰相反，作为一种分类，该词指的是传统意义上的小说——包括诗歌、散文在内的各种虚构性作品——它们此时尚未被提升到文学的层面。白璧德对该词的用法，偶然提供了伦理想象与"空虚闲吟"在风格上的重要区分[17]。他是怎样无意中发现这个词的？很简单。"创造性"一词在20世纪最初10年中的用法相当混乱（见本书第五章）。在文学批评领域，该词借助斯宾加恩初版于1917年的《创造性批评》一书传播开来。斯宾加恩将意大利哲学家克罗齐的美学思想介绍给了美国读者，产生了极大影响。事实上，他的影响如此广泛，以至于H.L.门肯也在自己的《偏见集》（*Prejudices*）中对他的观点进行抨击，称这是"克罗齐-斯宾加恩-卡莱尔-歌德"文学理论（斯宾加恩在书中通过引用、评论卡莱尔与歌德来强化自己的论点）。20多年后，白璧德经过对"创造性"一词的充分考虑，同样对斯宾加恩的观点进行了痛斥[18]。即使如此，白璧德仍然致力于该词的传播，而且他对"创意写作"一词的用法也许更趋同于斯宾加恩，而不是华兹华斯。

　　斯宾加恩的"创意写作"听起来像是对爱默生的"创造性阅读"的重述。在爱默生看来，重点是恢复"创造行为和思考行为的神圣性"，文学学术由此转向具体作品，并视之为圣物。我通过概括爱默生的方案而得出结论：在创造性阅读领域中，"研究的基础和对象，不再是文学作品，而是文学活动"（见本书第一章）。斯宾加恩通过其他方式表达了同样的观点。一部文学艺术作品只是力图表现其自身——并非活的社会话语冲突——而文学批评也仅是对这种表达的研究，即探求文本是否实现了表现的目的以及实现的方式。斯宾加恩解释道：

　　　　对诗人的志向的评判只能在创作活动过程中实现，也就是说，通过诗歌作品内蕴的艺术性；而不能依赖于被作者在创作完成之前或之后臆想为真正创作目的的含混不清的宏大志向。

斯宾加恩在这里不仅鲜明地预告了维姆萨特和比尔兹利此后提出的"意图谬误",而且断言了内部批评——一种仅考虑"内部表现规律"而不考虑"外部结构规律"的文本阅读方法的出现[19]。这种内在批评随后作为工作坊方法为人熟知。不论是爱默生的"创造性阅读"还是斯宾加恩的"创造性批评",不仅为创意写作(即尚未得到文学认可的虚构性作品)类型的出现准备了条件,而且使文学研究的方向由被动接受、欣赏,或是罗洛·布朗所说的博物馆式的思维习惯(见本书第五章),转到主动创造、参与。创意写作是创造性阅读与批评的必然结果。这是水到渠成的。

由接受到创造的转变,产生了一种全新的文学研究(如果创意写作可以称得上是"研究"的话)的学科理念,但与此同时,创意写作的脚上仍然扎着一根刺。埋头于满足个人文本的需求、遵循"内部表现规律"而非"外部结构规律",就要承担自我陶醉的风险。德里达①说道:"文本之外,别无他物。"他原本想要表达的是什么意思已经不重要了,重要的是创意写作的学生常常以此为例,认为"自我之外,别无他物"。他们中的大多数都会遵循"'写出自我'的启发式模型",一位散文家、小说家在初次教授这一学科后这样告诉我。当被要求描述自己生活中最不寻常的事情时,"大部分人想到的都是各种酩酊大醉的状况"[20]。创作中对内部探求的优先考虑,使他们分不清生活体验与心灵状态,这还值得奇怪吗?我清楚地

---

① 德里达(1930—2004),法国哲学家、符号学家、文艺理论家和美学家,解构主义思潮创始人。

再版后记

记得,一个工作坊毕业生回应了我发表在《纽约时报书评》上的问题(当时,我刚开始着手写这本书),他称自己通过"尝试疲劳"来激发创作灵感!除了托马斯·沃尔夫提倡小说中的客观描述,大多数学生都把从事基础调查和思考抽象问题视作背离行业的行为。有调查者在采访过40名来自多所大学的创意写作专业的学生之后发现,他们无一例外地将创意写作与个人体验——特别是私密体验联系在一起:

  他们想当然地认为,与散文创作不同,创意写作提供的是允许学生从更加隐私、个人化、情绪化的真实体验中挖掘理念与材料进行创作的机会。它的特点就是自由,而不是非个人的、外部的、对事实的要求,也与他人的理念、评价及形式无关。它在很大程度上与独特性、创造性、个体性的经验和感觉相关,而这些经验、感觉可以通过自我发现而为创作提供材料基础。

然而最关键的不是这种主观主义本质上的激进性,而是它在作家工坊中得到了"普遍而广泛的接受"[21]。

  这并非单纯的老生常谈。创意写作作为一项社会事业——大量不相关的人在全球各地从事着极其相似的工作——建立在了共同拥戴主观表现主义的基础之上。但是在追求内部表现规律的写作与考虑外部他人标准的写作之间,同样存在逻辑上的区别,虽然这种区别后来被证明是错的。创意写作假定存在这种区别。接下来又以此为由在世界范围内的高校中呼吁共同努力,开展有组织的活动,沿着这个假定得出合乎逻辑的结论。与写作逐渐变得"创意"的过程相类似的,是许多为培养儿童识字、写作、计算、知礼而设立的美国学校转变最初的社会功能而变成"以学生为中心"、尊重个人能力和不同学习风格、培养自我发现和试验能力、提供积极的教育环境,这些学校的特点不在于共享知识或学科观念,而在于独特的课堂教学。

主观表现主义之所以取得全面胜利的原因是在由批评史向教育史转变的过程中逐渐显露出来的。尽管建立在高校的基础之上,并得到了像诺曼·福斯特和南方新批评家这样的文化保守主义者的支持,但创意写作从未摆脱掉自己的出身——90年前由进步主义教育家揭开的序幕。我用"结构主义"来定义创意写作背后的最初理念并非随意之举,这个词在当下的教育学院中也是被用来定义进步主义教育的。教育史学家黛安·拉维奇说,

> 与这种(教育)理念相关的,是全语言教育、模糊数学和自创拼读,以及对传统拼读和语法的鄙弃,坚信没有标准答案(只有解决问题的不同方法),强调学生的自尊心。结构主义者厌恶一切为天才儿童而设置的能力分组或特殊班级。通过对教师权威的消解,结构主义教学法常常造成教学事故。[22]

将爱默生的创造性阅读或斯宾加恩的创造性批评庸俗化地处理成当今创意写作教育中激进的主观主义,可以被解释为文学结构主义对教育结构主义的溃败。创意写作几乎被简化为专门指代工坊制(见本书第五章)。此外,工作坊内在的压力与文学外显的成功之间存在尖锐的冲突,而后者似乎与遵循内部表现规律并无关系。等到两者之间的矛盾恶化到无法调和的地步,创意写作教

师——他们毕竟是出过书的作家——也无能为力,只得回过来再谈社会差异:

  如果我所在项目的研究生满怀渴望地看着我的办公室、书架和贴在门上的简单日程,坦言说:"毕业以后,我也想做你这样的工作。"我会告诉他:"这不可能,因为我正做着呢。"[23]

没有任何内在原因可以解释老师能做这份工作,学生却不能。而作家工坊的主观主义/表现主义氛围从未使学生做好接受这一现实的准备。

  "创意写作"一词可以说是由爱默生创造、通过斯宾加恩的"创造性批评"传播开来的,但是它作为一种教育理念而获得的含义——不受外部要求和他人标准的束缚——才是它的本意。创意写作以一定的课堂作业与讨论的形式延续下来。文学的成功无论从社会标准还是批评标准来看,都是确证的,但它与创意写作无关。道森认为这样的观点"不能成立"(第 34 页)。他认为,创意的主要问题在于仍然跟其他人所说的"专横传统"纠缠不清,这种臭名远扬的观点把文学看作是筛选杰作的既定标准。创意写作之所以迟滞,就是因为不质疑这种观点。然而主要原因并不在于创意写作所持有的文学观念,而在于它的教育理论将其他的文学观念阻隔在了视野之外。既然是建立在主观主义/表现主义氛围的基础之上,创意写作就无法为新作品的创作和评价提供客观的标准。也就不奇怪工作坊为什么会基本上放弃传统类型以及诸如诗歌格律、韵脚之类的其他文学成规。就工作坊的理论精神而言,有多少个独立作家,就有多少种文学类型与成规[24]。但创意写作的学生迫切想要得到来自他人的规约。阿瑟·索尔兹曼[①]在教授该学科几年之后表示,"学生对遵循程式充满热情,"他们"几乎不敢反叛既成的模式"。为了"使他们更多地重视深层价值而不是表面价值",创意写作教师"需要公开他们在讨论过程中通用的评估标准"[25]。

这就陷入了两难的境地。既然作家工坊假定只接受内部评价标准——根据文本是否遵循内在表现规律而做出判断——而文学理论在过去的20多年中也已经提出了太多遭受质疑的评估标准,那么创意写作教师自己的标准怎样才能经得住公开曝光呢？如果评判一部文学作品是否优秀的问题是客观的,或者说这个问题起码具有一定的客观性,那么教师要做的仅仅是将学生带入一个独立的话语领域、一个其自身之外的世界。但假使对文学的宣判果真成为确定某一观点为主流的社会运动,那么所有对学生的成果提出表扬或批评的创意写作教师都是在以不正当的手段让班上处于劣势的年轻作家保持沉默。实际上,在由于缺乏相应的语言特色和文学范例而无法前进的情况下,所有的年轻作家都处于劣势[26]。而且,即使采取最严苛方法去清查创意写作普遍学科理念、揭露作家共同的文学野心及手段,最终结果无非是再重复一遍"主观表现主义"[27]。一流的作家能够意识到这种困境。

创意写作大概可以提供另外一种知识,告诉人们优秀的故事是怎样建构人生可能性的。但要实现这一点,就必须放弃作为评价创作成就唯一标准的主观满意度,开始回应本体之外的、可能存在着他人的客观现实。这是优秀的作家已经很清楚的。当一个任

---

① 阿瑟·索尔兹曼(1953—),美国密苏里南部州立大学英语学教授,有多本著作问世。

教于一流创意写作项目的杰出小说家试图使自身独立于主流话语之外，做出扎根于终极真理之上的价值判断，她就不太可能写关于创意写作的散文，而会选择通过回归到"人人都有自己的趣味，并对这种趣味负有一定的责任与兴趣"的状态，改造人类文明。因为她希望从更基础的层面出发，开启改革的进程[30]。这大概就是最终的问题。创意写作可能无法从内部实现变革。一个超越了满足主观的个人表达需要的价值系统，对于培养优秀作家甚至是公共知识分子或许更重要。与此同时，工作坊仍将继续。斯文森想知道："是什么样的疯子发明了这种刑罚来折磨年轻作家？"如果他读了我这本书，就能找到答案了。

D.G.迈尔斯

于得克萨斯州休斯顿市

注　释

导论

[1] 引自 Samuel Longfellow, *Life of Henry Wadsworth Longfellow* (Boston: Ticknor, 1886), 1: 53-54, 56.

[2] 引自 Newton Arvin, *Longfellow: His Life and Work* (Boston: Little, Brown, 1963), p. 48. 关于朗费罗的历史地位, 见 William Charvat, *The Profession of Authorship in America, 1800-1870*, ed. Matthew J. Bruccoli (Columbus: Ohio State University Press, 1968), pp. 106-154.

[3] Robert Hewison, "Iowa Campus," *Times Literary Supplement* (March 13, 1981).

[4] *New York Times* (January 8, 1984). 1988-1989 学年间, 美国共授出 1 107 个创意写作学位——包括 592 个本科学位, 511 个硕士学位, 还有 4 个博士学位。见 *Digest of Education Statistics*, 1991 (Washington: Census Bureau, 1991), table 233, p. 243. 关于创意写作项目的数量, 见 D. W. Fenza 和 Beth Jarock, eds., *AWP Official Guide to Writing Programs*, 6th ed. (Paradise, Calif.: Dust Books, 1992).

[5] Wallace Stegner, *On the Teaching of Creative Writing*, ed. Edward Connery Latham (Hanover, N. H.: University Press of New England, 1988), p. 51.

[6] J. A. Sutherland, *Fiction and the Fiction Industry* (London: Athlone Press, 1978), p. 150.

[7] Greg Kuzma, "The Catastrophe of Creative Writing," *Poetry* 148 (1986): 349.

[8] Carl Diehl, *Americans and German Scholarship, 1770-1870* (New Haven:

Yale University Press, 1978), p. 183.

[9] 本段提到的书籍包括: Gerald Graff, *Professing Literature: An Institutional History* (Chicago: University of Chicago Press, 1987); Ian Michael, *The Teaching of English from the Sixteenth Century to 1870* (Cambridge: Cambridge University Press, 1987); Kermit Vanderbilt, *American Literature and the Academy: The Roots, Growth, and Maturity of a Profession* (Philadelphia: University of Pennsylvania Press, 1986); James A. Berlin, *Writing Instruction in Nineteenth-Century American Colleges* (Carbondale: Southern Illinois University Press, 1984); James A. Berlin, *Rhetoric and Reality: Writing Instruction in American Colleges, 1900–1985* (Carbondale: Southern Illinois University Press, 1987); Albert R. Kitzhaber, *Rhetoric in American Colleges, 1850–1900* (Dallas: Southern Methodist University Press, 1990); Nan Johnson, *Nineteenth-Century Rhetoric in North America* (Carbondale: Southern Illinois University Press, 1991); Evan Watkins, *Work Time: English Departments and the Circulation of Cultural Value* (Stanford: Stanford University Press, 1989); Katherine H. Adams, *A History of Professional Writing Instruction in American Colleges: Years of Acceptance, Growth, and Doubt* (Dallas: Southern Methodist University Press, 1993); Susan Miller, *Textual Carnivals: The Politics of Composition* (Carbondale: Southern Illinois University Press, 1991); Anne Ruggles Gere, *Writing Groups: History, Theory, and Implications* (Carbondale: Southern Illinois University Press, 1987); David R. Russell, *Writing in the Academic Disciplines, 1870–1990: A Curricular History* (Carbondale: Southern Illinois University Press, 1991).

[10] 关于创意写作的反面评价,见 Kuzma, "Catastrophe of Creative Writing"; Donald Hall, "Poetry and Ambition," *Kenyon Review* n.s. 5 (1983): 90–104; Bruce Bawer, "Dave Smith's 'Creative Writing,'" *New Criterion* 4 (December 1985): 27–33; Joseph Epstein, "Who Killed Poetry?" *Commentary* 86 (August 1988): 13–20; David Dooley, "The Contemporary Workshop Aesthetic," *Hudson Review* 43 (1990): 259–280; John W. Aldridge, "The New American Assembly-Line Fiction,"

American Scholar 59 (1990): 17-38; Dana Gioia, *Can Poetry Matter? Essays on Poetry and American Culture* (St. Paul: Graywolf, 1992); R. S. Gwynn, "No Biz Like Po' Biz," *Sewanee Review* 100 (1992): 311-323. 关于创意写作的正面评价,见 Stegner, *Teaching Creative Writing*; Richard Hugo, "In Defense of Creative-Writing Classes," *The Triggering Town: Lectures and Essays on Poetry and Writing* (New York: Norton, 1979), pp. 53-66; Marvin Bell, "The University Is Something Else You Do," *Old Snow Just Melting: Essays and Interviews* (Ann Arbor: University of Michigan Press, 1983), pp. 104-123; John Barth, "Writing: Can It Be Taught?" *New York Times Book Review* (June 16, 1985); David Smith, "Notes on Responsibility and the Teaching of Creative Writing," *Local Assays: On Contemporary American Poetry* (Urbana: University of Illinois Press, 1985), pp. 215-228; Nancy L. Bunge, *Finding the Words: Conversations with Writers Who Teach* (Athens: Swallow/Ohio University Press, 1985); Joseph M. Moxley, ed., *Creative Writing in America: Theory and Pedagogy* (Urbana: National Council of Teachers of English, 1989); Jonathan Holden, *The Fate of American Poetry* (Athens: University of Georgia Press, 1992).

[11] Kingsley Amis, *Memoirs* (New York: Summit, 1991), p. 196.

[12] Lucy S. Dawidowicz, *What Is the Use of Jewish History?* ed. Neal Kozodoy (New York: Schocken, 1992), p. 19.

[13] 引自 Gerald Graff 于 1993 年 11 月 28 日写给作者的信,经本人授权转载。

[14] 见 Robert Morgan, *Good Measures: Essays, Interviews, and Notes on Poetry* (Baton Rouge: Louisiana State University Press, 1993), p. 18; Robert Scholes, *Textual Power: Literary Theory and the Teaching of English* (New Haven: Yale University Press, 1985), p. 7.

[15] 引自 Sutherland, *Fiction and Fiction Industry*, p. 148.

[16] Mark Harris, "What Creative Writing Creats Is Students," *New York Times Book Review* (July 27, 1980).

[17] 关于"科学"与"教化"的区别,见 Fritz Ringer, "The Origins of

Mannheim's Sociology of Knowledge," 选自 *The Social Dimensions of Science*, ed. Ernan McMullin (Notre Dame: University of Notre Dame Press, 1992), pp. 47–67. 关于对两者间区别的调和, 见 Mark R. Schwehn, *Exiles from Eden: Religion and the Academic Vocation in America* (Oxford: Oxford University Press, 1993).

[18] 知识类型与分析原则之间具有文化的、历史的相关性, 这一老生常谈的源头是 Karl Mannheim。用他的话说,"这是一种主流社会情境的功能"。见 *Ideology and Utopia: An Introduction to the Sociology of Knowledge*, tr. Louis Wirth, Edward Shils (New York: Harcourt, Brace, 1936)。文学在知识社会学领域非常广泛。关于该领域有价值的研究, 见 Michael Mulkay "Sociology of Science in the West," (见 *Current Sociology* 1982, Vol 28, pp. 1–184.) 一文的参考文献附录; Steven Shapin, "History of Science and Its Social Reconstructions," *History of Sciece* 20 (1982): 157–211. Ernan McMullin, *The Social Dimensions of Science* 的导论中引用了上述文献及其他资料。其他代表性著作包括: Mulkay, *Social Process of Innovation* (London: Macmillan, 1972); Diana Crane, *Invisible Colleges: Diffusion of Knowledge in Scientific Communities* (Chicago: University of Chicago Press, 1972); Barry Barnes: *Interests and the Growth of Knowledge* (London: Routledge, 1977)。核心著作是 Burton J. Bledstein, *The Culture of Professionalism: The Middle Class and the Development of Higher Education in America* (New York: Norton, 1976)。对关于人文科学的思考产生更大影响的是 Magali Sarfatti Larson, *The Rise of Professionalism: A Sociological Analysis* (Berkeley: University of California Press, 1977)。Andrew Abbott 认为, Larson 在书中表明, 社会学在近年来逐渐倾向于"揭露"行业的意识形态主张, 触及其"最终形式"。对这种倾向的批评, 见 Abbott, *The System of Professions: An Essay on the Division of Expert Labor* (Chicago: University of Chicago Press, 1988), pp. 12–19. 文学研究领域中, 这种揭露的最佳例证是 Michael Warner, "Professionalization and the Rewards of Literature," *Criticism* 27 (1985): 1–28. 也可见 Brian McCrea, *Addison and Steele Are Dead: The English Department, Its Canon, and the Professionalization of Literary Criticism* (Newark: University of

Delaware Press, 1990); Alvin Kernan, *The Death of Literature* (New Haven: Yale University Press, 1990); 以及 Bruce Robbins, *Secular Vocations: Intellectuals, Professionalism, Culture* (London: Verso, 1993)。

[19] Steven Turner, "The Prussian Professoriate and the Research Imperative, 1790-1840," *Epistemological and Social Problems of the Sciences in the Early Nineteenth Century*, ed. Hans Niels Jahnke, Michael Otte (Dordrecht: D. Reidel, 1981), pp. 111, 117.

[20] 关于作家组织, 见 Richard Fine, *James M. Cain and the American Authors' Authority* (Austin: University of Texas Press, 1992), pp. 62-68.

[21] 关于职业学校的讨论, 见 Everett C. Hughes, "Education for a Profession," *The Sociological Eye: Selected Papers* (Chicago: Aldine-Atherton, 1971), pp. 387-396.

[22] Scholes, *Textual Power*, p. 33.

[23] Christy Friend, "The Excluded Conflict: The Marginalization of Composition and Rhetoric Studies in Graff's *Professing Literature*," *College English* 54 (1992): pp. 276-282. 如果不是 Kenneth Womack, 我很可能忽视这篇文章。

[24] Howard Nemerov, "An Interview," *Trace* (1960), 引自 Richard Ellmann, Robert O'Clair, eds., *Norton Anthology of Modern Poetry* 2nd ed. (New York: Norton, 1988), p. 1018; Allen Tate, "We Read as Writers," *Princeton Alumni Weekly* 40 (March 8, 1940), 引自 Wilbur L. Schramm, "Imaginative Writing," *Literary Scholarship: Its Aims and Methods*, ed. Norman Foerster (Chapel Hill: University of North Carolina Press, 1941), p. 179; Paul Engle, "Introduction: The Writer and the Place," *Midland: Twenty-five Years of Fiction and Poetry Selected from the Writing Workshops of the State University of Iowa*, ed. Engle (New York: Random House, 1961), pp. xxix-xxx.

[25] 我所说的"结构主义"是一种哲学理论, 即认为人类知识的客体——材料与方法——都不是直接给出的, 而是结构的结果。抛开社会结构主义的可悲含义及其他时髦的相对论的变体不看, 这个词还是很恰当的, 因为它使传统的诗歌理念(时刻提醒我们写作是一种创造)与19世纪唯心主义

联系在一起(后者认为,必要性是一切脱离可用性便不存在的事物的属性)。文学与非文学之间并无本质区别,这只是人类评价的产物。因此,我对结构主义的使用建立在基本教育论的对立面上。其出处我在别的地方称为"学术诠释主义":见 D. G. Myers,"The Lesson of Creative Writing's History," *AWP Chronicle* 26 (February 1994), 1: 12–14.

[26] Berlin, *Rhetoric and Reality*, p. 1.

[27] Watkins, *Work Time*, p. 102.

[28] Watkins, p. 258.

[29] Miller, *Textual Carnivals*, pp. 51, 53.

[30] Miller, p. 6.

[31] Jerry Herron, *Universities and the Myth of Cultural Decline* (Detroit: Wayne State University Press, 1988), p. 117.

[32] W. B. Stanford, *Enemies of Poetry* (London: Routledge & Kegan Paul, 1980), p. 157; George E. Woodberry, *The Appreciation of Literature* (New York: Harcourt Brace, 1907), p. 14.

[33] Smith, "Notes on Responsibility," p. 221.

[34] 这起码是由像迈克尔·奥克肖特和米歇尔·福柯这样特立独行的历史哲学家提出的。奥克肖特认为,对起源的探求与指向过去的"实践"态度相违背,是在寻求对事物现状的判断和肯定。福柯认为,这是"一次把握事物真正本质的尝试",将过去视为一个独立于变迁世界之外的体系。见 Oakeshott, "The Activity of Being a Historian," *Rationalism in Politics and Other Essays*, ed. Timothy Fuller (Indianapolis: Liberty, 1991), pp. 151–183, 特别是 pp. 168–169; Foucault, "Nietzsche, Genealogy, History," *Language, Counter-Memory, Practice: Selected Essays and Interviews*, ed. Donald F. Bouchard (Ithaca: Cornell University Press, 1977), pp. 139–164, 特别是 pp. 142–144.

[35] Stephen Wilbers, *The Iowa Writers' Workshop* (Iowa City: University of Iowa Press, 1980), pp. 19–20.

[36] Hugo, "Defense of Creative Writing," p. 53.

[37] Michael Drayton, "To My Most Dearley-Loved Friend Henery Reynolds Esquire," *The Works of Michael Drayton*, ed. J. William Hebell (Oxford:

Shakespeare Head,1932),3:226;Ben Jonson,*Discoveries*,in *The Complete Poems*,ed. George Parfitt(New Haven:Yale University Press,1975),p. 448.

第一章

[1] 这段陈述改写自 William Belmont Parker,*Edward Rowland Sill: His Life and Work*(Boston:Houghton Mifflin,1915),pp. 13–21.

[2] 引自 Newton Arvin,"The Failure of E. R. Sill,"*American Pantheon*,ed. Daniel Aaron and Sylvan Schendler(New York:Delta,1966),p. 179.

[3] 引自 *The Prose of Edward Rowland Sill* 的导论(Boston:Houghton Mifflin,1900),p. xxx.

[4] Sill,"Should a College Educate?"*Prose*,pp. 308–309.

[5] Charles W. Eliot,"Liberty in Education,"重载于 *American Higher Education: A Documentary History*,ed. Richard Hofstadter,Wilson Smith(Chicago:University of Chicago Press,1961),2:708.

[6] "Education,"*Atlantic Monthly* 33(1874):636.

[7] Daniel Read 校长引自 Jonas Viles,*The University of Missouri: A Centennial History*(Columbia:University of Missouri Press,1939),p. 142.

[8] Charles H. Grandgent,"The Modern Languages,"*The Development of Harvard University since the Inauguration of President Eliot*,1869–1929,ed. Samuel Eliot Morison(Cambridge:Harvard University Press,1930),p. 67.

[9] Clifford S. Griffin,*The University of Kansas: A History*(Lawrence:University Press of Kansas,1974),p. 143.

[10] 引自 Walter Havinghurst,*The Miami Years*,1809–1969(New York:Putnam's,1969),p. 112.

[11] 引自 Walter C. Bronson,*The History of Brown University*,1764–1914(Providence:该校自行出版,1914),p. 269.

[12] Frederick Rudolph,*Curriculum: A History of the American Undergraduate Course of Study since 1636*(San Francisco:Jossey-Bass,1977),p. 57.

[13] Edward Dwight Eaton,*Historical Sketches of Beloit College*(New York:A. S. Barnes,1928),p. 75;Robert S. Fletcher,Malcolm O. Young,eds.,

注　释

Amherst College: Biographical Record of the Graduates and Non-Graduates (Amherst: 该校自行出版, 1921); Howard H. Peckham, *The Making of the University of Michigan*, 1817–1967 (Ann Arbor: University of Michigan Press, 1967), pp. 56, 80; George Wilson Pierson, *Yale College: An Educational History*, 1871–1921 (New Haven: Yale University Press, 1952), p. 377; Joseph T. Durkin, S. J., *Georgetown University: The Middle Years*, 1840–1900 (Washington: Georgetown University Press, 1963), p. 65; E. Bird Johnson, ed., *Forty Years of the University of Minnesota* (Minneapolis: General Alumni Association, 1910); Leal A. Headley, Merrill E. Jarchow, *Carleton: The First Century* (Northfield: Carleton College, 1966), p. 181; Alfred Sandlin Reid, *Furman University: Toward a New Identity*, 1925–1975 (Durham: Duke University Press, 1970), p. 15; William H. S. Demarest, *A History of Rutgers College*, 1706–1924 (New Brunswick: Rutgers College, 1924), p. 451; Daniel Walker Hollis, *University of South Carolina: College to University* (Columbia: University of South Carolina Press, 1956), 2: 92; Paul K. Conkin, *Gone With the Ivy: A Biography of Vanderbilt University* (Knoxville: University of Tennessee Press, 1985), p. 66; Griffin, *University of Kansas*, p. 143; Egbert R. Isbell, *A History of Eastern Michigan University*, 1849–1965 (Ypsilanti: Eastern Michigan University Press, 1971), pp. 234–235; Theodore Francis Jones, ed., *New York University*, 1832–1932 (New York: New York University Press, 1933), p. 141; Wayland Fuller Dunaway, *History of the Pennsylvania State College* (State College: Pennsylvania State College, 1946), p. 176; *Historical Catalogue of Brown University*, 1764–1914 (Providence: 该校自行出版, 1914); Winton U. Solberg, *The University of Illinois*, 1867–1894: An Intellectual and Cultural History (Urbana: University of Illinois Press, 1968), p. 109; Allan Nevins, *Illinois* (New York: Oxford University Press, 1917), p. 185.

[14]　S. E. Ochsenford, *Muhlenberg College: A Quarter-Century Memorial Volume, Being a History of the College and a Record of Its Men* (Allentown:

Muhlenberg College, 1892), p. 126.

[15] Philip Alexander Bruce, *History of the University of Virginia*, *1819-1919*, vol. 3: *The Lengthened Shadow of One Man* (New York: Macmillan, 1921), 3: 379-380.

[16] Graff, *Professing Literature*, p. 41.

[17] 这段陈述改写自 Hugh Hawkins, *Pioneer: A History of the Johns Hopkins University*, *1874-1889* (Ithaca: Cornell University Press, 1960), pp. 162-168.

[18] 引自 Thomas Jefferson Werterbaker, *Princeton: 1746-1896* (Princeton: Princeton University Press, 1946), p. 304.

[19] Grant Showerman, *With the Professor* (New York: Henry Holt, 1910), p. 49.

[20] 关于 Corson, 见 Waterman Thomas Hewitt, *Cornell University: A History* (New York: University Publishing Society, 1905), pp. 36-47.

[21] Irving Babbit, *Literature and the American College: Essays in Defense of the Humanities*, (Boston: Houghton Mifflin, 1908), pp. 120-121; Henry Nettleship, "Classical Education in the Past and at Pressent," *Lectures and Essays* (Oxford: Clarendon, 1895), p. 215; Diehl, *Americans and German Scholarship*, p. 23. 关于相关理论问题的讨论, 见 Jan Ziolkowski, ed., *On Philology* (University Park: Pennsylvania State University Press, 1990).

[22] Geoffrey Sampson, *Schools of Linguistics* (Stanford: Stanford University Press, 1980), p. 17. 关于比较方法, 见 Henry M. Hoenigswald, "Fallacies in the History of Linguistics: Notes on the Appraisal of the Nineteenth Century," *Studies in the History of Linguistics: Traditions and Paradigms*, ed. Dell Hymes (Bloomington: Indiana University Press, 1974), p. 348.

[23] Anthony Grafton, *Defenders of the Text: The Traditions of Scholarshipin an Age of Science*, *1450-1800* (Cambridge: Harvard University Press, 1991), pp. 216-217. 关于作为文化研究的语文学, 见 Raimo Antilla, "Linguistics and Philology," *Linguistics and Neighboring Disciplines*, ed.

Renate Bartsch, Theo Vennemann (Amsterdam: North-Holland, 1975), p. 153.

[24] William Dwight Whitney, "Logical Consistency in Views of Language," *American Journal of Philology* 1 (1880): 332.

[25] 关于19世纪语言学发展史, Holger Pedersen, *The Discovery of Language: Linguistic Science in the Nineteenth-Century*, tr. John Webster Spargo (Bloomington: Indiana University Press, 1931) 已经被取代。见 Olga Amsterdamska, *Schools of Thought: The Development of Linguistics from Bopp to Saussure* (Dordrecht: D. Reidel, 1987); Julie Tetel Andresen, *Linguistics in America*, 1769–1924: *A Critical History* (London: Routledge, 1990); Diehl, *Americans and German Scholarship*.

[26] George Melville Bolling, "Linguistics and Philology," *Language* 5 (1929): 30.

[27] 关于德国与文学及自然科学的研究范式, 见 Diehl, *Americans and German Scholarship*, p. 10. 对美国高等教育"德国化"的精彩阐释, 见 Jurgen Herbst, *The German Historical School in American Scholarship: A Study in the Transfer of Culture* (Ithaca: Cornell University Press, 1965), pp. 30–40.

[28] Showerman, *With the Professor*, p. 51.

[29] Basil Gildersleeve, *Selections from the Brief Mention*, ed. C. W. E. Miller (Baltimore: Johns Hopkins University Press, 1930), pp. 48, 110.

[30] Elizabeth Renker, "Resistance and Change: The Rise of American Literature Studies," *American Literature* 64 (1992): 348, 350.

[31] Ernst Robert Curtius, *European Literature and the Latin Middle Ages*, tr. Willard Trask (Princeton: Princeton University Press, 1953), p. 38.

[32] C. S. Lewis, "The Idea of an 'English School,'" *Representations and Other Essays* (London: Oxford University Press, 1939), pp. 74–75.

[33] Gildersleeve, *Selections from Brief Mention*, p. 114.

[34] Phillips Brooks, "The Purposes of Scholarship," *Essays and Addresses*, ed. John Cotton Brooks (New York: Dutton, 1895), pp. 257, 269.

[35] Barrett Wendell, *Stelligeri and Other Essays concerning America* (New York: Scribner's, 1893), p. 206.

[36] Adams Sherman Hill, *Our English* (New York: Harper, 1888), p. 75.

[37] 引自 Hollis, *University of South Carolina*, 2: 74.

[38] Louise Pound, "The American Dialect Society: A History Sketch," *American Dialect Society* 17 (Greensboro: Woman's College of the University of North Carolina, 1952), p. 4.

[39] Laura Sanderson Hines, "The Study of English Literature," *Education* 9 (1888): 229.

[40] Frank W. Noxon, "College Professors Who Are Men of Letters," *Critic* 42 (1903): 125. 引自 Warner, "Professionalization and the Rewards of Literature."

[41] Brander Matthews, *Gateways to Literature and Other Essays* (New York: Scribner's, 1912), pp. 66–67; Barrett Wendell, *The Privileged Classes* (New York: Scribner's, 1908), p. 217; Wendell, *The Mystery of Education and Other Academic Performances* (New York: Scribner's, 1909), p. 88.

[42] Katharine Lee Bates, "Knowledge versus Feeling," *Poet-Lore* 6 (1894): 384; Francis H. Stoddard, "Literary Spirit in the Colleges," *Educational Review* 6 (1894): 126.

[43] The Complete Poems of Emily Dickinson 第1126首（c. 1868), ed. Thomas H. Johnson (Boston: Little, Brown, 1960), pp. 505–506. 由出版商与阿默特学院委员会授权转载。感谢 Krista May 使我注意到了这首诗。

[44] Ralph Waldo Emerson, "The American Scholar," *Selected Writings*, ed. Brooks Atkinson (New York: Modern Library, 1964), p. 51.

[45] B. L. Packer, *Emerson's Fall: A New Interpretation of the Major Essays* (New York: Continuum, 1982), p. 114. 感谢 Kenneth M. Price 对该书的推荐。

[46] Emerson, "American Scholar," p. 49.

[47] Emerson, p. 45.

[48] Stanley Cavell, "Emerson's Aversive Thinking," *Romantic Revolutions: Criticism and Theory*, ed. Kenneth R. Johnston et al. (Bloomington:

Indiana University Press, 1990), p. 229.

[49] Showerman, *With the Professor*, p. 69.

[50] Philip Larkin, "An Interview with *Paris Review*," *Required Writing: Miscellaneous Pieces*, 1955–1982 (London: Faber & Faber, 1983), p. 69.

第二章

[1] Henry A. Beers, *Initial Studies in American Letters* (New York: Chautauqua Press, 1891), pp. 121–122.

[2] 见 Gilbert Ryle, "On Knowing How and Knowing That," *Collected Papers* (New York: Barnes & Noble, 1972), 第 2 卷: pp. 212–225. 我的观点是, 文学结构主义已经对赖尔"文学是什么""文学该怎样"两种观点的统一发挥了历史性的作用。

[3] Frederic Ives Carpenter, "The Study of Literature," *Poet-Lore* 6 (1893): 379.

[4] L. May McLean, "Rhetoric in Secondary Schools," *Education* 18 (1897): 158.

[5] C. H. Ward, "Fluency First," *Education* 38 (1917): 103.

[6] Eugene Bouton, "The Study of English," *Education* 5 (1884): 103.

[7] Nan Johnson, *Nineteenth-Century Rhetoric*, pp. 41–43.

[8] Albert R. Kitzhaber, *Rhetoric in American Colleges*, pp. 41–43.

[9] Henry Allyn Frink, "Thetoric and Public Speaking in the American College," *Education* 13 (1892): 129.

[10] 关于这一传统观点的精彩论述, 见 William Ringler, "*Poeta Nascitur Non Fit*: Some Notes on the History of an Aphorism," *Journal of the History of Ideas* 2 (1941): 497–504. Francis Galton 在 1869 年发表了 *Hereditary Genius: An Inquiry into Its Laws and Consequences*. 关于 Galton 在人类创造力思想史上的地位, 见 R. Ochse, *Before the Gates of Excellence: The Determinants of Creative Genius* (Cambridge: Cambridge University Press, 1990). 其他技巧方面的讨论, 见 J. Phillippe Rushton, "Sir Francis Galton, Epigenetic Rules, Genetic Similarity Theory, and Human Life-History Analysis," *Journal of Personality* 58 (1990): 117–140.

[11] Bouton, "Study of English," p. 101–102.

[12] Mary A. Ripley, "About English," *Education* 9 (1889): 535.

[13] Samuel Thurber, "An Address to Teachers of English," *Education* 18 (1898): 524.

[14] Gertrude Buck, "What Does 'Rhetoric' Mean?" *Educational Review* 22 (1901): 199-200.

[15] McLean, "Rhetoric in Secondary Schools," pp. 159-160.

[16] Stegner, *On the Teaching of Creative Writing*, pp. 45-46. Aiken 的话引自 W. Jackson Bate et al., eds., *Havard Scholars in English, 1890-1900* (Cambridge: Harvard University, 1992), p. 19. Laurence R. Veysey, *The Emergence of the American University* (Chicago: University of Chicago Press, 1965, pp. 187-188)中同样指出哈佛写作课与创意写作之间的关系。非常感谢 Jennifer R. Goodman 将 *Harvard Scholars in English* 交到我的手中。

[17] Charles W. Eliot, "Inaugural Address as President of Harvard," *American Higher Education*, 第 2 卷: p. 203.

[18] 引自 Le Baron Russell Briggs, *To College Teachers of English Composition* (Boston: Houghton Mifflin, 1928), p. 13.

[19] Le Baron Russell Briggs, *Men, Women and Colleges* (Boston: Houghton Mifflin, 1925), p. 44.

[20] 引自 Thomas R. Lounsbury, "Compulsory Composition in Colleges," *Harper's* 123 (1911): 868. 关于切尔德,见 McMurtry, *English Language, English Literature: The Creation of an Academic Discipline* (Hamden, Conn.: Archon Books, 1985), pp. 65-110; Bate, ed., *Harvard Scholars*, pp. 1-7; 还有 Graff, *Professing Literature*, pp. 40-41 及文中各处。格拉夫认为批改本科生作文是一项沉重的负担,为此他遭到了责难,见 Friend, "Excluded Conflict," 279. Michael J. Bell, "'No Borders to the Ballad Maker's Art': Francis James Child and the Politics of the People," *Western Folklore* 47 (1988): 285-307. 关于张伯伦作为高校修辞学教师的经历,见 Willard M. Wallace, *Soul of the Lion: A Biography of General Joshua L. Chamberlain* (New York: Thomas Nelson, 1960), p. 29.

[21] 关于希尔对修辞学的观点及传记资料,见 Paul E. Ried, "The First and

注　释

Fifth Boylston Professors: A View of Two Worlds," *Quarterly Journal of Speech* 74 (1988): 229‑240. 同见 Kitzhaber, *Rhetoric in American Colleges*, pp. 60‑63.

[22] Johnson, Nineteenth-Century Rhetoric, pp. 82‑83, 97, 221 及文中各处。

[23] John F. Genung, *The Practical Elements of Rhetoric with Illustrative Examples* (BostonL Ginn, 1886), p. 1.

[24] Adams Sherman Hill, *The Principles of Rhetoric*, new ed. (New York: American Book Co., 1895), p. 111. 初版于 1878 年。

[25] Johnson, Nineteenth-Century Rhetoric, p. 173.

[26] Hill, Principles, p. 18.

[27] 见《修辞原则》第一章, p. 1‑24. 文中段落引自 pp. 18, 24.

[28] Briggs, To College Teachers, pp. 2‑3.

[29] Hill, *Our English*, pp. 79‑83.

[30] Hill, *Our English*, pp. 88‑97.

[31] Kitzhaber, *Rhetoric in American Colleges*, p. 61; Rollo W. Brown, *Dean Briggs* (New York: Harper, 1926), p. 54.

[32] 引自温德尔对父亲的回忆, M. A. DeWolfe Howe, *Barrett Wendell and His Letters* (Boston: Atlantic Monthly Press, 1924), pp. 37‑38. Howe 的书至今仍是关于温德尔个人资料的最佳来源。也可参考 Robert T. Self, *Barrett Wendell* (Boston: Twayne, 1975). 关于温德尔作为修辞理论家的方面, 见 Kitzhaber, *Rhetoric in American Colleges*, pp. 66‑69; Berlin, *Writing Instruction in Nineteenth-Century American Colleges*, 第六章; 最简洁的描述是 Wallace W. Douglas, "Barrett Wendell," *Traditions of Inquiry*, ed. John C. Brereton (New York: Oxford University Press, 1985), pp. 3‑25.

[33] Bate, ed., *Harvard Scholars*, p. 9.

[34] 见 Dolly Svobodny, ed., *Early American Textbooks, 1775‑1900* (Washington: U.S. Department of Education, 1985).

[35] Howe, *Wendell and His Letters*, pp. 40‑41.

[36] George Santayana, *The Middle Span* (New York: Scribner's, 1945), p.

171.

[37] Lane Cooper, "On the Teaching of Written Composition," *Education* 30 (1910): 430.

[38] Barrett Wendell, "English Work in the Secondary Schools," *School Reivew* 1 (1893): 659.

[39] Wendell, *Privileged Classes*, p. 237.

[40] 致 Frederic Schenck 的信(1915 年 6 月), Howe, *Wendell and His Letters*, p. 269; Wendell, *Mystery of Education*, p. 117.

[41] 出自 David B. Frankenburger 教授在 *English in American Universities* 一文中对威斯康辛大学英语学项目的描述, ed. William Morton Payne (Boston: D. C. Heath, 1895), p. 135. 这本书由 1894 年发表于 *Dial* 杂志的文章构成。反抗美国形式主义社会思想的源头是 Morton G. White, *Social Thought in America* (Boston: Beacon Press, 1949). 更多更新的相关内容, 见 Jeffrey T. Bergner, *The Origin of Formalism in Social Science* (Chicago: University of Chicago Press, 1981); Dorothy Ross, *The Origins of American Social Science* (Cambridge: Cambridge University Press, 1991). Lawrence A. Cremin, *The Transformation of the School: Progressivism in American Education, 1876 - 1957* (New York: Alfred A. Knopf, 1961)中阐释了对形式主义教育理念的反抗。

[42] Wendell, *Mystery of Education*, pp. 27, 210; *Privileged Classes*, pp. 94, 223.

[43] Wendell, "English Work in Secondary Schools," pp. 659 - 660.

[44] Katharine Lee Bates, "English at Wellesley College," Payne, ed., *English in American Universities*, pp. 145 - 146; John Erskine, *The Memory of Certain Persons* (Philadelphia: J. B. Lippincott, 1947), p. 97; W. E. Mead, "The Graduate Study of Rhetoric," *PMLA* 16 (1901): xxvi.

[45] Berlin, *Writing Instruction in Nineteenth-Century American Colleges*, pp. 74 - 75.

[46] Wendell, "English Work in Secondary Schools," p. 667.

[47] Barrett Wendell, *English Composition: Eight Lectures Given at the Lowell Institute* (New York: Scribner's, 1891), pp. 8 - 9.

[48] Wendell, *English Composition*, pp. 2, 26, 28, 67.

[49] Alexander Bain, *On Teaching English* (1887), 引自 Frank Aydelotte, "The History of English as a College Subject in the United States," *The Oxford Stamp and Other Essays* (New York: Oxford University Press, 1917), pp. 187–188.

[50] Wendell, *English Composition*, p. 265.

[51] George E. Woodberry, *Studies of a Litterateur* (New York: Harcourt Brace, 1921), p. 7.

[52] Wendell, *English Composition*, p. 212.

[53] Wendell, *English Composition*, p. 40.

[54] 见 James D. Hart, *The Oxford Companion to American Literature* (New York: Oxford University Press, 1941). 关于布里格斯的诗歌格律课, 见 Brown, *Dean Briggs*, pp. 67–68. 这本传记是了解布里格斯的最佳资料来源。

[55] Le Baron Russell Briggs, *School, College and Character* (Boston: Houghton Mifflin, 1901), p. 133; Briggs, *To College Techers*, p. 17.

[56] Briggs, *Men, Women and Colleges*, pp. 82–83.

[57] J. Donald Adams, *Copey of Harvard: A Biography of Charles Townsend Copeland* (Boston: Houghton Mifflin, 1960), p. 156.

[58] John Reed, *Insurgent Mexico*, ed. Albert L. Michaels 和 James W. Wilkie (New York: Simon & Schuster, 1969), p. 37. 初版于 1914 年。

[59] 引自 Bate, ed., *Harvard Scholars*, p. 19.

[60] John Jay Chapman, "President Eliot," *Memories and Milestones* (New York: Moffat, Yard, 1915), p. 186.

[61] Bernard DeVoto, "English A," *American Mercury* 13 (1928): 207.

[62] Wendell, *Mystery of Education*, p. 178.

第三章

[1] 作者不详, *The Literary Guillotine* (New YorkL John Lane, 1903), pp. 255–256.

[2] 社论, *Writer* 1 (1887–88): 196.

[3] Henry Deidel Canby, "Anon Is Dead," *American Estimates* (New York:

Harcourt Brace, 1929), p. 17; Henry Mills Alden, *Magazine Writing and the New Literature* (New York: Harper, 1908), p. 86; George E. Woddberry, "Literature in the Marketplace," *Forum* 11 (1891): 659 – 660. 关于 19 世纪美国文学团体, 见 Jane Tompkins, *Sensational Designs: The Cultural Work of American Fiction, 1790 – 1860* (New York: Oxford University Press, 1985).

[4] Woodberry, "Literature in the Marketplace," 654 – 655; Howard Mumford Jones, *The Age of Energy: Varieties of American Experience, 1865 – 1915* (New York: Viking, 1971), p. 223; John Tebbel, *Between the Covers: The Rise and Transformation of Book Publishing in America* (New York: Oxford University Press, 1987), p. 81.

[5] Katharine Lee Bates, *American Literature* (New York: Macmillan, 1897), pp. 128, 135.

[6] 关于版权问题, 见 Mark Rose, *Authors and Owners: The Invention of Copyright* (Cambridge: Harvard University Press, 1993). 关于哈珀兄弟出版公司的破产, 见 Eugene Exman, *The House of Harper: One Hundred and Fifty Years of Publishing* (New York: Harper & Row, 1967), pp. 171 – 183; Tebbel, *Between the Covers*, pp. 94 – 98. 这两本著作中都提及了豪威尔斯。关于新的出版尝试, 见 Tebbel, pp. 82 – 84.

[7] Ellen B. Ballou, *The Building of the House: Houghton Mifflin's Formative Years* (Boston: Houghton Mifflin, 1970), pp. 421, 425 – 426.

[8] Ballou, *Building of the House*, p. 432; Exman, *House of Harper*, pp. 178, 192, 206.

[9] 引自 James Playsted Wood, *Magazines in the United States: Their Social and Economic Influence* (New York: Ronald Press, 1949), p. 112.

[10] 关于《大西洋月刊》编辑阿尔德里奇, 见 M. A. DeWolfe Howe, *The Atlantic Monthly and Its Makers* (Boston: Atlantic Monthly Press, 1919), pp. 77 – 78; Ballou, *Building of the House*, pp. 353 – 380.

[11] 见 Wood, *Magazines in the United States*, p. 149.

[12] Hamilton Wright Mabie, *American Ideals, Character and Life* (New York: Macmillan, 1913), p. 29.

[13] Gioia, *Can Poetry Matter?* p. 34.

[14] Ballou, *Building of the House*, p. 413.

[15] Wendell, *English Composition*, p. 49.

[16] Henry Seidel Canby, *College Sons and College Fathers* (New York: Harper, 1915), pp. 164-168.

[17] Irving King, "Professionalism and Truth-Seeking," *School Review* 16 (1908): 248.

[18] Mabie, *American Ideals*, p. 230.

[19] C. E. Heisch, *The Art and Craft of the Author* (New York: Grafton Press, 1906), p. 1.

[20] Albert Jay Nock, "Absurdity of Teaching English," *Bookman* 69 (1929): 114.

[21] Wendell, *Privileged Classes*, pp. 168, 229; Wendell, *Mystery of Education*, pp. 47, 164-165.

[22] Lane Cooper, "On the Teaching of Written Composition," 424-428.

[23] William Lyon Phelps, "Two Ways of Teaching English," *Century* 51 (1896): 793; Lounsbury, "Compulsory Composition," 873, 876.

[24] W. Otto Birk, "Have All Our Methods of Teaching English Composition Failed?" *School and Society* 13 (1921): 385.

[25] Sarah Foss Wolverton, "The Professional Scullery," *Educational Review* 60 (1920): 412.

[26] Henry Seidel Canby, "Writing English," *Harper's* 128 (1914): 782.

[27] C. H. Ward, "What Is English?" *Educational Review* 51 (1916): 171.

[28] Ward, "What Is English?" 178.

[29] Charles E. Whitmore, "What Ails Collegiate English?" *Educational Review* 64 (1922): 384.

[30] Whitmore, "What Ails Collegiate English?" 384, 386.

[31] 关于写作与文学分化为两个独立的部分，见 Wayland Fuller Dunaway, *History of the Pennsylvania State College* (State College: Pennsylvania State College, 1946), p. 261; John K. Bettersworth, *People's University: The Centennial History of Mississippi State* (Jackson: University Press of

Mississippi, 1980), p. 198. 关于对"每日一题"课程的疏远, 见 Cooper, "On the Teaching of Written Composition," 442; DeVoto, "English A," 207.

[32] Fred Lewis Pattee, *The Development of the American Short Story: An Historical Survey* (New York: Harper, 1923), p. 365.

[33] N. Alvin Pedersen, "Writing Themes for Magazines and Newspapers," *Education* 39 (1918): 220.

[34] Lewis Worthington Smith, *The Writing of the Short Story* (Boston: D. C. Heath, 1902).

[35] George P. Krapp, "Teaching of English Literature," *A Cyclopedia of Education*, ed. Paul Monroe (New York: Macmillan, 1913), 4: 53; Frank Norris, "Frank Norris' Weekly Letter" (1901), *The Literary Criticism of Frank Norris*, ed. Donald Pizer (Austin: University of Texas Press, 1964), p. 9.

[36] Pattee, *Development of the American Short Story*, pp. 364–365; Horace E. Scudder 引自 Ballou, Building of the House, p. 444. 关于短篇小说的繁荣, 见 Andrew Levy, *The Culture and Commerce of the American Short Story: America's Workshop*, Cambridge Studies in American Literature and Culture 68 (Cambridge: Cambridge University Press, 1993); Ray B. West, *Short Story in America, 1900–1950* (Chicago: Henry Regnery, 1952). 1891 年, 第一所函授学校在宾夕法尼亚州斯克兰顿开放运营; 次年, 芝加哥大学拉开了美国高校扩张的序幕。从一开始, 两种教育形式就同时为文学写作教育实践提供环境。这一点在函授学校发展史中很少被提及。见 John S. Noffsinger, *Correspondence Schools, Lyceums, Chatauquas* (New York: Macmillan, 1926); Walton S. Bittner 与 Hervey F. Mallory, *University Teaching by Mail: A Survey of Correspondence Instruction Conducted by American Universities* (New York: Macmillan, 1933); Borje Holmberg, *Growth and Structure of Distance Education* (Wolfeboro, N. H.: Croom Helm, 1986).

[37] Wisner Payne Kinne, *George Pierce Baker and the American Theatre* (Cambridge: Harvard University Press, 1954), p. 102.

[38] 引自 Kinne, *George Pierce Baker and the American Theatre*, p. 242.

[39] George Pierce Baker, *Dramatic Technique* (Boston: Houghton Mifflin, 1919), p. iv.

[40] Bronson Howard 引自 Kinne, *George Pierce Baker and the American Theatre*, p. 87.

[41] Baker, *Dramatic Technique*, p. v.

[42] Baker, *Dramatic Technique*, pp. 2–3, 509–512, 517.

[43] Baker, *Dramatic Technique*, pp. 1, 510. 关于"47 戏剧工坊"的其他描述,见 Adams, *History of Professional Writing Instruction*, pp. 79–86.

[44] Brander Matthews, "English at Columbia College," Payne, ed., *English in American Universities*, p. 41; Brander Matthews, *These Many Years: Recollections of a New Yorker* (New York: Scribner's 1917), p. 394; Brander Matthews, *A Study of Versification* (Boston: Houghton Mifflin, 1911), pp. vi, 266. 关于马修斯,见 Lawrence J. Oliver, *Brander Matthews, Theodore Roosevelt, and the Politics of American Literature, 1880–1920* (Knoxville: University of Tennessee Press, 1992).

[45] Matthews, *Study of Versification*, p. 2; Matthews, *These Many Years*, p. 408.

[46] Lewis Worthington Smith 与 James E. Thomas, *A Modern Composition and Rhetoric* (Boston: Benjamin A. Sanborn, 1900), p. 357; Matthews, *These Many Years*, p. 394; Adams, *History of Professional Writing Instruction*, p. 73; Charles W. Kent, "English at the University of Virginia," Payne, ed., *English in American Universities*, p. 69; Martin W. Sampson, "English at The University of Indiana," Payne, ed., *English in American Universities*, p. 94.

[47] Sampson, "English at Indiana," p. 93; Charles Mills Gayley, "English at the University of California," Payne, ed., *English in American Universities*, p. 107.

[48] 贝茜·蒂夫特学院目录引自 De Forest O'Dell, *The History of Journalism Education in the United States*, Education 635 (New York: Teachers College, 1935), p. 51; W. E. Mead, "Graduate Study of Rhetoric,"

xxiv‑v.

[49] H. C. Chatfield-Taylor, "Wanted: Ateliers of Fiction," *Bookman* 16 (1903): 455‑457.

[50] John Jay Chapman, "Art and Art Schools" 讨论了民主学校中精英艺术教育的问题，刊于 *Memories and Milestones*（New York: Moffat, Yard, 1915), pp. 3‑16.

[51] 关于佩吉，见 Burton J. Hendrick, *The Training of an American: The Earlier Life and Letters of Walter H. Page, 1855‑1913*（Boston: Houghton Mifflin, 1928); John Milton Cooper, *Walter Hines Page: The Southerner as American, 1855‑1918*（Chapel Hill: University of North Carolina Press, 1977); Robert J. Rusnak, *Walter Hines Page and the World's Work, 1900‑1913*（Washington: University Press of America, 1982).

[52] Walter Hines Page, "On Writing," *A Publisher's Confession*（Garden City: Doubleday, Page, 1923), pp. 216‑217. 最初作为1907年8月在芝加哥大学的演讲，次年以"The Writer and the University"为题发表于《大西洋月刊》。

[53] Page, "On Writing," p. 223.

[54] Page, p. 235.

[55] Page, pp. 232, 234.

[56] Krapp, "Teaching of English Literature," p. 53; Henry Van Dyke, "Reading and Writing in the Teaching of English," *School Review* 15 (1907): 326; Marion Dexter Learned, "Linguistiv Study and Literary Creation," 1909年校长就职演说, *PMLA* 25 (1910): lxiv.

[57] "About Training Writers," *World's Work* 15 (1907): 9506‑9507.

[58] 关于新闻学院的建立，见 O'Dell, *History of Journalism Education*, pp. 55‑91; Adams, *History of Professional Writing Instruction*, pp. 99‑122. 关于早期项目的数据，见 Albert Alton Sutton, *Education for Journalism in the United States from Its Beginning to 1940*, Northwestern University Studies in the Humanities 14 (Evanston: Northwestern University, 1945), table 1, p. 19.

注 释

第四章

[1] Hart Crane,致 Charlotte Rychtarik 的信(1923 年 6 月 21 日、9 月 23 日), *The Letters of Hart Crane, 1916–1932*, ed. Brom Weber (Berkeley: University of California Press, 1952), pp. 141–142, 148; Edwin Arlington Robinson, "Hillcrest," *Collected Poems* (New York: Macmillan, 1937), p. 16.

[2] George E. Woodberry, "Professional Poetry," *Atlantic Monthly* 55 (1885): 561–565.

[3] John Erskine, *George Woodberry, 1855–1930: An Appreciation* (New York: New York Public Library, 1930), p. 3; Harold Kellock, "Woodberry—A Great Teacher," *Nation* 130 (1930): 121; George E. Woodberry, "A New Defense of Poetry," *Heart of Man and Other Papers* (New York: Harcourt Brace, 1920), p. 137.

[4] Robinson, *Collected Poems*, pp. 15–17. 伊沃·温特斯在 *Edwin Arlington Robinson* (rev. ed. Norfolk: New Directions, 1971, pp. 27–31)中对这首诗进行了阐释。《山顶》之后的解读只是对温特斯工作的延展与细化。

[5] 关于罗宾逊的生平,最好的资料还是 Hermann Hagedorn, *Edwin Arlington Robinson: A Biography* (New York: Macmillan, 1938). 也可见 Hoyt C. Franchere, *Edwin Arlington Robinson* (New York: Twayne, 1968); Louis O. Coxe, *Edwin Arlington Robinson: The Life of Poetry* (New York: Pegasus, 1969); David H. Burton, *Edwin Arlington Robinson: Stages in a New England Poet's Search* (Lewiston, N.Y.: Edwin Mellen, 1987).

[6] 我对卡梅尔艺术社区的陈述完全依据 Franklin Walker, *The Seacoast of Bohemia* (Santa Barbara: Peregrine Smith, 1973). 也可见 Albert Parry, *Garrets and Pretenders: A History of Bohemianism in America*, rev. ed. (New York: Dover, 1960); Kevin Starr, *Americans and the California Dream, 1850–1915* (Oxford: Oxford University Press, 1973); John Brazil, "George Sterling: Art, Politics, and the Retreat to Carmel," *Markham Review* 8 (1979): 27–33; Thomas E. Benediktsson, *George Sterling* (Boston: Twayne, 1980); Esther Lanigan Stineman, *Mary Austin: Song of*

a Maverick (New Haven: Yale University Press, 1989).

［7］ Walker, *Seacoast of Bohemia*, pp. 31, 71, 92; Benediktsson, *George Sterlin*, p. 38.

［8］ Joseph Noel, *Footloose in Arcadia: A Personal Record of Jack London, George Sterling, Ambrose Bierce* (New York: Carrick & Evans, 1940), pp. 87, 114, 128 – 129; Walker, *Seacoast of Bohemia*, p. 10. 目前尚无正式出版的斯特林的传记,关于他生平的最佳资料是 Thomas E. Benediktsson 对 Twayne 出版社的案例研究,Benediktsson 未发表的博士毕业论文(华盛顿大学,1974 年)是一部完整传记。

［9］ Stineman, *Mary Austin*, pp. 86 – 87; Walker, *Seacoast of Bohemia*, pp. 15 – 16, 46, 96.

［10］ Walker, *Seacoast of Bohemia*, pp. 49, 56; Benediktsson, *George Sterling*, p. 39; Noel, *Footloose in Arcadia*, pp. 250 – 251.

［11］ William Rose Benét, *The Dust Which Is God* (New York: Dodd, Mead, 1941), p. 75. 引自 Walker, *Seacoast of Bohemia*, p. 68.

［12］ Jack London, *The Valley of the Moon* (New York: Grosset & Dunlap, 1913), p. 406. 引自 Walker, *Seacoast of Bohemia*, pp. 90 – 91.

［13］ Mary Austin, *Earth Horizon: An Autobiography* (Boston: Houghton Mifflin, 1932), p. 301.

［14］ Michael Williams, *Commonweal* 后来的编辑,引自 Walker, *Seacoast of Bohemia*, p. 63.

［15］ Walker, *Seacoast of Bohemia*, pp. 38, 92, 104.

［16］ Walker, *Seacoast of Bohemia*, pp. 86 – 89, 92, 94.

［17］ Charles Angoff, *George Sterling: A Centenary Memoir-Anthology* 的前言, (South Brunswick: A. S. Barnes, 1969), p. 7.

［18］ London, *Valley of the Moon*, p. 409. 引自 Walker, *Seacoast of Bohemia*, pp. 90 – 91.

［19］ 本段论点来自 John Brazil, "George Sterling: Art, Politics, and the Retreat to Carmel." Brazil 认为,斯特林隐退卡梅尔,是为了努力缓解社会价值与审美价值之间的紧张关系,但这种努力失败了。也可见 Brazil 未发表的博士论文 *Literature, Self, and Society: The Growth of a Political*

Aesthetic in Early San Francisco (Yale University, 1976).

[20] Walker, *Seacoast of Bohemia*, p. 104.

[21] Van Wyck Brooks, *Autobiography* (New York: E. P. Dutton, 1965), pp. 195‑196. 引自 Walker, *Seacoast of Bohemia*, p. 113.

[22] 关于离开卡梅尔的原因，见 Austin, *Earth Horizon*, p. 308; Stineman, *Mary Austin*, p. 105. 斯特林之死，是 H. L. Mencken 在偶然拜访时发现了他的尸体，这段记载见 Benediktsson, *George Sterling*, pp. 58‑60.

[23] Robinson Jeffers, "People and a Heron," *The Selected Poetry* (New York: Random House, 1951), p. 166. 此处经出版社授权转载。这首诗最早出现在 *Roan Stallion*（1925）诗集中。关于杰弗斯，见 Melba B. Bennett, *The Stone Mason of Tor House: The Life and Times of Robinson Jeffers* (Los Angeles: Ward Ritchie Press, 1966); William Everson, *Robinson Jeffers: Fragments of an Older Fury* (Berkeley: Oyez, 1968), *The Excesses of God: Robinson Jeffers as a Religious Figure* (Stanford: Stanford University Press, 1988); Robert Zaller, *The Cliffs of Solitude: A Reading of Robinson Jeffers* (Cambridge: Cambridge University Press, 1983); David Copland Morris, "Ideology and Environment: The Challenge of Robinson Jeffers's 'Inhumanism,'" *American Poetry* 5 (1988): 32‑52.

[24] David Haward Bain, *Whose Woods These Are: A History of the Bread Loaf Writers' Conference* (Hopewell, N.J.: Ecco Press, 1993), p. 12.

[25] 据我所知，不管是麦克道威尔文艺社区还是雅斗文艺社区，目前为止都没有公开出版的历史研究成果；但是关于后者的非官方的回忆录，见 Marjorie Waite, *Yaddo: Yesterday and Today* (Saratoga Springs: s. n., 1933).

[26] Paul Dwight Moody 校长引自 Thedore Morrison, *Bread Loaf Writers' Conference: The First Thirty Years, 1926‑1955* (Middlebury, Vt.: Middlebury College Press, 1976), p. 6.

[27] Morrison, *Bread Loaf*, p. 9.

[28] Bain, *Whose Woods These Are*, pp. 16‑17.

[29] Morrison, *Bread Loaf*, p. 11.

[30] Edward Shils, "Ediology and Civility," *The Intellectuals and the Powers and*

Other Essays（Chicago：University of Chicago Press，1972），pp. 57–58。这篇文章最初于 1958 年发表在《西瓦尼评论》。

[31] Ezra Pound，"The Mourn of Life，"重印于 Noel Stock，*The Life of Ezra Pound*（New York：Avon Books，1970），pp. 53–54。

[32] Stock，*Ezra Pound*，pp. 54–71。

[33] J. V. Cunningham，"Graduate Training in English，" *The Collected Essays*（Chicago：Swallow Press，1976），p. 272。

[34] David D. Henry，*William Vaughn Moody: A Study*（Boston：Bruce Humphries，1934），p. 20；Daniel Gregory Mason，ed.，*Some Letters of William Vaughn Moody*（Boston：Houghton Mifflin，1913），p. 14。罗伯特·莫尔斯·拉维特在 1893—1921 年间任教于芝加哥大学，也是一个反对将英语学习语文学化的创意者。见 Graff，*Professing Literature*，p. 82。穆迪提到"语文学与智慧女神"，可能隐约受到了 5 世纪马提亚努斯·卡佩拉在 *De nuptiis Philologiae et Murcurii* 中提出的观点的影响。见 Curtius，*Latin Literature and the Latin Middle Ages*，pp. 38–39；Bruce A. Kimball，*Orators and Philosophers: A History of the Idea of Liberal Education*（New York：Teachers College Press，1986），pp. 30–31。Kimball 认为，将墨丘利神（罗马神话中的信使）所掌管的雄辩术与语文学学习联系在一起，是通识教育的基本目标之一。穆迪所假想的两者的分离大概表明 19 世纪 90 年代通识教育——至少在文学教育方面——是由书呆子和创意者之间的矛盾所决定的。

[35] 我对穆迪学术事业的陈述，是根据 Maurice F. Brown，*Estranging Dawn: The Life and Works of William Vaughn Moody*（Carbondale：Southern Illinois University Press，1973）。

[36] Brown，*Estranging Dawn*，p. 27；Mason，*Some Letters*，pp. 9，16。

[37] Mason，pp. 23–24，26；Brown，*Estranging Dawn*，pp. 52–53。

[38] Brown，pp. 64–65，71。

[39] Brown，pp. 67，72，79，92，98。

[40] Brown，pp. 103–107，130，163。

[41] John M. Manly，*The Poems and Plays of William Vaughn Moody* 的导论，(Boston：Houghton Mifflin，1912)，p. xiv。

[42] Brown, *Estranging Dawn*, pp. 172, 223, 242.

[43] 引自 Manly, *The Poems and Plays of William Vaughn Moody* 的导论, p. xvi.

[44] Joyce Kilmer, "The Abolition of Poets," *The Circus and Other Essays and Fugitive Pieces* (New York: George H. Doran, 1916), pp. 61, 63.

[45] Alfred Noyes, *Two Worlds for Memory* (Philadelphia: J. B. Lippincott, 1953), p. 99.

[46] Noyes, pp. 99–100; Andrew Turnbull, *Scott Fitzgerald* (New York: Scribner's, 1962), p. 62; F. Scott Fitzgerald, *Correspondence*, ed. Matthew J. Bruccoli 与 Margaret M. Duggan (New York: Random House, 1980), p. 311; Edmund Wilson, *Letters on Literature and Politics*, ed. Elena Wilson (New York: Farrar, Straus & Giroux, 1977), p. 81.

[47] 见 Stock, *Ezra Pound*, p. 64.

[48] Robert Frost, *Selected Letters*, ed. Lawrance Thompson (New York: Holt, Rinehart & Winston, 1964), p. 158. 引自 William H. Pritchard, *Frost: A Literary Life Reconsidered* (Oxford: Oxford University Press, 1984), pp. 57–58. 我对弗罗斯特在阿默斯特学院的陈述,很大程度上来源于 Pritchard.

[49] Lawrance Thompson, *Robert Frost: The Years of Triumph, 1915–1938* (New York: Holt, Rinehart & Winston, 1970), p. 83.

[50] Alexander Meiklejohn, *The Experimental College*, ed. John Walker Powell (Cabin John, Md.: Seven Locks Press, 1981), pp. x, 113. 初版于1932年。弗罗斯特1906—1912年任教于平克敦学院,1911—1912年又在新罕布什尔州立师范学校执教。关于弗罗斯特教育理念更简洁的概括——Thompson 的传记中没有特别提及的问题——见 Pritchard, Frost, pp. 58–65.

[51] Marion Hawthorne Hedges, "Creative Teaching," *School and Society* 7 (1918): 117–118; Robert S. Newdick, "Robert Frost and the American College," *Journal of Higher Education* 7 (1936): 241; Pritchard, *Frost*, p. 126. Hedges 是 *Dan Minturn* (1927)的作者,这是一部关于明尼苏达州政府的小说,是由 *The Radical Novel in the United States, 1900–1954*

(Cambridge: Harvard University Press, 1956)的策划者 Walter B. Rideout 为它命名的。

［52］ James Kraft, "Biographical Introduction" to Witter Bynner, *Selected Poems*, ed. Richard Wilbur (New York: Farrar, Straus & Giroux, 1978), pp. xxxiii, xliii – xliiv, l.

［53］ 1919 年 2 月,作为和平主义者的宾纳签下请愿书,要求释放因在一战期间拒服兵役而被关押的人。一个当地市民组织予以报复,要求学校对他进行调查。Henry A. Melvin(加州最高法院的一个审判员)在一次偶然碰面时指责宾纳是"亲德分子""该死的叛徒",并用拳打了他。宾纳后来形容这件事是"生平经历的最不愉快的争斗"。在一封信中,他告诉 Carl Sandburg,自己"实际上已经被赶出学校了",尽管有亲英倾向的盖雷院长坚定地支持宾纳。这之后的事情令人匪夷所思——审判员 Melvin 第二年自杀了。见 Witter Bynner, *Selected Letters*, ed. James Kraft (New York: Farrar, Straus & Giroux, 1981), pp. 67 – 73.

［54］ Witter Bynner, "On Teaching the Young Laurel to Shoot," *Prose Pieces*, ed. James Kraft (New York: Farrar, Straus & Giroux, 1979), pp. 366 – 371. 1923 年最早发表于 *New Republic*。"鼓励"或许并不能准确形容艾达·卢·沃顿对亨利·罗斯的态度:她既是他的情人和老师,还把他带进了"三人行"的生活。罗斯在最后的几年为此感到十分苦恼。见 Jonathan Rosen, "The 60 – Year Itch," *Vanity Fair* 57 (February 1994).

［55］ Bynner, "On Teaching the Young Laurel to Shoot," pp. 368 – 369.

［56］ Leonard Bacon, *Ph. D. s: Male and Female He Created Them* (New York: Harper, 1925), pp. 27, 42 – 55. 由该出版社授权转载。

［57］ Horace, *Ars Poetica* 309, tr. Norman J. DeWitt, *Criticism: Major Statements*, 3rd ed., ed. Charles Kaplan 与 William Anderson (New York: St. Martin's, 1991), p. 103.

［58］ Newdick, "Robert Frost and the American College," 239.

第五章

［1］ 关于默恩斯,见 Timothy Heyward Smith 未发表的教育学博士论文 *Hughes Mearns: The Theory and Practice of Creative Education* (Rutgers University, 1968); John Carr Duff, "Hughes Mearns: Pioneer in Creative

Education," *Clearing House* 40（1966）：419 - 420；Myra Cohn Livingston, *The Child as Poet: Myth or Reality*（Boston：Horn Book, 1984）, pp. 128 - 130. 尽管我是在最近的研究过程中偶然发现这本书的, Livingston 的确是在我之前探讨默恩斯作为"创造性工作的先驱"（p. 5）, 但我仍然认为自己是第一个将默恩斯定义为创意写作先驱的人。是 Harrison Hayford 一次偶然的评论引起了我对默恩斯的注意。

[2] Randall Jarrell, *Pictures from an Institution*（New York：Alfred A. Knopf, 1954）, p. 80；Hughes Mearns, *Creative Power*（Garden City：Doubleday, Doran, 1929）, p. 47；Harold Rugg 与 Ann Shumaker, *The Child-Centered School: An Appraisal of the New Education*（Yonkers：World, 1928）, pp. 63, 250. 关于拉格和舒梅克将创造性自我表达教学解读为进步主义教育, 见 Cremin, *Transormation of the School*, p. 183；关于他们的著作是进步主义教育方法的入门读物, 见 Diane Ravitch, *The Troubled Crusade: American Education, 1945 - 1980*（New York：Basic Books, 1983）, pp. 52 - 53.

[3] 关于 Smyth, 见 Graff, *Professing Literature*, pp. 274 - 275.

[4] William Stanley Braithwaite, ed., *Anthology of Magazine Verse for 1922 and Yearbook of American Poetry*（BostonL Small, Maynard, 1922）. 布雷斯韦特是一名黑人诗人, 还编有文艺复兴时期、维多利亚时期和乔治王时期的诗歌选集, 但却没为黑人编过诗歌选集, 他本人的诗歌作品中也从未表露过作为黑人的体验。Jane Wagner 认为, 他的整个职业生涯表明：他并不认可自己的种族。见 *Black Poets of the United States: From Paul Laurence Dunbar to Langston Hughes*, tr. Kenneth Douglas（Urbana：University of Illinois Press, 1973）, pp. 127 - 128. 这完全可以推断：布雷斯韦特对私立学校白人儿童诗歌作品的兴趣进一步说明他在种族上的自我否定。

[5] Hughes Mearns, ed., *Lincoln Verse, Story, and Essay*, 第一辑（New York：The Lincoln School of Teachers College, 1923）, pp. vii, xv. 在发表于 *English Journal* 的第一篇关于创意写作的文章中, 明尼阿波利斯市的一名高中教师 Jane Souba 将《林肯诗歌集》引为先例。她是这样界定创意写作与早年写作教学的："实用写作强调的是材料, 创意写作强调的是材料的归属——学生。"（593）见 Jane Souba, "Creative Writing in High

289

School," *English Journal* 14（1925）：591–602.

［6］ Rugg, Shumaker, *The Child-Centered School*, pp. 251–252.

［7］ Trentwell Mason White, "Concerning the Subject of Creative Writing," *Education* 59（1938）：129.

［8］ 见 Ravitch, "The Rise and Fall of Progressive Education," *The Troubled Crusade*, pp. 43–80. 对进步教育运动最完善的论述是 Cremin, *Transformation of the School*; Arthur Zilversmit, *Changing Schools: Progressive Education Theory and Practice*, 1930–1960（Chicago：University of Chicago Press, 1993）.

［9］ 这段陈述来源于 Herbert M. Kliebard, *The Struggle for the American Curriculum*, 1893–1958（Boston：Routledge & Kegan Paul, 1986）, pp. 30–58. Kliebard 既不喜欢"进步主义教育"的说法，也不赞同对杜威在美国教育史上地位的判断，他认为前者是"模糊"且"本质上不明确的"，而后者则是"严重高估或过分扭曲的"。

［10］ John Dewey, "Interest in Relation to Training of the Will," *John Dewey on Education: Selected Writings*, ed. Reginald D. Archambault（New York：Modern Library, 1964）, p. 266. 初版于 1896 年。美国教育理念中关于"兴趣"的发展历程，见 Daniel Tanner, Laurel Tanner, *History of the School Curriculum*（New York：Macmillan, 1990）, pp. 151–154. 关于哲学方面的评论文章，见 Alan R. White, "Dewey's Theory of Interest," *John Dewey Reconsidered*, ed. R. S. Peters（London：Routledge & Kegan Paul, 1977）, pp. 35–55.

［11］ Abraham Flexner, "A Modern School," *A Modern College and a Modern School*（Garden City：Doubleday, Page, 1923）, pp. 90, 98, 100, 108–109. 最初于 1916 年发表在 *American Review of Reviews*。当被问及这一理论的来源时，弗莱克斯纳称自己受到了杜威和查尔斯·W. 艾略特的影响。关于弗莱克斯纳与林肯专科学校，见 Cremin, *Transformation of the School*, pp. 280–291; Tanner, *History of the School Curriculum*, pp. 115–116, 167–174.

［12］ Duff, "Hughes Mearns," 419.

［13］ Lionel Trilling, "On the Teaching of Modern Literature," *Beyond Culture:*

Essays on Literature and Learning（New York：Viking，1968），p. 5；John Dewey，"Culture and Cultural Values，" *A Cyclopedia of Education*，ed. Paul Monroe（New York：Macmillan，1911），2：238；William Hughes Mearns，"Our Medieval High Schools：Shall We Educate Children for the Twelfth or the Twentieth Century?" *Saturday Evening Post*（March 2，1912）：19.

[14] John Dewey，*Democracy and Education：An Introduction to the Philosophy of Education*（New York：Macmillan，1916），pp. 260 – 261；John Dewey，"Culture and Industry in Education，" *Educational Bi-Monthly* 1（1906）：8 – 9.

[15] Rugg，Shumaker，*The Child-Centered School*，pp. 62，246；Fred Newton Scott，"English Composition as a Mode of Behavior，" *English Journal* 11（1922）：468.

[16] Mearns，*Creative Power*，pp. 246，256 – 257.

[17] Lawrence H. Conrad，*Teaching Creative Writing*（New York：D. Appleton-Century，1937），p. 12.

[18] Rugg，Shumaker，*The Child-Centered School*，p. 253；Hughes Mearns，*Creative Youth：How a School Environment Set Free the Creative Spirit*（Garden City：Doubleday，Page，1925），p. 28.

[19] William Webster Ellsworth，*Creative Writing：A Guide for Those Who Aspire to Authorship*（New York：Funk & Wagnalls，1929），p. 23.

[20] James Berlin 认为，常见的以"表达形式"为依据而进行的学科划分——说明、论证、描写和叙事——是官能心理学影响下的 18 世纪的修辞学观念，将人类思维分成实现独立思维功能的不同区域。见 Berlin，*Writing Instruction in Nineteenth-Century American Colleges*，pp. 19 – 34。换句话说，这些作者已经人为地将写作学科分为了四种类型，并试图进一步厘清它们。

[21] Bernard L. Jefferson，Harry Houston Peckham，*Creative Prose Writing*（New York：Doubleday，Doran，1926），pp. vi，207；Adele Bildersee，*Imaginative Writing：An Illustrated Course for Students*（BostonL D. C. Heath，1927），pp. 40，226.

[22] George E. Gardner, "Should Power to Create or Capacity to Appreciate Be the Aim in the Study of English?" *Education* 13 (1894): 137.

[23] Clara F. Stevens, "College English," *Education* 27 (1906): 103 - 104. 圣保罗的一名高中教师 Eleanora F. Dean 同样强调格律教学,"但必须牢记这么做的目的是为了培养好的诗歌读者,而不是培养诗人"(125)。见 Eleanora F. Dean, "The Teaching of Verfication in the High School," *English Journal* 5 (1916): 119 - 130.

[24] John Hooper, *Poetry in the New Curriculum: A Manual for Elementary Teachers* (Brattleboro, Vt.: Stephen Daye, 1932), p. 38; Conrad, *Teaching Creative Writing*, p. 23.

[25] Hughes Mearns, "Educating the New Child," *North American Review* 230 (1930): 697, 700; Mearns, *Creative Power*, pp. 6 - 7, 9; Mearns, *Creative Youth*, pp. 17 - 18. 关于 Cardinal Newman 以自由主义反对实用主义,见 Jaroslav Pelikan, *The Idea of the University: A Reexamination* (New Haven: Yale University Press, 1992).

[26] Mearns, *Creative Youth*, p. 57; Hughes Mearns, "English as an Expression of the Activities of Everyday Life," *Journal of Educational Method* 2 (1923): 286; Mearns, *Creative Power*, pp. 14 - 15, 119 - 120; Dewey, *Democracy and Education*, p. 42.

[27] Mearns, *Creative Power*, p. 187; Hughes Mearns, "Creative Education in College Years," *Progressive Education* 23 (1946): 269; Braithwaite 引自 Mearns, *Creative Youth*, p. 3; Hughes Mearns, *The Creative Adult: Self-Education in the Art of Living* (New York: Doubleday, Doran, 1940), p. 263; Hughes Mearns, "Golden Lads and Girls," *Survey* 50 (1926): 320.

[28] Bildersee, *Imaginative Writing*, p. ix; Ellsworth, *Creative Writing*, p. 15; 爱荷华作家工坊信息手册,(Iowa City: University of Iowa, n. d.). 大卫·格林胡德在伯克利分校时曾是威特·宾纳的学生,他说,"写作无法传授"是职业作家的"职业格言"。见 *The Writer on His Own* (Albuquerque: University of New Mexico Press, 1971), p. 55.

[29] Martha Peck Porter, *The Teacher in the New School* (Yonkers: World, 1931), p. 167; Percival C. Chubb, *The Teaching of English in the*

Elementary and Secondary School, rev. ed. (New York: Macmillan, 1929), p. 403; John Dewey, "Individuality and Experience," *Dewey on Education*, p. 154.

[30] Mearns, *Creative Power*, p. 257. "儿童作为艺术家,是一个现代的观念",默恩斯在这里特指 1920 年,年仅 10 岁的儿童诗人 Hilda Conkling 已经出版了三本诗集;1924 年,生活在布鲁克林的 11 岁犹太女孩 Nathalia Crane 也出版了三本诗集。在给 Crane, *Singing Crow and Other Poems* 的评论中,默恩斯表示:"洞察力与诗人的年龄无关;这只是个天赋问题。而且这种天赋不是培养出来的,是产生于超出我们理解范畴的精神层面。"见 *Progressive Education* 4 (1927): 134. Crane 后来之所以成为圣地亚哥州立大学的教授,全凭她童年的这些诗歌创作。Conkling 却没有这么幸运。她的诗实际上是她和在史密斯大学当英语教授的母亲 Grace Conkling 共同努力的结果。她在睡前"口述"诗歌,然后由母亲抄写下来,添加标点,转换成自由体诗行。当一个支持者问她如何写诗时,她回答说:"去问我妈妈。"几年之后,Hilda Conkling 发掘自己早年的诗歌"天赋"成了需要倾尽一生去弥补的缺陷——她形容自己是现实中的残疾人。我们不禁要问:她的缺陷究竟是什么? 是诗歌天赋,还是与母亲的共生关系? 根据 Hilda 本人的描述,直到 1958 年 Grace 去世,她一直陪在母亲身边,此前一切的主意都是 Grace 替 Hilda 拿的。在她的诗集 *Poems by a Little Girl* (1920) 的前言中,Amy Lowell 就注意到了母女关系这个方面,其中引用了两行诗:"如果我唱,你就会倾听;/ 如果我想,你就会知道。"尤其是第二行诗表明了孩子对完美结合的母女关系的幻想。Hilda 在 20 岁之前从没离开过家,她没有读大学,终身未婚,一直没能开创自己的事业——尽管她的智商有 186。见 Livingston, *The Child as Poet*, pp. 53 - 68, 94 - 97.

[31] Mearns, *Creative Youth*, p. 29; Hughes Mearns, "The Creative Spirit and Its Significance for Education," *Creative Expression*, ed. Gertrude Hartman, Ann Shumaker, 2nd ed. (Milwaukee: E. H. Hale, 1938), pp. 19 - 20; John Barth, "Writing: Can It Be Taught?"

[32] Lois Whitney, "English Primitivistic Theories of Epic Origins," *Modern Philology* 21 (1924): 337 - 378. 赫德引自他 1751 年版对贺拉斯的

  Epistola and Augustum 的注释。珀西声称:"本性与常识能够满足古代单纯的游吟诗人对严肃艺术的需要,并教会他们史诗创作的最基本原则……"艾迪生认为:"这些伟大的天才……不是教出来的,也不会受艺术原则的束缚……"弗格森则将远古诗人"超自然的直觉"与古典诗人的评价、反思进行对比。

[33] Gertrude Buck, *The Metaphor: A Study in the Psychology of Rhetoric* (Ann Arbor: Inland Press, ? 1899), pp. 42, 69.

[34] Mearns, *Creative Power*, p. 260; Hughes Mearns, "Creative Learning," *Challenges to Education*, *War and Post-War*, 第 30 届教师周年会日程 (Philadelphia: University of Pennsylvania, 1943), p. 159.

[35] Mearns, "Creative Spirit and Its Significance," p. 20; Mearns, "Creative Learning," pp. 159, 165; Mearns, *Creative Youth*, pp. 50n, 55-56.

[36] Mearns, *Creative Youth*, p. 61; Mearns, *Creative Power*, p. 27; W. C. Brownell, *Standards* (New York: Scribner's, 1917), p. 70.

[37] Mearns, *Creative Youth*, p. 79; J. E. Spingarn, "The New Criticism," *Creative Criticism and Other Essays*, 新编增补版 (New York: Harcourt Brace, 1931), pp. 36-37. 斯宾加恩是个有趣的人物,他是美国有色人种促进会的首任会长。见 Barbara Joyce Ross, *J. E. Spingarn and the Rise of the NAACP, 1911-1939* (New York: Atheneum, 1972).

[38] Mearns, ed., *Lincoln Verse*, p. xiv; Mearns, "Educating the New Child," 700; Conrad, *Teaching Creative Writing*, p. 25.

[39] Hooper, *Poetry in the New Curriculum*, p. 14; Porter, *Teacher in the New School*, pp. 176-177; Mearns, ed., *Lincoln Verse*, p. vii; Conrad, *Teaching Creative Writing*, pp. 48, 52.

[40] John Dewey, "Individuality and Experience"及"The School and Society," *Dewey on Education*, pp. 151, 300-301, 303. 关于边界问题的论述,见 Feodor F. Cruz, *Dewey's Theory of Community* (New York: Lang, 1987). 关于美工教育,见 Cremin, *Transformation of the School*, pp. 23-57.

[41] Hughes Mearns, "The Changing Elementary Schools," *Saturday Evening Post* 185 (January 4, 1913): 7; Porter, *Teacher in the New School*, p. 149. "设计"作为一个教学单元,最初是由 David Snedden 在 1916 年发表于

School and Society 的一篇文章中提出的,作者对此追溯到了农业职业教育领域。"设计教学法"之所以得名并传播开来,是通过两年后的一篇文章——最初发表于 *Teachers College Record*,之后又作为一本印量 60 000 册的小册子再版——作者 William H. Kilpatrick 是哥伦比亚师范学院的教授,也是杜威的学生。关于历史展望,见 Kliebard, *Struggle for the American Curriculum*, pp. 156–179; Tanner, *History of the School Curriculum*, pp. 157–162. 十分感谢 Anne D. Hall 向我指出许多"创造性"教学设计中暗含的反经验主义。

[42] Mearns, *Creative Power*, p. 144; Mearns, *Creative Youth*, pp. 24, 34.

[43] Hooper, *Poetry in the New Curriculum*, pp. 16, 26; J. V. Cunningham, "How Shall the Poem Be Written?" *Collected Essays* (Chicago: Swallow Press, 1976), p. 259; Hughes Mearns, "Poetry Is When You Talk to Yourself," *Challenges to Education*, p. 155.

[44] Diana Trilling, *The Beginning of the Journey: The Marriage of Diana and Lionel Trilling* (New York: Harcourt Brace, 1993), p. 86.

[45] 见 Logan Pearsall Smith, *Words and Idioms: Studies in the English Language* (LondonL Constable, 1925), pp. 94–95.

[46] Rollo Walter Brown, *The Creative Spirit: An Inquiry into American Life* (New York: Harper, 1925), p. 15.

[47] 早在 1914 年,弗洛伊德在《论自恋》一文中引用海涅的话来论证"创造活动的心理发生机制:上帝会说:'疾病毫无疑问是形成创造冲动的根本原因。通过创造,我可以复原;通过创造,我可以健康。'"引自 John Frosch, *The Psychotic Process* (New York: International Universities Press, 1983), p. 110. 距今更近的精神分析理论家奥托·肯伯格已经提出,创造性是健康的自我发展,这表明一个人已经学会将自身能量转化为有价值的结果:"创造的乐趣与创造的成果是升华场域的两个主要方面,它们可以成为判断非冲突性自我场域有效延伸的最佳指标。因此,它们的缺失也是判断自我弱化的重要标志。"见 Kernberg, "Borderline Personality Organization," *Essential Papers on Borderline Disorders: One Hundred Years at the Border*, ed. Michael H. Stone (New York: New York University Press, 1986), p. 298. 关于同一原理更详尽、更通俗的内容,见 James F.

[48] 前四个词出自 Ludwig Lewisohn, *The Creative Life*, 作者在解释题目时说, 创造是一种生活方式, 可以使"受压抑的牙科医生或执事产生羡慕和嫉妒……"Lewisohn 随即呼吁:"噢, 扬斯敦或纳齐斯的出色的牙医或执事, 你们年轻的子嗣在涂鸦诗歌、结交流浪汉, 他们不会听你的牙科学和教条, 他们所遵循的原则远远超越了你所拥有、代表、了解和信奉的。"见 Ludwig Lewisohn, *The Creative Life* (New York: Boni & Liveright, 1924), p. 24. 后三个词及其在表明迫切需要体制改革时的用法, 见 Brown, *Creative Spirit*, pp. 220–221.

Masterson, "The Creative Solution," *The Search for the Real Self: Unmasking the Personality Disorders of Our Age* (New York: Free Press, 1988), pp. 208–230.

[49] Brown, *Creative Spirit*, p. 187.

[50] 默恩斯在创意写作课上说的"最高的支持"必然属于"戴着原创面具的工作"。教师会"通过感觉本能地"认识到这种工作的"本来面目"。见 *Creative Power*, pp. 41, 43.

[51] Mearns, "Golden Lads," 333.

第六章

[1] William McFee, "The Cheer-Leader in Literature," *Contemporary American Criticism*, ed. James Cloyd Bowman (New York: Henry Holt, 1926), pp. 241–254. 这篇文章是 1925 年 12 月在现代语言协会年会上做的演讲, 次年发表于 *Harper's*。卡斯特尔韦特罗在 1571 年对《诗学》的评论中说, 迷狂的诗情"源于从自身兴趣出发的对其表示赞同的诗人和普通人……"那些怀有惊异去读诗的人"会把(这)当作奇迹, 一种不知如何才能靠人力获得的上帝的眷顾……"这种想法是错误的, 却是对诗人的恭维, 因而诗人不断滋养这种激情, 用诗歌的形式将它表现出来。见 Allan H. Gilbert, ed., *Literary Criticism Since Plato* (New York: American Book Co., 1940), pp. 310–311.

[2] Paul Kaufman, "Promethean Fire: A Challenge to the American College," *School and Society* 28 (1928): 121–127.

[3] Snow Longley Housh, "Report of Creative Writing in Colleges," *English Journal*, coll. Ed. 20 (1931): 672; Matthew Wilson Black, "Creative

Writing in the College," Hartman, Shumaker, *Creative Expression*, p. 248; John T. Frederick, "The Place of Creative Writing in American Schools," *English Journal*, coll. Ed. 22 (1933): 11.

[4] 诺曼·福斯特致爱丽丝·沃思丽,打印在诺曼·福斯特论文上的采访记录,收于斯坦福大学 Cecil H. Green 图书馆。他除了是美国文学研究的奠基者,现代语言协会也以他的名字命名了一个奖项以外,福斯特很少被当作其他学术研究的对象。见 Louis J. A. Mercier, "Humanistic Education: The Critique of Norman Foerster," *American Humanism and the New Age* (Milwaukee: Bruce, 1948), pp. 165 – 188; Frances Mary Flanagan, *The Educational Role of Norman Foerster*, 博士毕业论文 (University of Iowa, 1971); Wilbers, *Iowa Writers' Workshop*, pp. 71 – 79 及文中各处; Gilbert Bruce Kelly, *Norman Foerster and American New Humanist Criticism*, 博士毕业论文 (University of Nebraska, 1983); Vanderbilt, *American Literature and the Academy*, pp. 357 – 359 及文中各处。虽然可能没有必要,但我还是向 Stephen Wilbers 表示感谢,没有他的书,我可能就不会了解福斯特在爱荷华所做的工作。

[5] Norman Foerster, "Reconstructing the Ph. D. in English," *Nation* 108 (1919): 748.

[6] Janet Piper, *The Iowa Writers' Workshop in Retrospect: A Respository of Relevant Writing* (Austin: 自费出版, ? 1981), 未标页码。

[7] Donald A. Stauffer, ed., *The Intent of the Critic* (Princeton: Princeton University Press, 1941), p. 38.

[8] J. David Hoeveler, *The New Humanism: A Critique of Modern America, 1900 – 1940* (Charlottesville: University Press of Virginia, 1977), p. 19. 关于整个人文主义运动,Hoeveler 提供的是最好的借鉴。也可见 Thomas R. Nevin, *Irving Babbitt: An Intellectual Study* (Chapel Hill: University of North Carolina Press, 1984).

[9] Wilbers, *Iowa Writers' Workshop*, p. 79.

[10] Norman Foerster, *The American Scholar: A Study in Litterae Inhumaniores* (Chapel Hill: University of North Carolina Press, 1929), pp. 42, 44; Austin Warren, 1930 年 4 月出现在福斯特的论文中;福斯特与 Worsley

的通信,源自福斯特的文集。

[11] Kay 引自 Flanagan, *Educational Role of Norman Foerster*, p. 101; Greenlaw 引自福斯特给 Worsley 的信,出现在福斯特的文集中; Jessup 引自 Flanagan, p. 106; 福斯特致 Kay 的信,1937 年文学院年度报告,出现在福斯特的文集中; 福斯特引自 Wilbers, *Iowa Writers' Workshop*, p. 44.

[12] Bate, ed., *Harvard Scholars in English*, p. 85.

[13] David Roberts, *Jean Stafford: A Biography* (London: Chatto & Windus, 1988), pp. 113, 125.

[14] Henry Seidel Canby, "The American Scholar," *American Estimates*, pp. 133, 142–143.

[15] Randall Stewart 引自 Thomas Daniel Young, *Gentleman in a Dustcoat: A Biography of John Crowe Ransom* (Baton Rouge: Louisiana State University, 1976), p. 142. George P. Krapp "Teaching of English Literature"中用"科学方法"(*wissenschaftliche Methode*)来形容语文学。

[16] Allen Tate, "We Read as Writers," 引自 Wilbur L. Schramm, "Imaginative Writing," Foerster, ed., *Literary Scholarship: Its Aims and Methods*, p. 179; Norman Foerster, *Toward Standards: A Study of the Present Critical Moment in American Letters* (New York: Farrar & Rinehart, 1930), p. 42; Norman Foerster, *The American State University: Its Relation to Democracy* (Chapel Hill: University of North Carolina Press, 1937), p. 217; Norman Foerster, "The Study of Letters," *Literary Scholarship: Its Aims and Methods*, p. 20.

[17] Brander Matthews, "Can English Literature Be Taught?" *Educational Review* 3 (1892): 340; Henry Seidel Canby, "Literature and Universities," *Definitions: Essays in Contemporary Criticism*, Vol. 2 (New York: Harcourt Brace, 1924), p. 214; W. C. Brownell, *Criticism* (New York: Scribner's, 1914), p. 4; Trilling, *Beginning of the Journey*, p. 83; Jay B. Hubbell, *The Enjoyment of Literature* (New York: Macmillan, 1929), pp. 147–148. 关于文学批评主导高校文学研究的最佳陈述,见 Graff, *Professing Literature*; John Fekete, *The Critical Twilight: Explorations in the Ideology of Anglo-American Literary Theory from Eliot to*

McLuhan (London: Routledge &Kegan Paul, 1977); Grant Webster, *The Republic of Letters: A History of Postwar American Literary Opinion* (Baltimore: Johns Hopkins University Press, 1979); Vincent B. Leitch, *American Literary Criticism from the Thirties to the Eighties* (New York: Columbia University Press, 1988); Mark Jancovich, *The Cultural Politics of the New Criticism* (Cambridge: Cambridge University Press, 1993).

[18] 在1992年11月的一次谈话中,克林斯·布鲁克斯告诉我,兰瑟姆的书不是一个宣言,尽管"大多数人将书名理解为'他创建了一个学派'"。关于兰瑟姆,见 Young, *Gentleman in a Dustcoat*; Cleanth Brooks, "John Crowe Ransom as I Remember Him," *American Scholar* 58 (1989): 211–233. 关于温特斯在1928年的发展,见 Grosvenor Power, *Language as Being in the Poetry of Yvor Winters* (Baton Rouge: Louisiana State University Press, 1980). 关于布莱克默,见 Russell A. Fraser, *A Mingled Yarn: The Life of R. P. Blackmur* (New York: Harcourt Brace Jovanovich, 1981); Edward T. Cone et al., ed., *The Legacy of R. P. Blackmur: Essays, Memoirs, Texts* (New York: Ecco Press, 1987). 关于《猎犬与号角》,见 Mitzi B. Hamovitch, ed., *The Hound and Horn Letters* (Athens: University of Georgia Press, 1982). 关于《党派评论》,见 James B. Gilbert, *Writers and Partisans: A History of Literary Radicalism in America* (New York: Wiley, 1968); Terry A. Cooney, *The Rise of the New York Intellectuals: Partisan Review and Its Circle* (Madison: University of Wisconsin Press, 1986). 关于《南方评论》,见 Thomas W. Cutrer, *Parnassus on the Mississippi: The Southern Review and the Baton Rouge Literary Community* (Baton Rouge: Louisiana State University Press, 1984); Cleanth Brooks 与 Robert Penn Warren, "The Origin of the *Southern Review*," *Southern Review* 22 (1986): 214–217. 关于文学杂志概况,见 Frederick J. Hoffman, *The Little Magazine: A History and Bibliography* (Princeton: Princeton University Press, 1946); G. A. M. Janssens, *The American Literary Review: A Critical History, 1920–1950* (The Hague: Mouton, 1968). 关于布鲁克斯,见 Lewis W. Simpson, ed., *The Possibilities of Order: Cleanth Brooks and His Works* (Baton Rouge: Louisiana State University Press,

1976),以及在弗吉尼亚大学出版社找到的 Mark Royden Winchell 写于 1996 年的传记。关于基特里奇,见 Clyde K. Hyder, *George Lyman Kittredge: Teacher and Scholar*(Lawrence: University Press of Kansas, 1962).

[19] Stephen Greenblatt,"Shakespeare Bewitched," *New Historical Literary Study: Essays on Reproducing Texts, Representing History*, ed. Jeffrey N. Cox, Larry J. Reynolds (Princeton: Princeton University Press, 1993), p. 112.

[20] Cleanth Brooks, Robert Penn Warren, *Understanding Poetry: An Anthology for College Students* (New York: Henry Holt, 1938), p. iv.

[21] Monroe K. Spears, *Dionysius and the City: Modernism in Twentieth-Century Poetry* (Oxford: Oxford University Press, 1970), pp. 197–198; John Crowe Ransom, *The New Criticism* (Norfolk: New Directions, 1941), pp. 41, 94.

[22] R. P. Blackmur, *New Criticism in the United States* (Tokyo: Kenkyshua, 1959), p. 16; Donald Davidson, *Southern Writers in the Modern World* (Athens: University of Georgia Press, 1958), p. 21; Allen Tate, "American Poetry Since 1920," *The Poetry Reviews of Allen Tate, 1924–1944*, ed. Ashley Brown 与 Frances Neel Cheney (Baton RougeL Louisiana State University, 1983), p. 81. 布莱克默的《新批评》最初是 1956 年 6 月在日本举办的长野美国文学夏季会议上的演讲。泰特的《美国诗歌》起初在 1929 年发表于《学者》杂志。非常感谢 Grant Webster 的真知灼见,即新批评实践立足于逃亡者派的诗歌传统。见他的 Republic of Letters, p. 96. 这本书和 Young, *Gentleman in a Dustcoat*(p. 12)都引用了戴维森的话,而后者的引用更完全,把逃亡者派起源的陈述也纳入其中。也可见 Louise Cowan, *The Fugitive Group: A Literary History* (Baton Rouge: Louisiana State University Press, 1959); John L. Stewart, *The Burden of Time: The Fugitives and Agrarians* (Princeton: Princeton University Press, 1965); Paul K. Conkin, *The Southern Agrarians* (Knoxville: University of Tennessee Press, 1988).

[23] Alfred Kazin,"The Writer and the University," *The Inmost Leaf: A*

Selection of Essays (New York: Harcourt Brace, 1955), p. 242.

[24] 见 R. S. Crane, "Criticism as Inquiry; or, The Dangers of the 'High Priori Road,'" *The Idea of the Humanities and Other Essays Critical and Historical* (Chicago: University of Chicago Press, 1967), 2: 44.

[25] George Spran, *The Meaning of Literature* (New York: Scribner's, 1925), p. 47.

[26] Thomas P. Beyer, "The Creative Life at Hamline," *Hamline History*, ed. Charles Nelson Pace (St. Paul: Hamline University Alumni Association, 1939), pp. 112 – 113.

[27] R. P. Blackmur, "A Feather-Bed for Critics: Notes on the Profession of Writing," *The Expense of Greatness* (New York: Arrow Editions, 1940), p. 302.

[28] Irving Babbitt, "On Being Creative," *On Being Creative and Other Essays* (Boston: Houghton Mifflin, 1932), p. 23; Foerster, *Toward Standards*, p. 64; 福斯特 1932 年 3 月 27 日发表在北卡罗来纳大学 *Daily Tar Heel* 的文章(截取自福斯特的文集)。

[29] Foerster, "The Study of Letters," p. 6; Foerster, *Toward Standards*, p. 13; Norman Foerster, "Literary Scholarship and Criticism," *English Journal*, coll. ed. 25 (1936): 228.

[30] Foerster, "Language and Literature," *University of Iowa Studies*, 研究目标与进程系列 33, ed. John William Ashton (Iowa City: University of Iowa, 1931), p. 115; Foerster, *American Scholar*, p. 60; Foerster, *American State University*, p. 124; Foerster, *American Criticism*, pp. 107, 235; Brown, *Creative Spirit*, p. 188.

[31] Henry Seidel Canby, "Education for Authors," *American Estimates* (New York: Harcourt Brace, 1929), pp. 220 – 221; Foerster, *American Scholar*, pp. 60, 66; Norman Foerster, "Author and Alma Mater," 源自福斯特书稿中一篇未发表的打印稿; Norman Foerster, *American Criticism: A Study in Literary Theory from Poe to the Present* (BostonL Houghton Mifflin, 1928), p. 228; Norman Foerster, "Language and Literature," p. 115; Norman Foerster, "A University Prepared for Victory," *The Humanities*

　　　　after the War, ed. Foerster (Princeton：Princeton University Press，1944)，pp. 29 - 30.

[32]　Norman Foerster,"The Education of a Writer,"源自福斯特书稿中一篇未发表的打印稿。

[33]　Foerster,"The Education of a Writer"; Foerster, *American State University*, p. 198; Paul Elmer More,"Academic Leadership,"*Shelburne Essays*（Boston：Houghton Mifflin，1915），9：45 - 46.

[34]　Brownell, *Standards*, p. 94; Irving Babbitt, *Democracy and Leadership*（Indianapolis：Liberty，1979），pp. 267，338; Foerster, *American Criticism*, pp. 260，340; Foerster, *Toward Standards*, p. 66; Irving Babbitt,"Genius and Taste,"*Criticism in America: Its Function and Status*, ed. J. E. Spingarn（New York：Harcourt Brace，1924），p. 164. *Democracy and Leadership* 初版于1924年。

[35]　Babbitt,"On Being Creative," p. 15; Foerster, *American Criticism*, p. 243.

[36]　1941年11月福斯特给Harry K. Newburn院长的进程报告,源自福斯特书稿;关于福斯特的内容引自1931年3月发表的福斯特书稿; R. S. Crane,1940年10月的信,源自福斯特书稿; Foerster, *American State University*, p. 125.

[37]　Foerster,"Author and Alma Mater"; Foerster,"Study of Letters," p. 27.

[38]　Foerster, *American State University*, p. 221n; Wilbur L. Schramm, "Imaginative Writing," p. 181.

[39]　福斯特致Newburn院长,源自福斯特书稿。

[40]　Piper, *Iowa Writers' Workshop in Retrospect*,未标页码。关于埃德温·派珀,见Wilbers, *Iowa Writers' Workshop*, pp. 13 - 15及文中各处。

[41]　Newton Arvin,"Individualism and the American Writer," *Literary Opinion in America*, rev. ed., ed. Morton Dauwen Zabel（New York：Harper,1951），pp. 544，548. 最早在1931年发表于*Nation*。

[42]　Roy W. Cowden在一次主题为"高校是否应该鼓励创造性艺术"的圆桌讨论上的发言：*A University between Two Centuries: The Proceedings of the 1937 Celebration of the University of Michigan*, ed. Wilfred B. Shaw（Ann

Arbor：University of Michigan Press，1937），p. 186；Kent Sagendorph，*Michigan: The Story of the University*（New York：E. P. Dutton，1948），p. 308.

[43] 福斯特致 Worsley，源自福斯特书稿。福斯特辞职的背景大致如下：新任命的爱荷华人文科学学院院长 Harry K. Newburn 将全部的历史课和外语课排除出了必修课的范围；福斯特则提出将社会科学课排除出去。Newburn 本人就是一名社会科学家。是他迫使福斯特离职，还是福斯特主动辞职，如今已不得而知。正如 1944 年 5 月在他写给老朋友、古典主义学者 Gerald F. Else 的信中所说，福斯特起初曾希望"为了研究生和自己的研究在那里多待几年"（信的内容来自福斯特书稿）。最终，他发现这是不可能的。

[44] Margaret Deland 引自 Ellsworth，*Creative Writing*，p. 33；Amy Kaplan，"Edith Wharton's Profession of Authorship，" *ELH* 53（1986）：435，441；Elaine Showalter，*Sister's Choice: Tradition and Change in American Women's Writing*（Oxford：Clarendon，1991），p. 105. 显然，我在这一段中关于拒斥女性的观点只是对 Jane Tompkins，*Sensational Designs* 中论点的回应。

[45] Mary Roberts 凭借诗集 *Paisley Shawl* 获得了硕士学位。见 Wilbers，*Iowa Writers' Workshop*，p. 57 n. 22.

[46] Bildersee，*Imaginative Writing*，pp. 20，112，116–117.

[47] Brenda Ueland，*Help from the Nine Muses*，再版时改名为 *If You Want to Write*（St. Paul：Graywolf，1987），pp. 99–100；Sandra M. Gilbert，"Literary Paternity，" *Critical Theory Since 1965*，ed. Hazard Adams，Leroy Searle（Tallahassee：Florida State University Press，1986），p. 494. 尤兰的书初版于 1938 年；吉尔伯特的文章最初发表于 1979 年，后来成为 *The Madwoman in the Attic* 中的一章。

[48] Dorothea Brande，*Becoming a Writer*（Los Angeles：Jeremy P. Tarcher，1981），pp. 22，161，168. 初版于 1934 年。

[49] Margaret Widdemer，*Do You Want to Write?*（New York：Farrar & Rinehart，1937），pp. 51，57；O. M. Cheney，*Economic Survey of the Book Industry*，1930–1931（New York：National Association of Book

Publishers, 1931), pp. 37–38. 维德莫的书最初是在 NBC 电台"女性活动板块"的指导下作为一个系列广播呈现的。

[50] Esther L. Schwartz, *So You Want to Write*! *How to Make Money by Publishing* (New York: Phoenix, 1936), pp. 3, 40.

[51] Schwartz, p. 16.

[52] Lionel Trilling, "The Lesson and the Secret," *Of This Time*, *Of That Place and Other Stories* (New York: Harcourt Brace Jovanovich, 1979), p. 67. 最初在 1945 年发表于 *Harper's Bazaar*。

第七章

[1] Wallace Stegner, "Writing as Graduate Study," *College English* 11 (1950): 430.

[2] Allen Tate, "What Is Creative Writing?" *Wisconsin Studies in Contemporary Literature* 5 (1964): 184. 关于恩格尔，见 Wilbers, *Iowa Writers' Workshop*, pp. 83–108. Janet Piper 说，恩格尔为这份主管工作做了精心的准备。见 Piper, Iowa Writers' Workshop in Retrospect, 未标页码。第三版 *AWP Catalogue of Writing Programs* (1980) 列出了 101 个有资格授予创意写作高级学位或凭借创意作品获得英语硕士学位的机构。我被 George Riemer 的"超级机器"一词难住了，出自 *How They Murdered the Second "R"* (New York: Norton, 1969), p. 236.

[3] Warren Kliewer, "Allen Tate as a Teacher," *Allen Tate and His Work*: *Critical Evaluations*, ed. Radcliffe Squires (Minneapolis: University of Minnesota Press, 1972), p. 42; Wallace Stegner, "To a Young Writer," *One Way to Spell Man* (Garden City: Doubleday, 1982), p. 31; Saul Bellow, *It All Adds Up*: *From the Dim Past to the Uncertain Future* (New York: Viking, 1994), p. 282. 斯特格纳的文章起初在 1959 年发表于 *Atlantic*。关于课程与职业之间的区别，见 Everett C. Hughes, "Is Education a Discipline?" *The Sociological Eye*, pp. 408–416. 关于知识与职业化之间的关系，见 Christopher Jencks, David Riesman, *The Academic Revolution* (Garden City: Doubleday, 1968), pp. 199–207.

[4] Ezra Pound, Patria Mia (1950), 引自 Robert N. Wilson, *Man Made Plain*: *The Poet in Contemporary Society* (Cleveland: Howard Allen, 1958),

pp. 153 – 154; Paul Engle, "Introduction: The Writer and the Place," *Midland*, p. xxx.

[5] Theodore Weiss, "A Personal View: Poetry, Pedagogy, Per-Versities," *The American Writer and the University*, ed. Ben Siegel (Newark: University of Delaware Press, 1989), p. 154; Walter Van Tilburg Clark, "The Teaching and Study of Writing," *Western Review* 14 (1950): 170. 据一个学生说,伊沃·温特斯赞同维斯关于诗人与高校关系的观点。唐纳德·贾思提回忆说:"温特斯用17世纪英国的神职人员举例类比;诗人就像赫伯特和赫里克,他们加入某个机构,获得由该机构带给他们及他们作品的社会认可。"见"An Interview with Donald Justice," *Sequoia* 28 (Autumn 1984): 28.

[6] 《提案:创意写作艺术硕士》,西密歇根大学,1981年。非常感谢 Michele McLaughlin-Dondero 为我提供了这份提案的复印件。

[7] 例如,俄亥俄大学的 Paul Murray Kendall 说过,创意写作将有助于"洞察力的提升,而这种提升会带来对经验价值的深层感知,以及对经验更深刻、更敏感的挖掘"。引自 Richard Scowcroft, "Courses in Creative Writing," *The College Teaching of English*, ed. John C. Gerber, 国家英语教学委员会课程系列之四(New York: Appleton-Century-Crofts, 1965), p. 135. Kendell 几乎一字不落地重申了巴雷特·温德尔所提出的写作课程的审美价值("对感知力的有意提升")。略有不同的是,诗人里德·惠特莫尔希望创意写作可以为诗歌研究做前期准备。在上过一到两节课之后,学生"都被灌输了格律的原理与传统且不会产生质疑——至少不会对每一类别的每一首诗产生质疑——之后才会继续探讨这些原理与传统是如何被发现、被使用的"。Reed Whittemore, "Aesthetics in the Sonnet Shop," *American Scholar* 28 (1959): 350.

[8] Richard Fine, *James M. Cain and the American Authors' Authority*, p. 58; Ronald A. May, 1986年12月4日致作者的信; Vincent McHugh, *Primer of the Novel* (New York: Random House, 1950), p. 268.

[9] 美国劳动统计局未公布的附表,1987年8月, *Encyclopedia Britannica*, 15th ed., s. v. "Economic Growth and Planning"; John Brooks, *The Great Leap: The Past Twenty-five Years in America* (New York: Harper & Row,

1966), p. 132; William Jackson Lord, *How Authors Make a Living* (1962), 引自 Robert Byrne, *Writing Rackets* (New York: Lyle Stuart, 1969), pp. 135 – 136.

[10] Wallace Stegner, "Can Teachers Be Writers?" *Intermountain Review* 1 (January 1, 1937): 3; Wilson, *Man Made Plain*, pp. 151 – 152.

[11] Howard Nemerov, *A Howard Nemerov Reader* (Columbia: University of Missouri Press, 1991), p. 287; Stegner, "To a Young Writer," p. 30; Barbara Tuchman, "The Historian as Artist," *Practicing History: Selected Essays* (New York: Alfred A. Knopf, 1981), p. 46; Bellow, *It All Adds Up*, p. 279.

[12] Fred Chappell, "Welcoming Remarks," *Greensboro Review* no. 52 (Summer 1992): 83; Ray B. West, "A University Writing Program," *Western Review* 14 (1950): 238. 1991年11月9日,查普尔在举行于格林斯博罗校园的 Peter Taylor 同学会上发表了该篇评论。这段引用感谢 Steve Gilliam。

[13] Nemerov, *Nemerov Reader*, p. 310; Ian Hamilton, *Robert Lowell: A Biography* (New York: Random House, 1982), p. 168; *Historical Statistics of the United States, Colonial Times to 1870* (Washington: U. S. Bureau of the Census, 1975), series R 192 – 217; Norman Podhoretz, *Making It* (New York: Harper, 1980), p. 41; Fredric Jameson, *Marxism and Form: Twentieth-Century Dialectical Theories of Literature* (Princeton: Princeton University Press, 1971), p. 416. Podhoretz 的自传初版于1967年。

[14] Bellow, *It All Adds Up*, p. 311; Stegner, "One Way to Spell Man," *One Way to Spell Man*, pp. 5, 11 – 12; Alan Swallow, "The Word," *The Nameless Sight: Poems 1937 – 1956* (Denver: Alan Swallow, 1956), p. 30; Cleanth Brooks, "Irony as a Principle of Structure," Zabel, ed., *Literary Opinion in America*, pp. 729 – 741; Tate, "What Is Creative Writing?" 181. 斯特格纳的文章最初发表于1958年的《星期六评论》上。

[15] Judson Jerome, "The Career of Poetry and William Dickey: A Case Study," *The Poet and the Poem* (Cincinnati: Writer's Digest, 1963), p. 184; Helen C. White, "Creative Writing in the University," *Wisconsin*

Studies in Contemporary Literature 5（1964）：40；John Paul Russo,"The Tranquilized Poem：The Crisis of the New Criticism in the 1950s,"*Texas Studies in Language and Literature* 30（1988）：198–229；Reed Whittemore,"The Line of an American Poet,"*The Feel of Rock: Poems of Three Decades*（Washington：Dryad Press, 1982）, p. 24. 惠特莫尔的诗最初发表于 *An American Takes a Walk*（1956）, 经得律阿得斯出版社（Dryad Press）授权转载。

[16] Stegner,"One Way to Spell Man,"pp. 10, 16；Paul Engle, Warren Carrier, eds., *Reading Modern Poetry*（Chicago：Scott, Foresman, 1955）, p. xi；John Matthias,"Poet-Critics of Two Generations,"*Reading Old Friends: Essays, Reviews, and Poems on Poetics, 1975–1990*（Albany：State University of New York Press, 1992）, p. 176.

[17] Karl Shapiro, *A Primer for Poets*（Lincoln：University of Nebraska Press, 1953）, p. 66；Donald Barthelme 引自 Susan Squire,"The Best Writing Workshop West of Iowa City,"*Los Angeles Times Magazine*（August 9, 1987）；West,"University Writing Program,"240.

[18] Jean Stafford,"Wordman, Space That Tree!"*Saturday Review/World* 1（July 13, 1974）：17；James Whitehead 采访 John Graham, *Craft So Hard to Learn: Conversations with Poets and Novelists about the Teaching of Writing*, ed. George Garrett（New York：William Morrow, 1972）, p. 68；Dorothea Brande, *Becoming a Writer*, pp. 99–104；R. V. Cassill, *Writing Fiction*（New York：Pocket Books, 1962）, p. 9；James K. Folsom,"Evaluating Creative Writing,"*Writing and Literature in the Secondary School*, ed. Edward J. Gordon（New York：Holt, Rinehart & Winston, 1965）, pp. 137–138. 关于卡西尔离开爱荷华去布朗大学的时代背景，见 Wilbers, *Iowa Writers' Workshop*, pp. 109–116.

[19] Nemerov, *Nemerov Reader*, pp. 308–309；Keith W. Olson,"The G. I. Bill and Higher Education: Success and Surprise,"*American Quarterly* 25（1973）：596–610. 无论"为了满足退伍老兵教育的需要"而招募作家的结果如何，奥尔森都认为《退伍士兵安置法案》基本没有对高校课程改革造成深远的影响。"因为他们获得了行政上的优先安置，而且对高校、社

会和学习课程持有与非退伍老兵相同的态度,"奥尔森说,"所以退伍老兵不需要高等教育在基本结构或评价标准上为他们作出任何改变。况且高校在退伍老兵入学潮期间疲于奔命,根本无暇反思和改造自身。"奥尔森希望在那些油腔滑调地声称自己接受的是打折扣的高等教育的人面前为退伍老兵说句公道话:"简单"的课程根本没必要,他说,因为那些退伍老兵在学术上远胜过那些年轻的同学。

[20] 高等教育校长委员会, *Higher Education for American Democracy*(New York: Harper & Row, 1947), 1: 101; Oscar Handlin 与 Mary F. Handlin, *The American College and American Culture: Socialization as a Function of Higher Education*(New York: McGraw-Hill, 1970), pp. 72, 84. 关于战后扩招,见 David Dodds Henry, *Challenges Past, Challenges Present: An Analysis of American Higher Education Since 1930*(San Francisco: Jossey-Bass, 1975).

[21] Clark Kerr, *The Uses of the University*(New York: Harper & Row, 1966), pp. 110 – 113. 最初是 1963 年在哈佛大学戈德金讲座(Godkin Lectures)上的演讲。

[22] Stegner, "One Way to Spell Man," p. 8; Engle, "Introduction: The Writer and the Place," *Midland*, pp. xiii, xxx; Wallace Stegner, "What Besides Talent?" *Author and Journalist* 41(March 1956): 13; Stegner, "To a Young Writer," p. 26.

[23] Wallace Stegner, "The University and the Creative Arts," *Arts in Society* 2(Spring-Summer 1963): 34; Mark Jarman, 1987 年 2 月 18 日与作者的通信,经本人授权转载。

[24] Donald A. Sears, ed., *Directory of Creative Writing Programs in the United States and Canada*(Fullerton: College English Association, 1970).

[25] 关于研究生创意写作项目的提案,加州大学欧文分校,1965 年 5 月,p. 38;威奇塔州立大学校友报告(1984 年 11 – 12 月);Chappell, "Welcoming Remarks," 82. 感谢 Scott Nelson 为我提供了加州大学欧文分校的提案复印件,感谢 Rae Goldsmith 提供的密歇根中央大学的信息。

[26] "An Interview with Donald Justice," 28; Wilbers, *Iowa Writers' Workshop*, pp. 137 – 138.

注　释

［27］ David Riesman, *On Higher Education: The Academic Enterprise in an Era of Rising Student Consumerism* (San Francisco: Jossey-Bass, 1980), p. 107; Henry, *Challenges Past, Challenges Present*, pp. 24–25, 111, 116–133; Thomas Sowell, "The Scandal of College Tuition," *Commentary* 94 (August 1992): 24; 关于创意写作艺术硕士学位的提案, 弗吉尼亚大学, 1980 年 6 月, p. 2. 弗吉尼亚提案的获得, 全靠 George Garrett, 在此表示感谢。1957 年的另一重大事件——虽然更加重要, 却被苏联第一颗人造卫星升空所盖过——是 9 月 23 日在小石城高中强行废止种族隔离政策。这应当引发了英语教师的深入思考: 多数刚进入此前只向白人开放的学校的非洲裔美国儿童都悲剧地没有准备好解决学术语言的问题。但卫星升空和《国防教育法》却对英语教学产生了更加广泛的影响。这时强调的是现代技术社会对识字的需要, 以及对国家文化遗产中的民主价值的传播。见 John S. Simmons et al., "The Swinging Pendulum: Teaching English in the USA, 1945–1987," *Teaching and Learning English Wordwide*, ed. James Britton et al. (Clevedon: Multilingual Matters, 1990), pp. 97–99.

［28］ Randall Black, "Magic Words," *UCI Journal* (Spring 1991): 9; Theodore Weiss, "A Personal View," p. 152. 1971 年, 创意写作授出了 154 个学士学位、185 个硕士学位以及 6 个博士学位。见 Mary Evans Hooper, *Earned Degrees Conferred*, 1971–1971 (Washington: U. S. Department of Health, Education and Welfare, 1973), table 8, p. 470. 关于 1988–1989 学年售出的创意写作学位数目, 见 *Digest of Education Statistics*, 1991, table 233, p. 243.

［29］ Kathy Walton, "A Brief History of the Associated Writing Programs,"印有"全美作家写作协会"字样、日期为 1980 年 3 月的打印稿。感谢 D. W. Fenza 提供给我这份打印稿的复印件。

［30］ Ellen Bryant Voigt, Marvin Bell, "AWP Guidelines for Creative Writing Programs and Teachers of Creative Writing," *AWP Newsletter* 19 (September/October 1987): 12–13; 关于创意写作艺术硕士的提案, 弗吉尼亚大学, pp. 1, 9–10. 全美作家写作协会指导方针起草于 1979 年 9 月, 最终由委员会签署通过, 委员会成员包括 Max Apple, George

Cuomo, George P. Elliott, Daniel Halpern, John Clellon Holmes, David Madden, William Matthews, Philip F. O'Connor, Susan Shreve, David J. Smith, James Whitehead, Dara Wier, Charles Wright, Al Young.

[31] Fritz Machlup, *Knowledge: Its Creation, Distribution, and Economic Significance*, vol. 2: *The Branches of Learning* (Princeton: Princeton University Press, 1982), pp. 101–102.

[32] R. V. Cassill, "Teaching Literature as an Art," *In an Iron Time: Statements and Reiterations* (West Lafayette: Purdue University Studies, 1969), p. 43; Robert Pinsky, "The Interest of Poetry," *PN Review* no. 17 (1980): 34.

[33] *Springdale (Ark.) News*, February 27, 1977; The Programs in Creative Writing and Translation, informational brochure (Fayetteville: University of Arkansas, n. d.); Stegner, "The University and the Creative Arts," 34.

后记

[1] Marvin Mudrick, "Adorable Ideas and Absent Plenitudes," *Books Are Not Life, But Then, What Is?* (New York: Oxford University Press, 1979), p. 213.

[2] 见 Frank Lentricchia, *After the New Criticism* (Chicago: University of Chicago Press, 1980), p. 24. 杰拉尔德·格拉夫说:"在弗莱的广义概念中,文学为世界立法、为现实定序,带来对可能被归于混沌而非人道的无望的意义与感知……对弗莱而言,文学无法将自己孤立于现实世界之外,它被现实世界所占据、所教化"(*Literature Against Itself: Literary Ideas in Modern Society* [Chicago: University of Chicago Press, 1979], p. 182).

[3] Northrop Frye, *Anatomy of Criticism* (Princeton: Princeton University Press, 1957), p. 18.

[4] Stanley Fish, "Interpreting the *Variorum*," *Is There a Text in This Class? The Authority of Interpretive Communities* (Cambridge, Mass.: Harvard University Press, 1980), p. 167; Barbare Herrnstein Smith, *Contigengies of Value: Alternitive Perspectives for Critical Theory* (Cambridge, Mass.: Harvard University Press, 1988), p. 181.

[5] 见 Hilary Putnam, "Fact and Value," *Reason, Truth and History*

[6] Daniel Green, "Not Merely Academic: Creative Writing and Literary Study," *Real: Journal of Liberal Arts* 28 (Fall 2003): 44–45.

[7] Paul M. Hedeen 与 D. G. Myers, *Unrelenting Readers: The New Poet-Critics* (Ashland, Ore.: Story Line Press, 2004). 最知名的的美国作家中,大概只有达纳·乔伊亚致力于捍卫诗歌在人类文明中的地位,所以他被小布什总统任命为美国国家人文捐赠基金会主席也并非偶然。见他的两本著作 *Can Poetry Matter? Essays on Poetry and American Culture*, 10th anniversary ed. (St. Paul: Grawolf, 2002); *Disappearing Ink: Poetry at the End of Print Culture* (St. Paul: Graywolf, 2004).

[8] Chris Green, "Materializing the Sublime Reader: Cultural Studies, Reader Response, and Community Service in the Creative Writing Workshop," *College English* 64 (November 2001): 167.

[9] Frances Payne Adler, "Activism in Academia: A Social Action Writing Program," *Social Action* 29 (2002): 137. Adler 形容加州州立大学蒙特利湾分校——一个建在奥德堡的校区——的创意写作项目是一个隐蔽的美国海军陆战队基地。

[10] 1965—2002 年,美国公共部门全职工作者的数量增长了 224.9%,其中高校教师在地方政府就业人数中占到了 6%(*2002 Census of Government*, vol. 3: *Compendium of Public Emplyment: 2002* [Washington: U. S. Census Bureau, 2004], pp. 16–19)。美国劳动局统计数据显示,这一增速超过了 1969—2002 年间 175.2%的整体劳动力增长速度。

[11] Thomas E. Kennedy, "Painter, Swan, Weaver: No Sameness Here," *Literary Review* 46 (2002): 200.

[12] Thomas Bartlett, "Undergraduates Heed the Muse," *Chronicle of Higher Education* 48 (March 15, 2002): A40.

[13] Christopher Beach, "Careers in Creativity: The Poetry Academy in the 1990s," *Western Humanities Review* 50 (Spring 1996): 7, 15.

[14] David Radavich, "Creative Writing in the Academy," *Profession* 1999: 106–112; D. W. Fenza, "Creative Writing and Its Discontents," *Writer's Chronicle* 32 (March-April 2000): 52.

[15] Shirley Geok-lin Lim,"The Strangeness of Creative Writing: An Institutional Query," *Pedagogy* 3（Spring 2003）：157. 重点是原文。

[16] Francine Prose, *Blue Angel*（New York：Harper Collins，2000），p. 199；Paul Dawson, *Creative Writing and the New Humanities*（London：Routledge，2005），p. 2. 句末括号中注明的是道森原书相关内容的页码。

[17] Irving Babbitt, *Rousseau and Romanticism*（Austin：University of Texas Press，1979），p. 271.

[18] 见 Irving Babbitt,"On Being Creative," *On Being Creative and Other Essays*,（Boston：Houghton Mifflin，1932），esp. pp. 25－26.

[19] J. E. Spingarn,"The New Criticism"（1910）, *Creative Criticism and Other Essays*，新增版,（New York：Harcourt Brace，1931），p. 18.

[20] 2005 年 8 月 26 日的私人交流。应本人要求隐去姓名。

[21] Geoffrey Light,"From the Personal to the Public：Conceptions of Creative Writing in Higher Education," *Higher Education* 43（March 2002）：265－266.

[22] Diane Ravitch,"Would You Want to Study at a Bloomberg School?" *Wall Street Journal*（May 12，2005）：A16.

[23] Fern Kupfer,"The Dream, and the Reality, of Writing Fiction," *Chronicle of Higher Education* 49（January 24，2003）.

[24] 斯宾加恩说："诗人并不是真的在写叙事诗、田园诗、抒情诗，无论受到那些错误的抽象概念多大的误导，他们都是在表达自我，而且这种表达的形式是唯一的。因此，文学类型不是三五个，也不止一百个，而是有多少诗人就有多少种文学类型。"（*Creative Criticism*, p. 23）.

[25] Arthur Saltzman,"On Not Being Nice：Sentimentality and the Creative Writing Class," *Midwest Quarterly* 44（Spring 2003）：324.

[26] Richard Teleky,"'Entering the Silence'：Voice, Ethnicity, and the Pedagogy of Creative Writing," *MELUS* 26（Spring 2001）：215.

[27] 见 Charles Johnson,"Storytelling and the Alpha Narrative," *Southern Review* 41（Winter 2005）：151－159, 对于一个有趣的艺术家开设"高产的小说写作课程"的有趣尝试来说，布置大量的命题写作，包括仿写、誊写

注 释

练习,"是以掌握文学创作过程中全部技能为目的",终极目标是"为成为在以后事业中随时可以完成叙事任务的雇佣工作准备……"即便如此,当约翰逊解释自己为什么教学生建构故事时,他又绕回了内在需求的观念:"赋予特定条件下的特定角色以特定任务,接下来会发生什么呢?"他问道。(p. 157,他的强调重点)

[28] Prose, *Blue Angel*, p. 179. 句末括号中注明的是原书相关内容的页码。

[29] Hilary Putnam, *Meaning and the Moral Sciences*(London: Routledge & Kegan paul, 1978), p. 90. 重点是原文。

[30] Marilynne Robinson, *The Death of Adam: Essays on Modern Thought*(New York: Picador, 2005), pp. 8–9. 这部散文集初版于 1998 年,在 Robinson 凭借小说《基列》(*Gilead*)获得普利策奖之后很快再版。她任教于爱荷华作家工坊。除 Robinson 之外不得不提到另外两个人:一个自幼就是长老教会员的天主教徒 Ron Hansen,另一个是正统犹太教徒 Cynthia Ozick,他们都在寻求如何于人类文化中重建宗教的角色。

参考文献

[1] Abbott, Andrew. *The System of Professions: An Essay on the Division of Expert Labor*. Chicago: University of Chicago Press, 1988.

[2] Adams, J. Donald. *Copey of Harvard: A Biography of Charles Townsend Copeland*. Boston: Houghton Mifflin, 1960.

[3] Adams, Katherine H. *A History of Professional Writing Instruction in American Colleges: Years of Acceptance, Growth, and Doubt*. Dallas: Southern Methodist University Press, 1993.

[4] Alden, Henry Mills. *Magazine Writing and the New Literature*. New York: Harper, 1908.

[5] Amis, Kingsley. *Memoirs*. New York: Summit, 1991.

[6] Amsterdamska, Olga. *Schools of Thought: The Development of Linguistics from Bopp to Saussure*. Dordrecht: D. Reidel, 1987.

[7] Andresen, Julie Tetel. *Linguistics in America, 1769–1924: A Critical History*. London: Routledge, 1990.

[8] Angoff, Charles. *George Sterling: A Centenary Memoir-Anthology*. South Brunswick: A. S. Barnes, 1969.

[9] Anonymous. *The Literary Guillotine*. New York: John Lane, 1903.

[10] Antilla, Raimo. "Linguistics and Philology." In *Linguistics and Neighboring Disciplines*. Ed. Renate Bartsch, Theo Vennemann. Amsterdam: North-Holland, 1975. pp. 145–155.

[11] Arvin, Newton. "Individualism and the American Writer." 1931. In Zabel. pp. 544–549.

[12] Arvin, Newton. *Longfellow: His Life and Work*. Boston: Little, Brown,

1963.

[13] Arvin, Newton. "The Failure of E. R. Sill." In *American Pantheon*. Ed. Daniel Aaron and Sylvan Schendler. New York: Dell, 1966. pp. 174 – 193.

[14] Austin, Mary. *Earth Horizon: An Autobiography*. Boston: Houghton Mifflin, 1932.

[15] Aydelotte, Frank. "The History of English as a College Subject in the United States." In *The Oxford Stamp and Other Essays*. New York: Oxford University Press, 1917. pp. 187 – 188.

[16] Babbitt, Irving. *Literature and the American College: Essays in Defense of the Humanities*. Boston: Houghton Mifflin, 1908.

[17] Babbitt, Irving. "Genius and Taste." In *Criticism in America: Its Function and Status*. Ed. J. E. Spingarn.

[18] New York: Harcourt Brace, 1924. pp. 152 – 175.

[19] Babbitt, Irving. *Democracy and Leadership*. 1924. Reprint. Indianapolis: Liberty, 1979.

[20] Babbitt, Irving. "On Being Creative." In *On Being Creative and Other Essays*. Boston: Houghton Mifflin, 1932. pp. 1 – 33.

[21] Bacon, Leonard. *Ph. D. s: Male and Female He Created Them*. New York: Harper, 1925.

[22] Baker, George Pierce. *Dramatic Technique*. Boston: Houghton Mifflin, 1919.

[23] Bain, David Haward. *Whose Woods These Are: A History of the Bread Loaf Writers' Conference, 1926 – 1992*. Hopewell, N. J. : Ecco, 1993.

[24] Ballou, Ellen B. *The Building of the House: Houghton Mifflin's Formative Years*. Boston: Houghton Mifflin, 1970.

[25] Barth, John. "Writing: Can It Be Taught?" *New York Times Book Review* (June 16, 1985).

[26] Bate, W. Jackson, et al. , eds. *Harvard Scholars in English, 1890 to 1990*. Cambridge: Harvard University, 1991.

[27] Bates, Katharine Lee. "Knowledge versus Feeling." *Poet-Lore* 6 (1894):

383 – 386.

[28] Bates, Katharine Lee. "Wellesley College." In Payne. pp. 141 – 148.

[29] Bates, Katharine Lee. *American Literature*. New York: Macmillan, 1897.

[30] Bawer, Bruce. "Dave Smith's 'Creative Writing.'" *New Criterion* 4 (December 1985): 27 – 33.

[31] Beers, Henry A. *Initial Studies in American Letters*. New York: Chautauqua Press, 1891.

[32] Bellow, Saul. *It All Adds Up: From the Dim Past to the Uncertain Future*. New York: Viking, 1994.

[33] Benediktsson, Thomas E. *George Sterling*. Boston: Twayne, 1980.

[34] Benét, William Rose. *The Dust Which Is God*. New York: Dodd, Mead, 1941.

[35] Berlin, James A. *Writing Instruction in Nineteenth-Century American Colleges*. Carbondale: Southern Illinois University Press, 1984.

[36] Berlin, James A. *Rhetoric and Reality: Writing Instruction in American Colleges, 1900 – 1985*. Carbondale: Southern Illinois University Press, 1987.

[37] Bettersworth, John K. *People's University: The Centennial History of Mississippi State*. Jackson: University Press of Mississippi, 1980.

[38] Beyer, Thomas P. "The Creative Life at Hamline." In *Hamline History*. Ed. Charles Nelson Pace. St. Paul: Hamline University Alumni Association, 1939. pp. 106 – 117.

[39] Bildersee, Adele. *Imaginative Writing: An Illustrated Course for Students*. Boston: D. C. Heath, 1927.

[40] Birk, W. Otto. "Have All Our Methods of Teaching English Composition Failed?" *School and Society* 13 (1921): 383 – 385.

[41] Black, Matthew Wilson. "Creative Writing in the College." In Hartman, Shumaker. pp. 245 – 252.

[42] Black, Randall. "Magic Words." *UCI (University of California, Irvine) Journal* (Spring 1991): 9 – 10.

[43] Blackmur, R. P. "A Feather-Bed for Critics: Notes on the Profession of

Writing." In *The Expense of Greatness*. New York: Arrow Editions, 1940. pp. 277–305.

[44] Blackmur, R. P. *New Criticism in the United States*. Tokyo: Kenkyshua, 1959.

[45] Bledstein, Burton J. *The Culture of Professionalism: The Middle Class and the Development of Higher Education in America*. New York: Norton, 1976.

[46] Bolling, George Melville. "Linguistics and Philology." *Language* 5 (1929): 27–32.

[47] Bouton, Eugene. "The Study of English." *Education* 5 (1894): 91–104.

[48] Braithwaite, William Stanley, ed. *Anthology of Magazine Verse for 1922 and Yearbook of American Poetry*. Boston: Small, Maynard, 1922.

[49] Brande, Dorothea. *Becoming a Writer*. 1934. Reprint. Los Angeles: Jeremy P. Tarcher, 1981.

[50] Brazil, John. "George Sterling: Art, Politics, and the Retreat to Carmel." *Markham Review* 8 (1979): 27–33.

[51] Briggs, Le Baron Russell. *School, College and Character*. Boston: Houghton Mifflin, 1901.

[52] Briggs, Le Baron Russell. *Men, Women and Colleges*. Boston: Houghton Mifflin, 1925.

[53] Briggs, Le Baron Russell. *To College Teachers of English Composition*. Boston: Houghton Mifflin, 1928.

[54] Bronson, Walter C. *The History of Brown University, 1764–1914*. Providence: By the University, 1914.

[55] Brooks, Cleanth. "Irony as a Principle of Structure." 1949. In Zabel. pp. 729–741.

[56] Brooks, Cleanth, and Robert Penn Warren. *Understanding Poetry: An Anthology for College Students*. New York: Henry Holt, 1938.

[57] Brooks, John. *The Great Leap: The Past Twenty-five Years in America*. New York: Harper & Row, 1966.

[58] Brooks, Phillips. "The Purposes of Scholarship." In *Essays and Addresses*. Ed. John Cotton Brooks. New York: E. P. Dutton, 1895. pp. 247–

272.

[59] Brooks, Van Wyck. *Autobiography*. New York: E. P. Dutton, 1965.

[60] Brown, Maurice F. *Estranging Dawn: The Life and Works of William Vaughn Moody*. Carbondale: Southern Illinois University Press, 1973.

[61] Brown, Rollo Walter. *The Creative Spirit: An Inquiry into American Life*. New York: Harper, 1925.

[62] Brownell, W. C. *Criticism*. New York: Scribner's, 1914.

[63] Brownell, W. C. *Standards*. New York: Scribner's, 1917.

[64] Bruce, Philip Alexander. *History of the University of Virginia, 1819 – 1919*. Vol. 3: *The Lengthened Shadow of One Man*. New York: Macmillan, 1921.

[65] Buck, Gertrude. *The Metaphor: A Study in the Psychology of Rhetoric*. Ann Arbor: Inland, ? 1899.

[66] Buck, Gertrude. "What Does 'Rhetoric' Mean?" *Educational Review* 22 (1901): 197 – 200.

[67] Bynner, Witter. "On Teaching the Young Laurel to Shoot." 1923. In *Prose Pieces*. Ed. James Kraft. New York: Farrar, Straus & Giroux, 1979. pp. 366 – 371.

[68] Bynner, Witter. *Selected Poems*. Ed. Richard Wilbur. New York: Farrar, Straus & Giroux, 1978.

[69] Bynner, Witter. *Selected Poems*. Ed. James Kraft. New York: Farrar, Straus & Giroux, 1981.

[70] Byrne, Robert. *Writing Rackets*. New York: Lyle Stuart, 1969.

[71] Canby, Henry Seidel. "Writing English." *Harper's* 128 (1914): 778 – 784.

[72] Canby, Henry Seidel. "Current Literature and the Colleges." In *College Sons and College Fathers*. New York: Harper, 1915. pp. 159 – 183.

[73] Canby, Henry Seidel. "Literature and Universities." In *Definitions: Essays in Contemporary Criticism*. Second series. New York: Harcourt Brace, 1924. pp. 212 – 214.

[74] Canby, Henry Seidel. "Anon Is Dead." In *American Estimates*. New York:

Harcourt Brace, 1929. pp. 17 – 28.

[75] Canby, Henry Seidel. "The American Scholar." In *American Estimates*. pp. 129 – 143.

[76] Canby, Henry Seidel. "Education for Authors." In *American Estimates*. pp. 219 – 221.

[77] Carpenter, Frederic Ives. "The Study of Literature." *Poet-Lore* 6 (1893): 378 – 381.

[78] Cassill, R. V. *Writing Fiction*. New York: Pocket Books, 1962.

[79] Cassill, R. V. "Teaching Literature as an Art." In *In an Iron Time: Statements and Reiterations*. West Lafayette: Purdue University Studies, 1969. pp. 31 – 47.

[80] Cavell, Stanley. "Emerson's Aversive Thinking." In *Romantic Revolutions: Criticism and Theory*. Ed. Kenneth R. Johnston et al. Bloomington: Indiana University Press, 1990. pp. 219 – 49.

[81] Chapman, John Jay. "Art and Art Schools." In *Memories and Milestones*. New York: Moffat, Yard, 1915. pp. 3 – 16.

[82] Chapman, John Jay. "President Eliot." In *Memories and Milestones*. pp. 165 – 190.

[83] Chappell, Fred. "Welcoming Remarks." *Greensboro Review* no. 52 (Summer 1992): 80 – 87.

[84] Chatfield-Taylor, H. C. "Wanted: Ateliers of Fiction." *Bookman* 16 (1903): 455 – 457.

[85] Cheney, O. M. *Economic Survey of the Book Industry, 1930 – 1931*. New York: National Association of Book Publishers, 1931.

[86] Chubb, Percival C. *The Teaching of English in the Elementary and Secondary School*. Rev. ed. New York: Macmillan, 1929.

[87] Clark, Walter Van Tilburg. "The Teaching and Study of Writing." *Western Review* 14 (1950): 169 – 175.

[88] Conkin, Paul K. *Gone with the Ivy: A Biography of Vanderbilt University*. Knoxville: University of Tennessee Press, 1985.

[89] Conrad, Lawrence H. *Teaching Creative Writing*. New York: D.

Appleton-Century, 1937.

[90] Cooper, Lane. "On the Teaching of Written Composition." *Education* 30 (1910): 421-430.

[91] Crane, Hart. *The Letters of Hart Crane, 1916-1932*. Ed. Brom Weber. Berkeley: University of California Press, 1952.

[92] Crane, R. S. "History versus Criticism in the University Study of Literature." In *The Idea of the Humanities and Other Essays Critical and Historical*. Vol. 2. Chicago: University of Chicago Press, 1952.

[93] Crane, R. S. "Criticism as Inquiry; or, The Dangers of the 'High Priori Road.'" In *The Idea of the Humanities*. Vol. 2. pp. 25-44.

[94] Cremin, Lawrence A. *The Transformation of the School: Progressivism in American Education, 1876-1957*. New York: Alfred A. Knopf, 1961.

[95] Cunningham, J. V. "How Shall the Poem Be Written?" In *The Collected Essays*. Chicago: Swallow, 1976. pp. 256-271.

[96] Cunningham, J. V. "Graduate Training in English." In *Collected Essays*. pp. 272-273.

[97] Curtius, Ernst Robert. *European Literature and the Latin Middle Ages*. Tr. Willard Trask. Princeton: Princeton University Press, 1953.

[98] Davidson, Donald. *Southern Writers in the Modern World*. Athens: University of Georgia Press, 1958.

[99] Dean, Eleanora F. "The Teaching of Versification in the High School." *English Journal* 5 (1916): 119-130.

[100] Demarest, William H. S. *A History of Rutgers College, 1706-1924*. New Brunswick: Rutgers College, 1924.

[101] DeVoto, Bernard. "English A." *American Mercury* 13 (1928): 204-212.

[102] Dewey, John. "Interest in Relation to Training of the Will." 1896. In *John Dewey on Education: Selected Writings*. Ed. Reginald D. Archambault. New York: Modern Library, 1964. pp. 260-285.

[103] Dewey, John. "The School and Society." 1899. In *John Dewey on Education*. pp. 295-310.

[104] Dewey, John. "Culture and Industry in Education." *Educational Bi-Monthly* 1 (1906): 8–9.

[105] Dewey, John. "Culture and Cultural Values." 1911. In Monroe. Vol. 2. pp. 238–239.

[106] Dewey, John. *Democracy and Education: An Introduction to the Philosophy of Education*. New York: Macmillan, 1916.

[107] Dewey, John. "Individuality and Experience." 1926. In *John Dewey on Education*. pp. 149–156.

[108] Dickinson, Emily. *The Complete Poems*. Ed. Thomas H. Johnson. Boston: Little, Brown, 1960.

[109] Diehl, Carl. *Americans and German Scholarship, 1770–1870*. New Haven: Yale University Press, 1978.

[110] *Digest of Education Statistics, 1991*. Washington: U. S. Census Bureau, 1991.

[111] Dooley, David. "The Contemporary Workshop Aesthetic." Hudson Review 43 (1990): 259–280.

[112] Douglas, Wallace W. "Barrett Wendell." In *Traditions of Inquiry*. Ed. John C. Brereton. New York: Oxford University Press, 1985. pp. 3–25.

[113] Drayton, Michael. "To My Most Dearley-Loved Friend Henery Reymonds Esquire." 1627. In *The Works of Michael Drayton*. Ed. J. William Hebell. Vol. 3. Oxford: Shakespeare Head, 1932. pp. 226–231.

[114] Duff, John Carr. "Hughes Mearn: Pioneer in Creative Education." *Clearing House* 40 (1966): 419–420.

[115] Dunaway, Wayland Fuller. *History of the Pennsylvania State College*. State College: Pennsylvania State College, 1946.

[116] Durkin, Joseph T., S. J. *Georgetown University: The Middle Years, 1840–1900*. Washington: Georgetown University Press, 1963.

[117] Eaton, Edward Dwight. *Historical Sketches of Beloit College*. New York: A. S. Barnes, 1928.

[118] "Education." Editorial. *Atlantic Monthly* 33 (1874): 635–640.

[119] Eliot, Charles W. "Inaugural Address as President of Harvard." 1869. Reprinted in Hofstadter and Smith. pp. 601–624.

[120] Eliot, Charles W. "Liberty in Education." 1885. Reprinted in Hofstadter and Smith. pp. 701–714.

[121] Ellsworth, William Webster. *Creative Writing: A Guide for Those Who Aspire to Authorship*. New York: Funk & Wagnalls, 1929.

[122] Emerson, Ralph Waldo. "The American Scholar." 1837. Reprinted in *Selected Writings*. Ed. Brooks Atkinson. New York: Modern Library, 1964. pp. 45–63.

[123] Engle, Paul, ed. *Midland: Twenty-five Years of Fiction and Poetry Selected from the Writing Workshops of the State University of Iowa*. New York: Random House, 1961.

[124] Engle, Paul, and Warren Carrier, eds. *Reading Modern Poetry*. Chicago: Scott, Foresman, 1955.

[125] Epstein, Joseph. "Who Killed Poetry?" *Commentary* 86 (August 1988): 13–20.

[126] Erskine, John. *George Woodberry, 1855–1930: An Appreciation*. New York: New York Public Library, 1930.

[127] Erskine, John. *The Memory of Certain Persons*. Philadelphia: J. B. Lippincott, 1947.

[128] Exman, Eugene. *The House of Harper: One Hundred and Fifty Years of Publishing*. New York: Harper & Row, 1967.

[129] Fenza, D. W., and Beth Jarock, eds. *AWP Official Guide to Writing Programs*. Sixth ed. Paradise, Calif.: Dust Books, 1992.

[130] Fine, Richard. *James M. Cain and the American Authors' Authority*. Austin: University of Texas Press, 1992.

[131] Fitzgerald, F. Scott. *Correspondence*. Ed. Matthew J. Bruccoli and Margaret M. Duggan. New York: Randon House, 1980.

[132] Flanagan, Frances Mary. The Educational Role of Norman Foerster. Ph. D. dissertation. University of Iowa, 1971.

[133] Fletcher, Robert S., and Malcolm O. Young, eds. *Amherst College: Biographical Record of the Graduates and Non-Graduates*. Amherst: By the College, 1921.

[134] Flexner, Abraham. "A Modern School." *A Modern College and a Modern School*. Garden City: Doubleday, Page, 1923. pp. 84–142.

[135] Foerster, Norman. Foerster Papers. Cecil H. Green Library. Stanford University.

[136] Foerster, Norman. "Reconstructing the Ph. D. in English." *Nation* 108 (1919): 747–750.

[137] Foerster, Norman. *American Criticism: A Study in Literary Theory from Poe to the Present*. Boston: Houghton Mifflin, 1928.

[138] Foerster, Norman. *Toward Standards: A Study of the Present Critical Moment in American Letters*. New York: Farrar & Rinehart, 1930.

[139] Foerster, Norman. "Language and Literature." In *University of Iowa Studies*. Series on Aims and Progress of Research 33. Ed. John William Ashton. Iowa City: University of Iowa, 1931.

[140] Foerster, Norman. "Literary Scholarship and Criticism." *English Journal* coll. Ed. 25 (1936): 224–232.

[141] Foerster, Norman. *The American State University: Its Relation to Democracy*. Chapel Hill: University of North Carolina Press, 1937.

[142] Foerster, Norman. "The Study of Letters." In Foerster, ed., Literary Scholarship: Its Aims and Methods. pp. 3–31.

[143] Foerster, Norman. "A University Prepared for Victory." In *The Humanities after the War*. Ed. Norman Foerster. Princeton: Princeton University Press, 1944. pp. 26–31.

[144] Foerster, Norman, ed. *Literary Scholarship: Its Aims and Methods*. Chapel Hill: University of North Carolina Press, 1941.

[145] Folsom, James K. "Evaluating Creative Writing." In *Writing and Literature in the Secondary School*. Ed. Edward J. Gordon. New York: Holt, Rinehart & Winston, 1965. pp. 123–138.

[146] Frederick, John T. "The Place of Creative Writing in American Schools."

English Journal, coll. Ed. 22 (1933): 8–16.

[147] Friend, Christy. "The Excluded Conflict: The Marginalization of Composition and Rhetoric Studies in Graff's *Professing Literature*." *College English* 54 (1992): 276–286.

[148] Frink, Henry Allyn. "Rhetoric and Public Speaking in the American College." *Education* 13 (1892): 129–141.

[149] Frost, Robert. *Selected Letters*. Ed. Lawrance Thompson. New York: Holt, Rinehart & Winston, 1964.

[150] Gardner, George E. "Should Power to Create or Capacity to Appreciate Be the Aim in the Study of English?" *Education* 15 (1894): 133–140, 221–229.

[151] Gayley, Charles Mills. "English at the University of California." In Payne. pp. 99–109.

[152] Genung, John F. *The Practical Elements of Rhetoric with Illustrative Examples*. Boston: Ginn, 1886.

[153] Gere, Anne Ruggles. *Writing Groups: History, Theory, and Implications*. Carbondale: Southern Illinois University Press, 1987.

[154] Gilbert, Sandra M. "Literary Paternity." 1979. In *Critical Theory Since 1965*. Ed. Hazard Adams and Leroy Searle. Tallahassee: Florida State University Press, 1986. pp. 486–496.

[155] Gildersleeve, Basil. *Selections from the Brief Mention*. Ed. C. W. E. Miller. Baltimore: Johns Hopkins University Press, 1930.

[156] Gioia, Dana. *Can Poetry Matter? Essays on Poetry and American Culture*. St. Paul: Graywolf, 1992.

[157] Graff, Gerald. *Professing Literature: An Institutional History*. Chicago: University of Chicago Press, 1987.

[158] Grafton, Anthony. *Defenders of the Text: The Traditions of Scholarship in an Age of Science, 1450–1800*. Cambridge: Harvard University Press, 1991.

[159] Graham, John. *Craft So Hard to Learn: Conversations with Poets and Novelists about the Teaching of Writing*. Ed. George Garrett. New York:

William Morrow, 1972.

[160] Grandgent, Charles H. "The Modern Languages." In *The Development of Harvard University since the Inauguration of President Eliot, 1869 – 1929.* Ed. Samuel Eliot Morison. Cambridge: Harvard University Press, 1930. pp. 65 – 105.

[161] Greenhood, David. *The Writer on His Own*. Albuquerque: University of New Mexico Press, 1971.

[162] Griffin, Clifford S. The University of Kansas: A History. Lawrence: University Press of Kansas, 1974.

[163] Hagedorn, Herman. *Edwin Arlington Robinson: A Biography*. New York: Macmillan, 1938.

[164] Hall, Donald. "Poetry and Ambition," *Kenyon Review* n. s. 5 (1983): 90 – 104.

[165] Hamilton, Ian. *Robert Lowell: A Biography*. New York: Random House, 1982.

[166] Harris, Mark. "What Creative Writing Course Create Is Students." *New York Times Book Review* (July 27, 1980).

[167] Hartman, Gertrude, and Ann Shumaker, eds. *Creative Expression*. 2nd ed. Milwaukee: E. H. Hale, 1938.

[168] Havinghurst, Walter. *The Miami Years, 1809 – 1969*. New York: Putnam's, 1969.

[169] Hawkins, Hugh. *Pioneer: A History of the Johns Hopkins University, 1874 – 1889*. Ithaca: Cornell University Press, 1960.

[170] Headley, Leal A., and Merrill E. Jarchow. *Carleton: The First Century*. Northfield: Carleton College, 1966.

[171] Hedges, Marion Hawthorne. "Creative Teaching." *School and Society* 7 (1918): 117 – 118.

[172] Heisch, C. E. *The Art and Craft of the Author*. New York: Grafton, 1906.

[173] Henry, David Dodds. *Challenges Past, Challenges Present: An Analysis of American Higher Education Since 1930*. San Francisco: Jossey-Bass, 1975.

[174] Herbst, Jurgen. *The German Historical School in American Scholarship: A Study in the Transfer of Culture.* Ithaca: Cornell University Press, 1965.

[175] Herron, Jerry. *Universities and the Myth of Cultural Decline.* Detroit: Wayne State University Press, 1988.

[176] Hewison, Robert. "Iowa Campus." *Times Literary Supplement* (March 13, 1981).

[177] Hill, Adams Sherman. *Our English.* New York: Harper, 1888.

[178] Hill, Adams Sherman. *The Principles of Rhetoric.* 1878. New ed. New York: American Book Co., 1895.

[179] Hines, Laura Sanderson. "The Study of English Literature." *Education* 9 (1888): 229 – 235.

[180] *Historical Catalogue of Brown University, 1764 – 1914.* Providence: By the university, 1914.

[181] *Historical Statistics of the United States, Colonial Times to 1970.* Washington: U. S. Bureau of the Census, 1975.

[182] Hoenigswald, Henry M. "Fallacies in the History of Linguistics: Notes on the Appraisal of the Nineteenth Century." In *Studies in the History of Linguistics: Traditions and Paradigms.* Ed. Dell Hymes. Bloomington: Indiana University Press, 1974. pp. 346 – 358.

[183] Hoeveler, J. David. *The New Humanism: A Critique of Modern America, 1900 – 1940.* Charlottesville: University Press of Virginia, 1977.

[184] Hofstadter, Richard, and Wilson Smith, eds. *American Higher Education: A Documentary History.* Chicago: University of Chicago Press, 1961.

[185] Hollis, Daniel Walker. *University of South Carolina.* Vol. 2: *College to University.* Columbia: University of South Carolina Press, 1956.

[186] Hooper, John. *Poetry in the New Curriculum: A Manual for Elementary Teachers.* Brattleboro, Vt.: Stephen Daye, 1932.

[187] Housh, Snow Longley. "Report of Creative Writing in Colleges." *English Journal*, coll. Ed. 20 (1931): 672 – 678.

[188] Hubbell, Jay B. *The Enjoyment of Literature.* New York: Macmillan,

1929.

[189] Hugo, Richard. "In Defense of Creative-Writing Classes." In *The Triggering Town: Lectures and Essays on Poetry and Writing*. New York: Norton, 1979. pp. 53–66.

[190] Jarrell, Randall. *Pictures from an Institution*. New York: Alfred A. Knopf, 1954.

[191] Jeffers, Robinson. *The Selected Poetry*. New York: Random House, 1951.

[192] Jefferson, Bernard L., and Harry Houston Peckham. *Creative Prose Writing*. New York: Doubleday, Doran, 1926.

[193] Jencks, Christopher, and David Riesman. *The Academic Revolution*. Garden City: Doubleday, 1968.

[194] Jerome, Judson. "The Career of Poetry and William Dickey: A Case Study." In *The Poet and the Poem*. Cincinnati: Writer's Digest, 1963. pp. 176–184.

[195] Johnson, E. Bird, ed. *Forty Years of the University of Minnesota*. Minneapolis: General Alumni Association, 1910.

[196] Johnson, Nan. *Nineteenth-Century Rhetoric in North America*. Carbondale: Southern Illinois University Press, 1991.

[197] Jones, Howard Mumford. *The Age of Energy: Varieties of American Experience, 1865–1915*. New York: Viking, 1971.

[198] Jones, Theodore Francis, ed. *New York University, 1832–1932*. New York: New York University Press, 1933.

[199] Jonson, Ben. Discoveries. 1640. In *The Complete Poems*. Ed. George Parfitt. New Haven: Yale University Press, 1975. pp. 375–458.

[200] Justice, Donald. "An Interview." *Sequoia* 28 (1984): 18–28.

[201] Kaplan, Amy. "Edith Wharton's Profession of Authorship." *ELH* 53 (1986): 433–457.

[202] Kaufman, Paul. "Promethean Fire: A Challenge to the American College." *School and Society* 28 (1928): 121–128.

[203] Kellock, Harold. "Woodberry—A Great Teacher." *Nation* 130 (1930):

120 – 122.
[204] Kent, Charles W. "English at the University of Virginia." In Payne. pp. 65 – 70.
[205] Kernan, Alvin. *The Death of Literature*. New Haven: Yale University Press, 1990.
[206] Kerr, Clark. *The Uses of the University*. New York: Harper & Row, 1966.
[207] Kilmer, Joyce. "The Abolition of Poets." In *The Circus and Other Essays and Fugitive Pieces*. New York: George H. Doran, 1916. pp. 60 – 69.
[208] Kimball, Bruce A. *Orators and Philosophers: A History of the Idea of Liberal Education*. New York: Teachers College Press, 1986.
[209] King, Irving. "Professionalism and Truth-Seeking." *School Review* 16 (1908): 241 – 251.
[210] Kinne, Wisner Payne. *George Pierce Baker and the American Theatre*. Cambridge: Harvard University Press, 1954.
[211] Kitzhaber, Albert R. *Rhetoric in American Colleges, 1850 – 1900*. Dallas: Southern Methdist University Press, 1990.
[212] Kliebard, Herbert M. *The Struggle for the American Curriculum, 1893 – 1958*. Boston: Routledge & Kegan Paul, 1986.
[213] Kliewer, Warren. "Allen Tate as a Teacher." In *Allen Tate and His Work: Critical Evaluations*. Ed. Radcliffe Squires. Minneapolis: University of Minnesota Press, 1972. pp. 42 – 49.
[214] Krapp, George P. "Teaching of English Literature." 1913. In Monroe. Vol. 4. pp. 49 – 55.
[215] Kuzma, Greg. "The Catastrophe of Creative Writing." *Poetry* 148 (1986): 342 – 354.
[216] Larkin, Philip. "An Interview with *Paris Review*." In *Required Writing: Miscellaneous Pieces, 1955 – 1982*. London: Faber & Faber, 1983. pp. 57 – 76.
[217] Larson, Magali Sarfatti. *The Rise of Professionalism: A Sociological Analysis*. Berkeley: University of California Press, 1977.

[218] Learned, Marion Dexter. "Linguistic Study and Literary Creation." President's Address 1909. *PMLA* 25 (1910): xlvi–lxv.

[219] Lewis, C. S. "The Idea of an 'English School.'" In *Representations and Other Essays*. London: Oxford University Press, 1939. pp. 59–77.

[220] Lewisohn, Ludwig. *The Creative Life*. New York: Boni & Liveright, 1924.

[221] Livingston, Myra Cohn. *The Child as Poet: Myth or Reality*. Boston: Horn Book, 1984.

[222] London, Jack. *The Valley of the Moon*. New York: Grosset & Dunlap. 1913.

[223] Longfellow, Samuel. *Life of Henry Wadsworth Longfellow*. Boston: Ticknor, 1886.

[224] Lounsbury, Thomas R. "Compulsory Composition in Colleges." *Harper's* 123 (1911): 866–880.

[225] Mabie, Hamilton Wright. *American Ideals, Character and Life*. New York: Macmillan, 1913.

[226] McFee, William. "The Cheer-Leader in Literature." In *Contemporary American Criticism*. Ed. James Cloyd Bowman. New York: Henry Holt, 1926. pp. 239–255.

[227] McHugh, Vincent. *Primer of the Novel*. New York: Random House, 1950.

[228] McLean, L. May. "Rhetoric in Secondary Schools." *Education* 18 (1897): 158–165.

[229] Machlup, Fritz. *Knowledge: Its Creation, Distribution, and Economic Significance*. Vol. 2: *The Branches of Learning*. Princeton: Princeton University Press, 1982.

[230] Manly, John M., ed. *The Poems and Plays of William Vaughn Moody*. Boston: Houghton Mifflin, 1912.

[231] Mason, Daniel Gregory, ed. *Some Letters of William Vaughn Moody*. Boston: Houghton Mifflin, 1913.

[232] Matthew, Brander. "Can English Literature Be Taught?" *Educational*

Review 3 (1892): 337-347.

[233] Matthew, Brander. *Aspects of Fiction and Other Ventures in Criticism*. New York: Harper, 1896.

[234] Matthew, Brander. *A Study of Versification*. Boston: Houghton Mifflin, 1911.

[235] Matthew, Brander. *Gateways to Literature and Other Essays*. New York: Scribner's, 1912.

[236] Matthew, Brander. *These Many Years: Recollections of a New Yorker*. New York: Scribner's, 1912.

[237] Matthias, John. "Poet-Critics of Two Generations." In *Reading Old Friends: Essays, Reviews, and Poems on Poetics, 1975 - 1990*. Albany: State University of New York Press, 1992. pp. 161-178.

[238] Mead, W. E. "The Graduate Study of Rhetoric." *PMLA* 16 (1901): xx-xxxii.

[239] Mearns, [William] Hughes. "Our Medieval High School: Shall We Educate Children for the Twelfth or the Twentieth Century?" *Saturday Evening Post* (March 2, 1912): 19.

[240] Mearns, [William] Hughes. "The Changing Elementary Schools." *Saturday Evening Post* 185 (January 4, 1913): 6-7, 27.

[241] Mearns, [William] Hughes, ed. *Lincoln Verse, Story, and Essay*. First series. New York: The Lincoln School of Teachers College, 1923.

[242] Mearns, [William] Hughes. "English as an Expression of the Activities of Everyday Life," *Journal of Educational Method* 2 (1923): 285-288.

[243] Mearns, [William] Hughes. *Creative Youth: How a School Environment Set Free the Creative Spirit*. Garden City: Doubleday, Page, 1925.

[244] Mearns, [William] Hughes. "Golden Lads and Girls." *Survey* 50 (1926): 319-320, 333.

[245] Mearns, [William] Hughes. Review of *The Singing Crow and Other Poems* by Nathalia Crane. *Progressive Education* 4 (1927): 134-135.

[246] Mearns, [William] Hughes. *Creative Power*. Garden City: Doubleday, Doran, 1929.

［247］ Mearns, ［William］ Hughes. "Educating the New Child." *North American Review* 230 (1930): 696 – 703.

［248］ Mearns, ［William］ Hughes. "The Creative Spirit and Its Significance for Education." In Hartman and Shumaker. pp. 14 – 21.

［249］ Mearns, ［William］ Hughes. *The Creative Adult: Self-Education in the Art of Living*. New York: Doubleday, Doran, 1940.

［250］ Mearns, ［William］ Hughes. "Creative Learning." In *Challenges to Education, War and Post-War*. 30th Annual Schoolmen's Week Proceedings. Philadelphia: University of Pennsylvania, 1943. pp. 157 – 166.

［251］ Mearns, ［William］ Hughes. "Poetry Is When You Talk to Yourself." In *Challenges to Education*. pp. 154 – 157.

［252］ Mearns, ［William］ Hughes. "Creative Education in College Years." *Progressive Education* 23 (1946): 268 – 269, 279.

［253］ Meiklejohn, Alexander. *The Experimental College*. 1932. Ed. John Walker Powell. Cabin John, Md.: Seven Locks, 1981.

［254］ Michael, Ian. *The Teaching of English from the Sixteenth Century to 1870*. Cambridge: Cambridge University Press, 1987.

［255］ Miller, Susan. *Textual Carnivals: The Politics of Composition*. Carbondale: Southern Illinois University Press, 1991.

［256］ Monroe, Paul, ed. *A Cyclopedia of Education*. 5 vols. New York: Macmillan, 1911 – 1913.

［257］ More, Paul Elmer. "Academic Leadership." In *Shelburne Essays*. Vol. 9. Boston: Houghton Mifflin, 1915. pp. 39 – 67.

［258］ Morrison, Theodore. *Bread Loaf Writers' Conference: The First Thirty Years, 1926 – 1955*. Middlebury, Vt.: Middlebury College Press, 1976.

［259］ Nemerov, Howard. *A Howard Nemerov Reader*. Columbia: University of Missouri Press, 1991.

［260］ Nettleship, Henry. "Classical Education in the Past and at Present." In *Lectures and Essays*. Oxford: Clarendon, 1895. pp. 208 – 217.

［261］ Nevins, Allan. *Illinois*. New York: Oxford University Press, 1917.

[262] Newdick, Robert S. "Robert Frost and the American College." *Journal of Higher Education* 7 (1936): 237–243.

[263] Nitchie, Elizabeth. *The Criticism of Literature*. New York: Macmillan, 1928.

[264] Nock, Albert Jay. "Absurdity of Teaching English." Bookman 69 (1929): 113–119.

[265] Noel, Joseph. *Footloose in Arcadia: A Personal Record of Jack London, George Sterling, Ambrose Bierce*. New York: Carrick & Evans, 1940.

[266] Norris, Frank. "Frank Norris' Weekly Letter." 1901. Reprinted in *The Literary Criticism of Frank Norris*. Ed. Donald Pizer. Austin: University of Texas Press, 1964.

[267] Noxon, Frank W. "College Professors Who Are Men of Letters." *Critic* 42 (1903): 124–135.

[268] Noyes, Alfred. *Two Worlds for Memory*. Philadelphia: J. B. Lippincott, 1953.

[269] Ochsenford S. E. *Muhlenberg College: A Quarter-Century Memorial Volume, Being a History of the College and a Record of Its Men*. Allentown: Muhlenberg College, 1892.

[270] O'Dell, De Forest. *The History of Journalism Education in the United States*. New York: Teachers College, Columbia University, 1935.

[271] Olson, Keith W. "The G. I. Bill and Higher Education: Success and Surprise." *American Quarterly* 25 (1973): 596–610.

[272] Packer, B. L. *Emerson's Fall: A New Interpretation of the Major Essays*. New York: Continuum, 1982.

[273] Page, Walter Hines. "The Writer and the University." *Atlantic Monthly* 100 (1907): 685–695.

[274] Parker, William Belmont. *Edward Rowland Sill: His Life and Work*. Boston: Houghton Mifflin, 1915.

[275] Pattee, Fred Lewis. *The Development of the American Short Story: An Historical Survey*. New York: Harper, 1923.

[276] Payne, William Morton, ed. *English in American Universities*. Boston: D.

C. Heath, 1895.

[277] Peckham, Howard H. *The Making of the University of Michigan, 1817-1967*. Ann Arbor: University of Michigan Press, 1967.

[278] Pedersen, N. Alvin. "Writing Themes for Magazines and Newspapers," *Education* 39 (1918): 217-224.

[279] Phelps, William Lyon. "Two Ways of Teaching English." *Century* 51 (1896): 793-794.

[280] Pinsky, Robert. "The Interest of Poetry." *PN Review* no. 17 (1980): 34-35.

[281] Piper, Janet. *The University of Iowa Writers' Workshop in Retrospect: A Repository of Relevant Writing*. Austin: privately printed, ? 1981.

[282] Porter, Martha Peck. *The Teacher in the New School*. Yonkers: World, 1931.

[283] Pound, Louise. "The American Dialect Society: A Historical Sketch." Publication of the American Dialect Society 17. Greensboro: Woman's College of the University of North Carolina, 1952.

[284] President's Commission on Higher Education. *Higher Education for American Democracy*. 6 vols. New York: Harper & Row, 1947.

[285] Pritchard, William H. *Frost: A Literary Life Reconsidered*. New York: Oxford University Press, 1984.

[286] Ransom, John Crowe. *The New Criticism*. Norfolk: New Directions, 1941.

[287] Reed, John. *Insurgent Mexico*. 1914. Ed. Albert L. Michaels, James W. Wilkie. New York: Simon & Schuster, 1969.

[288] Reid, Alfred Sandlin. *Furman University: Toward a New Identity, 1925-1975*. Durham: Duke University Press, 1970.

[289] Renker, Elizabeth. "Resistance and Change: The Rise of American Literature Studies." *American Literature* 64 (1992): 347-365.

[290] Ried, Paul E. "The First and Fifth Boylston Professors: A View of Two Worlds." *Quarterly Journal of Speech* 74 (1988): 229-240.

[291] Riesman, David. *On Higher Education: The Academic Enterprise in an Era*

of Rising Student Consumerism. San Francisco: Jossey-Bass, 1980.

[292] Ringler, William. "*Poeta Nascitur Non Fit*: Some Notes on the History of an Aphorism." *Journal of the History of Ideas* 2 (1941): 497–504.

[293] Ripley, Mary A. "About English." *Education* 9 (1889): 535–540.

[294] Roberts, David. *Jean Stafford: A Biography*. London: Chatto & Windus, 1988.

[295] Robinson, Edwin Arlington. *Collected Poems*. New York: Macmillan, 1937.

[296] Rudolph, Frederick. *Curriculum: A History of the American Undergraduate Course of Study since 1636*. San Francisco: Jossey-Bass, 1977.

[297] Rugg, Harold, and Ann Shumaker. *The Child-Centered School: An Appraisal of the New Education*. Yonkers: World, 1928.

[298] Russell, David R. *Writing in the Academic Disciplines, 1870–1990: A Curricular History*. Carbondale: Southern Illinois University Press, 1991.

[299] Sampson, Geoffrey. *Schools of Linguistics*. Stanford: Stanford University Press, 1980.

[300] Sampson, Martin W. "English at the University of Indiana." In Payne. pp. 92–98.

[301] Santayana, George. *The Middle Span*. New York: Scribner's, 1945.

[302] Scholes, Robert. *Textual Power: Literary Theory and the Teaching of English*. New Haven: Yale University Press, 1985.

[303] Schramm, Wilbur L. "Imaginative Writing." In Foerster, ed., *Literary Scholarship: Its Aims and Methods*. pp. 177–213.

[304] Schwartz, Esther L. *So You Want to Write! How to Make Money by Publishing*. New York: Phoenix, 1936.

[305] Scott, Fred N. "English Composition as a Mode of Behavior." *English Journal* 11 (1922): 463–473.

[306] Scowcroft, Richard. "Courses in Creative Writing." In *The College Teaching of English*. Ed. John C. Gerber. National Council of Teachers of English Curriculum Series 4. New York: Appleton-Century-Crofts, 1965. pp. 131–152.

[307] Sears, Donald A., ed. *Directory of Creative Writing Programs in the United States and Canada*. Fullerton: College English Association, 1970.

[308] Self, Robert T. *Barrett Wendell*. Boston: Twayne, 1975.

[309] Shapiro, Karl. *A Primer for Poets*. Lincoln: University of Nebraska Press, 1953.

[310] Shaw, Wilfred B., ed. "Should the University Encourage Creative Arts?" In *A University between Two Centuries: The Proceedings of the 1937 Celebration of the University of Michigan*. Ann Arbor: University of Michigan Press, 1937. pp. 183–191.

[311] Showalter, Elaine. *Sister's Choice: Tradition and Change in American Women's Writing*. Oxford: Clarendon, 1991.

[312] Showerman, Grant. *With the Professor*. New York: Henry Holt, 1910.

[313] Sill, Edward Rowland. *The Prose of Edward Rowland Sill*. Boston: Houghton Mifflin, 1900.

[314] Simmons, John S., et al. "The Swinging Pendulum: Teaching English in the USA, 1945–1987." In *Teaching and Learning English Worldwide*. Ed. James Britton et al. Clevedon: Multilingual Matters, 1990. pp. 89–130.

[315] Smith, Dave. "Notes on Responsibility and the Teaching of Creative Writing." In *Local Assays: On Contemporary American Poetry*. Urbana: University of Illinois Press, 1985. pp. 215–228.

[316] Smith, Lewis Worthington. *The Writing of the Short Story*. Boston: D. C. Heath, 1902.

[317] Smith, Lewis Worthington, and James E. Thomas. *A Modern Composition and Rhetoric*. Boston: Benjamin A. Sanborn, 1900.

[318] Smith, Logan Pearsall. *Words and Idioms: Studies in the English Language*. London: Constable, 1925.

[319] Smith, Timothy Heyward. *Hughes Mearns: The Theory and Practice of Creative Education*. Ed. D. dissertation. Rutgers University, 1968.

[320] Solberg, Winton U. *The University of Illinois, 1867–1894: An Intellectual and Cultural History*. Urbana: University of Illinois Press,

1968.

[321] Souba, Jane. "Creative Writing in High School." *English Journal* 14 (1925): 591–602.

[322] Spears, Monroe K. *Dionysius and the City: Modernism in Twentieth-Century Poetry*. Oxford: Oxford University Press, 1970.

[323] Spingarn, J. E. "The New Criticism." In *Creative Criticism and Other Essays*. New and enlarged ed. New York: Harcourt Brace, 1931. pp. 3–38.

[324] Spran, George. *The Meaning of Literature*. New York: Scribner's, 1925.

[325] Squire, Susan. "The Best Writing Workshop West of Iowa City." *Los Angeles Times Magazine* (August 9, 1987).

[326] Stafford, Jean. "Wordman, Spare That Tree!" *Saturday Review/World* 1 (July 13, 1974): 14–17.

[327] Stanford, W. B. *Enemies of Poetry*. London: Routledge & Kegan Paul, 1980.

[328] Stauffer, Donald A., ed. *The Intent of the Critic*. Princeton: Princeton University Press, 1941.

[329] Stegner, Wallace. "Can Teachers Be Writers?" *Intermountain Review* 1 (January 1, 1937): 1, 3.

[330] Stegner, Wallace. "Writing as Graduate Study." *College English* 11 (1950): 429–432.

[331] Stegner, Wallace. "What Besides Talent?" *Author and Journalist* 41 (March 1956): 11–13, 29.

[332] Stegner, Wallace. "One Way to Spell Man." 1958. In *One Way to Spell Man*. Garden City: Doubleday, 1982. pp. 5–17.

[333] Stegner, Wallace. "To a Young Writer." 1959. In *One Way to Spell Man*. pp. 26–34.

[334] Stegner, Wallace. "The University and the Creative Arts." *Arts in Society* 2 (Spring-Summer 1963): 33–34.

[335] Stegner, Wallace. *On the Teaching of Creative Writing*. Ed. Edward Connery Latham. Hanover, N. H.: University Press of New England,

1988.

[336] Stevens, Clara F. "College English." *Education* 27 (1906): 101–111.

[337] Stock, Noel. *The Life of Ezra Pound*. New York: Avon Books, 1970.

[338] Stoddard, Francis H. "Literary Spirit in the Colleges." *Educational Review* 6 (1894): 126–135.

[339] Sutherland, J. A. *Fiction and the Fiction Industry*. London: Athlone, 1978.

[340] Sutton, Albert Alton. *Education for Journalism in the United States from Its Beginning to 1940*. North western University Studies in the Humanities 14. Evanston: Northwestern University, 1945.

[341] Svobodny, Dolly, ed. *Early American Textbooks, 1775–1900*. Washington: U. S. Department of Education, 1985.

[342] Swallow, Alan. "The Word." In *The Nameless Sight: Poems 1937–1956*. Denver: Alan Swallow, 1956. p. 30.

[343] Tanner, Daniel, and Laurel Tanner. *History of the School Curriculum*. New York: Macmillan, 1990.

[344] Tate, Allen. "American Poetry Since 1920." 1929. In *The Poetry Reviews of Allen Tate, 1924–1944*. Ed. Ashley Brown, Frances Neel Cheney. Baton Rouge: Louisiana State University, 1983. pp. 78–88.

[345] Tate, Allen. "We Read as Writers." *Princeton Alumni Weekly* 40 (March 8, 1940): 505–506.

[346] Tate, Allen. "What Is Creative Writing?" *Wisconsin Studies in Contemporary Literature* 5 (1964): 181–184.

[347] Tebbel, John. *Between the Covers: The Rise and Transformation of Book Publishing in America*. New York: Oxford University Press, 1987.

[348] Thompson, Lawrance. *Robert Frost: The Years of Triumph, 1915–1938*. New York: Holt, Rinehart & Winston, 1970.

[349] Thurber, Samuel. "An Address to Teachers of English." *Education* 18 (1898): 516–526.

[350] Trilling, Diana. *The Beginning of the Journey: The Marriage of Diana and Lionel Trilling*. New York: Harcourt Brace, 1993.

[351] Trilling, Lionel. "The Lesson and the Secret." 1945. In *Of This Time, Of That Place and Other Stories*. New York: Harcourt Brace Jovanovich, 1979. pp. 58–71.

[352] Trilling, Lionel. "On the Teaching of Modern Literature." In *Beyond Culture: Essays on Literature and Learning*. New York: Viking, 1968. pp. 3–30.

[353] Tuchman, Barbara. "The Historian as Artist." In *Practicing History: Selected Essays*. New York: Alfred A. Knopf, 1981. pp. 45–50.

[354] Turnbull, Andrew. Scott Fitzgerald. New York: Scribner's, 1962.

[355] Turner, Steven. "The Prussian Professoriate and the Research Imperative, 1790–1840." In *Epistemological and Social Problems of the Sciences in the Early Nineteenth Century*. Ed. Hans Niels Jahnke and Michael Otte. Dordrecht: D. Reidel, 1981. pp. 109–121.

[356] Ueland, Brenda. *Help from the Nine Muses*. 1938. Reprinted as *If You Want to Write*. St. Paul: Graywolf, 1987.

[357] Vanderbilt, Kermit. *American Literature and the Academy: The Roots, Growth, and Maturity of a Profession*. Philadelphia: University of Pennsylvania Press, 1986.

[358] Van Dyke, Henry. "Reading and Writing in the Teaching of English." *School Review* 15 (1907): 325–332.

[359] Viles, Jonas. *The University of Missouri: A Centennial History*. Columbia: University of Missouri Press, 1939.

[360] Voigt, Ellen Bryant, and Marvin Bell. "AWP Guidelines for Creative Writing Programs and Teachers of Creative Writing." 1979. *AWP Newsletters* 19 (September/October 1987): 12–13.

[361] Walker, Franklin. *The Seacoast of Bohemia*. Santa Barbara: Peregrine Smith, 1973.

[362] Wallace, Willard M. *Soul of the Lion: A Biography of General Joshua L. Chamberlain*. New York: Thomas Nelson, 1960.

[363] Ward, C. H. "What Is English?" *Educational Review* 51 (1916): 168–178.

[364] Ward, C. H. "Fluency First." Education 38 (1917): 102–109.

[365] Warner, Michael. "Professionalization and the Rewards of Literature." Criticism 27 (1985): 1–28.

[366] Watkins, Evan. *Work Time: English Departments and the Circulation of Cultural Value*. Stanford: Stanford University Press, 1989.

[367] Weiss, Theodore. "A Personal View: Poetry, Pedagogy, Per-Versities." In *The American Writer and the University*. Ed. Ben Siegel. Newark: University of Delaware Press, 1989. pp. 149–158.

[368] Wendell, Barrett. *English Composition: Eight Lectures Given at the Lowell Institute*. New York: Scribner's, 1891.

[369] Wendell, Barrett. "English Work in the Secondary Schools." *School and Society* 1 (1893): 638–650.

[370] Wendell, Barrett. *Stelligeri and Other Essays concerning America*. New York: Scribner's, 1893.

[371] Wendell, Barrett. *The Privileged Classes*. New York: Scribner's, 1908.

[372] Wendell, Barrett. *The Mystery of Education and Other Academic Performances*. New York: Scribner's, 1909.

[373] Wertenbaker, Thomas Jefferson. *Princeton: 1746–1896*. Princeton: Princeton University Press, 1946.

[374] West, Ray B. "A University Writing Program." *Western Review* 14 (1950): 164, 236–240.

[375] West, Ray B. *Short Story in America, 1900–1950*. Chicago: Henry Regnery, 1952.

[376] White, Helen C. "Creative Writing in the University." *Wisconsin Studies in Contemporary Literature* 5 (1964): 37–47.

[377] White, Trentwell Mason. "Concerning the Subject of Creative Writing." *Education* 59 (1938): 129–130.

[378] Whitmore, Charles E. "What Ails Collegiate English?" *Educational Review* 64 (1922): 383–386.

[379] Whitney, Lois. "English Primitivistic Theories of Epic Origins." *Modern Philology* 21 (1924): 337–378.

[380] Whitney, William Dwight. "Logical Consistency in Views of Language." *American Journal of Philology* 1 (1880): 327-343.

[381] Whittemore, Reed. "The Line of an American Poet." 1956. In *The Feel of Rock: Poems of Three Decades*. Washington: Dryad Press, 1982. P. 24.

[382] Whittemore, Reed. "Aesthetics in the Sonnet Shop." *American Scholar* 28 (1959): 344-354.

[383] Widdermer, Margaret. *Do You Want to Write?* New York: Farrar & Rinehart, 1937.

[384] Wilbers, Stephen. *The Iowa Writers' Workshop*. Iowa City: University of Iowa Press, 1980.

[385] Wilson, Edmund. *Letters on Literature and Politics*. Ed. Elena Wilson. New York: Farrar, Straus & Giroux, 1977.

[386] Wilson, Robert N. *Man Made Plain: The Poet in Contemporary Society*. Cleveland: Howard Allen, 1958.

[387] Winters, Yvor. *Edwin Arlington Robinson*. Rev. ed. Norfolk: New Directions, 1971.

[388] Wolverton, Sarah Foss. "The Professional Scullery." *Educational Review* 60 (1920): 407-416.

[389] Wood, James Playsted. *Magazines in the United States: Their Social and Economic Influence*. New York: Ronald, 1949.

[390] Woodberry, George E. "Professional Poetry." *Atlantic Monthly* 55 (1885): 561-566.

[391] Woodberry, George E. "Literature in the Market-Place." *Forum* 11 (1891): 652-661.

[392] Woodberry, George E. *The Appreciation of Literature*. New York: Harcourt Brace, 1907.

[393] Woodberry, George E. "A New Defense of Poetry." In *The Heart of Man and Other Papers*. New York: Harcourt Brace, 1920. pp. 51-139.

[394] Woodberry, George E. *Studies of a Litterateur*. New York: Harcourt Brace, 1921.

[395] Young, Thomas Daniel. *Gentleman in a Dustcoat: A Biography of John*

Crowe Ransom. Baton Rouge: Louisiana State University Press, 1976.
[396] Zabel, Morton Dauwen, ed. *Literary Opinion in America*. Rev. ed. New York: Harper, 1951.
[397] Ziolkowski, Jan, ed. *On Philology*. University Park: Pennsylvania State University Press, 1990.